教育部人文社会科学研究规划基金项目
“高校教师职务评聘权研究”（批准号：19YJA820059）资助

高校教师职务评聘权研究

周慧蕾◎著

中国社会科学出版社

图书在版编目（CIP）数据

高校教师职务评聘权研究／周慧蕾著．—北京：中国社会科学出版社，2023.3
ISBN 978－7－5227－1398－4

Ⅰ.①高… Ⅱ.①周… Ⅲ.①高等学校—教师—职务聘任制—研究—中国
Ⅳ.①G645.1

中国国家版本馆 CIP 数据核字(2023)第 026189 号

出 版 人　赵剑英
责任编辑　张　林
特约编辑　宋英杰
责任校对　周　昊
责任印制　戴　宽

出　　版　中国社会科学出版社
社　　址　北京鼓楼西大街甲 158 号
邮　　编　100720
网　　址　http://www.csspw.cn
发 行 部　010－84083685
门 市 部　010－84029450
经　　销　新华书店及其他书店

印　　刷　北京明恒达印务有限公司
装　　订　廊坊市广阳区广增装订厂
版　　次　2023 年 3 月第 1 版
印　　次　2023 年 3 月第 1 次印刷

开　　本　710×1000　1/16
印　　张　19
插　　页　2
字　　数　319 千字
定　　价　99.00 元

目　　录

第一章

绪　论

第一节　研究背景与问题的提出

一　教育与教师的离与合：公学发展进程中的二律背反

教育对人的成长极为重要。法国 18 世纪著名的启蒙思想家让·雅克·卢梭在《爱弥儿》一书中饱含深情地写道："我们生来是软弱的，所以我们需要力量；我们生来是一无所有的，所以需要帮助；我们生来是愚昧的，所以需要判断的能力。我们在出生的时候所没有的东西，我们在长大的时候所需要的东西，全都要由教育赐予我们。"① 借助对爱弥儿成长故事的精彩叙说，卢梭成功分享了他的自然教育理念。可以说，《爱弥儿》不仅关注教育，更关注教育背后的人性问题。或许正是这深刻主题，深深吸引了哲学家康德，以至其拿起这本书，兴趣盎然地读得忘记了每日准时打卡项目，即午后 4 点出门沿着柯尼斯堡镇上的菩提小路散步。

根据教育主体的不同，卢梭把教育分成了三类，即自然的教育、人的教育和事物的教育。"我们的才能和器官的内在的发展，是自然的教育；别人教我们如何利用这种发展，是人的教育；我们从影响我们的事物获得良好的经验，是事物的教育。"② 其中，只有人的教育是我们能够真正加以控制的，而人的教育与自然的教育相协调则是关键。

教师在人的教育中扮演着不可或缺的角色。人性的启蒙、心灵的启迪是教师的主要职责。在卢梭看来，"只有一门学科是必须要教给孩子的：

---

① ［法］卢梭：《爱弥儿》（上卷），李平沤译，商务印书馆 2010 年版，第 7 页。

② ［法］卢梭：《爱弥儿》（上卷），李平沤译，商务印书馆 2010 年版，第 7 页。

这门学科就是做人的天职。……我宁愿把有这种知识的老师称为导师而不称为教师，因为问题不在于要他拿什么东西去教孩子，而是要他指导孩子怎样做人。他的责任不是教给孩子们以行为的准绳，他的责任是促使他们去发现这些准绳”①。

我国古人亦有类似观点。韩愈《师说》明言道：“师者，所以传道受业解惑也。”可见，传道、授业、解惑是教师的三项基本职责。其中，传道为师者之首责。何谓传道？自然首先是传做人之道。授业、解惑最终是为了更好地传道。传做人之道、授立人之业、解为人之惑，这也是教育的基本目标。所谓教育，教书育人也，即通过传道、授业、解惑之教书方式达致开智明心悟性之育人功效。

不管是以卢梭的自然教育之理念，还是借韩愈的传道受业解惑之“师说”，从本质上来看，教育与教师实为一体两面，密不可分。教育关乎人，教师关乎人的教育。就这一层面而言，教育仰赖教师，教师决定教育。

在卢梭看来，为了更好地践行自然教育理念，最好的方式也许就是一对一的私人教育。教师与学生生活在一起，时刻陪伴、关注着孩子的成长。卢梭对公学与公共教育则满是怀疑，认为这种教育模式下有两个充满张力的目标，即成为“一个独立自恃、始终如一”的人，还是一个“不再把自己看作一个独立的人，而只看作共同体的一部分”的公民。②

但随着时代发展，教育还是从最初的私人事项变成了公共事务。“一个社会若按自身的形象来塑造，最有力的工具便是教育。”③ 在此目标驱动下，私学逐渐转向公学、公共教育大规模取代私人教育。“事实证明，教育已经成为一项规模宏大的、大众化的社会事业，成为现代社会生活的一个重要组成部分。”④

当成为一项关涉国家发展与社会民生的重要事业，教育也就变成了系统性工程，其目标与组织方式、结构与管理模式等都相应复杂化。从根本

---

① ［法］卢梭：《爱弥儿》（上卷），李平沤译，商务印书馆2010年版，第31页。

② ［法］卢梭：《爱弥儿》（上卷），李平沤译，商务印书馆2010年版，第10页。

③ ［法］涂尔干：《教育思想的演进》，李康译，上海人民出版社2006年版，第2页。

④ 劳凯声：《教育法论》，江苏教育出版社1993年版，第1页。

上来说，教育仍旧是为了助力人的成长。但如何实现这一目标，特别是如何使人的自然成长与人的社会塑造相协调，则对教育提出了更高更多元的要求。“教育的目标根本上在于给孩子一种必要的推动力，让他能以正确的方向开始人生之旅。所以，教育的目标必然要以一种特定的方式加以组织，使其有能力产生符合该目标要求的深刻而持久的效应。”①

在目标多元化与细化之下，教育系统开始流水线式地分工与合作。宏观上，由政府、教育机构、社会团体等不同主体分工负责教育目标和内容的制定、执行与监督。中观上，教育机构内部主要分化为管理、教学、辅助三类人员，为执行教育目标与内容各司其职。微观上，作为教育目标与内容的最终执行主体，教师们则通过专业与课程进行科研教学分工和合作。

在流水线式地分工与合作下，教师只是庞大的公共教育系统中的一个小因子。虽从最终效果来看，教师仍是教育的关键；但就影响力而言，教师在教育中已式微。在庞杂的公共教育系统中，教师无法亦无力决定教育的诸多方面，如教育的总目标和方向、主要方式与基本内容等。随着教育的规模化，教师不再把教书育人仅仅当作神圣的使命，也将其视为一种生计手段。比如在欧洲中世纪大学成立的初期，认为“教育是上帝赐给人类的礼物，不应该用金钱来衡量”，倡导无偿教育的政策。但之后不久，“作为工作与辛勤劳作的回报，教师可以接受学生们的金钱”②，被认为是一种值得肯定的做法。于是，教师逐渐成为社会分工下的一种职业，以提供劳动与获得薪酬，与教育机构、受教育者建立关系。

在教育的组织化、教育机构的规模化、教育管理的层级化，以及教师的专业化与职业化的进程中，教育与教师不再那么密不可分，似乎变成了若即若离的复杂关系。随着现代化推进，教育的主导力量已转向国家和政府。实施教育、发展教育成为现代国家的一项基本义务与责任，纷纷被写入宪法。如我国《宪法》第19条明确规定：“国家发展社会主义的教育事业，提高全国人民的科学文化水平。国家举办各种学校，普及初等义务教育，发展中等教育、职业教育和高等教育，并且发展学前教育。”

---

① ［法］涂尔干：《教育思想的演进》，李康译，上海人民出版社2006年版，第35页。

② 王璞、石佳丽：《高校教师职业化的萌芽》，载《中国高等教育评论》2016年第6卷。

与国家的这一基本义务与责任相伴而生的是国家教育权力。“国家在教育方面承担着重要责任，国家必须以主动姿态积极行为，推进教育的发展。”[①] 积极举办学校等教育机构就是国家教育权力的基本内容之一。学校的举办与设立需要有合格的教师。教师是否合格、学校需要哪些教师，则由国家与教育机构来决定。可以说，看似教育仰赖教师，实则教育与教师皆由教育管理者决定。

教育需要借助教师施行。2018 年 1 月 20 日中共中央、国务院印发的《关于全面深化新时代教师队伍建设改革的意见》中提到：“百年大计，教育为本；教育大计，教师为本。……教师承担着传播知识、传播思想、传播真理的历史使命，肩负着塑造灵魂、塑造生命、塑造人的时代重任，是教育发展的第一资源，是国家富强、民族振兴、人民幸福的重要基石。”但随着身份的隶属化、职责的定量化、功能的粒子化，教师在教育中的主导权、话语权已弱化。教育主要仰赖管理。教育管理者虽具有整体性与全局性视角，但有限理性使其容易陷入独断与异化的困境中。

教师之于教育，是基础是关键；教育之于教师，是使命是责任；但教师不决定教育，教育不仰赖教师。这种教育与教师之间应然上的相合与实然中的分离，正是公学、公共教育的现代化进程中不容忽视的二律背反现象。

二　人事自主与职业保障：高校教师职务评聘的两大基础

相对初等和中等教育，“从学者共和国到学术经营体”[②]、从象牙塔到社会服务站的转变，高等教育中的二律背反因政治权力、社会权力、学校行政权力与教师学术权力间的多重博弈而显得更为复杂。

自 1088 年意大利博洛尼亚大学的建立起，现代高等教育制度便逐渐形成发展。早期大学的组织架构有着明显的行会特征，较为松散，往往因教师名望与大量学生的聚集而形成，其中以博洛尼亚大学的学生型大学和巴黎大学的教师型大学为典型代表。[③] 随着影响力的不断扩大，大学教育

---

① 温辉：《宪法与教育——国家教育权研究纲要》，中国方正出版社 2008 年版，第 20 页。

② 姚荣：《高等学校法律地位变革的功能导向与风险因应》，载《大学教育科学》2020 年第 3 期。

③ 贺修炎：《走向大学自组织：中国政府与大学关系研究》，博士学位论文，湖南师范大学，2014 年，第 72—74 页。

体系也不断得到发展与完善。作为机构的大学比作为行会团体的大学，更强调稳定性和组织性。在此等目标追求下，学生型大学不可避免地被教师型大学所取代。

教师型大学为了维系其在学术体系中的竞争地位，开始着重考量地理位置等非个人性因素。恰如法国学者迪尔凯姆用社会学视角对巴黎学校（巴黎大学前身）的历史发展所作的分析："此后被称为'巴黎学校'的那所学校，它的优越之处首先来自一些比较持久的非个人性原因，来自它的地理环境和位置——它占据了国家的最中心。因此，它在学术等级体系中的地位不再像其他学校那样仰仗在校教书的教师的个人素质；以它为中心的集中更可以确保持久性，因此也可以期望，它必将产生出更多的实质效应，这是那些聚散不定的聚合所无法比拟的，后者只是看哪里有一位知名教师占据了某个有名气的'教席'，就以此为中心而形成。"①

地理位置等非个人性因素的确给教师型大学带来了一定的稳定性与竞争力。毋庸置疑，教师，特别是教师行会仍是当时大学的主流力量。教师们通过教师行会，向教会争取了不少权力。"教师即为行会的主体，对行会的教学和管理活动起着支配作用。通过教师行会的不懈努力，巴黎大学在管理体制上获得了标志性的成功。先是于 1215 年，教皇特使库尔松为巴黎大学制定了第一个章程，从圣母院主事手中夺回了大学的控制权；后是于 1231 年，教皇格雷古瓦世发布谕旨，使巴黎大学最终从主教的控制中挣脱出来，并在国王圣路易确认巴黎大学具有法人资格后，从而使巴黎大学成了一个正式独立的团体。教师们获得了颁发教学证书和学位的权力。"②

可以说，中世纪大学借助自身的行会特性以及宗教力量与世俗王权的相互制衡关系，争取了较多的自治权力。这些自治权都是通过特许状的方式被赋予的，其内容主要包括司法自治权、免税权、校务管理权、审定教师资格权和学位授予权，以及罢教、罢课、迁校等自由权。但是，随着大学发展规模的扩大，其行会组织的特征在减弱，作为一个固定组织机构的

---

① ［法］涂尔干：《教育思想的演进》，李康译，上海人民出版社 2006 年版，第 107 页。

② 贺修炎：《走向大学自组织：中国政府与大学关系研究》，博士学位论文，湖南师范大学，2014 年，第 72 页。

特征显著加强，其与国家之间的利害关系越发紧密。同时国家势力不断扩大，大学所享有的自治权逐渐缩小，慢慢退回到以学术事务为主的领域，像司法自治权这类特权都被国家收回。比如从15世纪中期开始，法国国王查理七世在1437年撤销了大学的税务特权，1445年撤销了其法律特权。1452年巴黎大学被迫进行新的改组；1499年，巴黎大学失去了其罢课权。①

大学以学术研究、追求真理为核心目标，它不仅是象牙塔，也是社会服务站。同时，作为一个有机独立、有效运转的组织机构，大学不仅有学术性事务，还有其他诸多非学术性和管理性事务。所以，作为机构意义上的大学，已完全不同于单纯的教师行会。

作为机构的大学，对外主要面向教会、国家、社会等权力主体不断争取、维护其自治权力。大学向外争取自治权力的正当性基础是学术自由。“尽管现代大学受到越来越多的外部因素的干扰，但是学术自由仍然是大学组织的核心价值观；虽然历经世事沧桑，但是大学依然是靠智慧生存的组织。”② 围绕学术自由为核心的西方大学自治权，不同国家对其具体内涵与外延存有一定差异。比如在德国，大学自治的范围主要包括：全体教师的构成、学术与非学术工作人员的聘任、学期学习计划的制订、考试的举行、教授资格的授予及剥夺、博士学位授予权、教师的补选权、学习形态以及对学生的惩戒权。③ 在日本，关于大学自治的范围，日本最高法院在判决中，认为大学自治包括：一是大学教授及其研究人员人事上之自治；二是大学之设施与学生管理上维持秩序之自主权能。④ 而在美国，大学自治所涵括的范围则更广，像美国卡内基高等教育委员会认为，大学自治主要包括：（1）制定资金使用于特殊之目的；（2）支出费用仅受审计上的监督；（3）决定大学雇员的分配、工作负担、薪资升迁；（4）选择教师、行政人员及学生；（5）建立有关等级、学位授予、开设课程及发展计划上的学术政策；（6）研修有关学术自由、成长比率以及研究和服

① 参见［法］基佐《欧洲文明史》，程洪逵、沅芷译，商务印书馆1998年版，第190页。

② 茹宁：《国家与大学关系的哲学分析》，博士学位论文，南开大学，2007年，第57页。

③ 参见周志宏《学术自由与大学法》，台湾蔚理法律出版社1989年版，第58页。

④ 周志宏：《学术自由与大学法》，台湾蔚理法律出版社1989年版，第242—243页。

务活动的行政之政策等。[1]

不难发现，人事自主（自治）是其中一项较具共识的大学自治权力。“人事自治，是最基本的大学自治事项，例如，大学要聘任校长、院长、系主任、教师、职员等，基本上都由大学自己决定。”[2] 易言之，人事自主即由大学自行聘任管理教师及其他工作人员。“大学教师之优劣，攸关大学学术自由之发展，因此教授人事自主决定权须由大学自行负责予以完成，藉以确保研究与教学自由所必要。大学教师资格之审定与聘任，自应以专业领域与学术能力为取向。……为确保各大学皆能依其设立目标与发展蓝图永续经营，大学教师之聘任及升等属于大学人事自主领域，特别是教师资格、升等要件、升等程序等皆属于大学自治之一环。”[3]

现代大学基本上已有效抵制住外部权力主体对学校人事事务（特别是教师聘任）的直接干涉。需要注意的是，这里所指的外部权力主体的干涉，并不包括延伸意义上的外部权力主体以内部化方式参与大学治理的现象，比如国家、社会权力主体以理事会或董事会成员身份参与到大学管理中。虽然，像理事会这类机构与大学外部权力主体紧密关联，但仍属于大学内部组织机构，要遵循大学内部运行规则与程序。

至于，国家权力机关以立法方式规范大学人事制度或以司法方式介入大学人事管理纠纷，则是现代法治意义下大学自治的应有之义，而不能被视为是对大学人事自主的干涉。现代国家权力介入大学人事事务有其正当性理由。比如在美国，“为使公立大学能够超越某一大学的自我利益而达成社会的公共福祉，作为州公民代理机构的州政府必然要为满足众多公民的公共利益之诉求而努力，否则，州政府就会失去合法性。为使公立大学不偏离公共利益的轨道，州政府作为其举办者和州公民的代理机构，就有义务履行其管理即高等教育公共行政的职责。而州政府以适当的方式介入公立大学的事务是其履行高等教育公共行政职责的必经之路。”[4] 当然，

---

① 周志宏：《学术自由与大学法》，台湾蔚理法律出版社 1989 年版，第 121 页。

② 许育典：《大学法制与高教行政》，台湾元照出版公司 2014 年版，第 20 页。

③ 萧文生：《不续聘大学教师之事由——“最高行政法院”2013 年度判字第 239 号及“最高行政法院”2013 年度判字第 617 号判决评析》，载《法令月刊》2014 年第 4 期。

④ 黄建伟：《在控制与自治之间——美国州政府对公立大学董事会人事事务的介入》，载《高等教育研究》2013 年第 6 期。

国家权力机关对大学自治（包括人事自主）的介入界限则是一个需要认真对待的命题，这涉及国家权力、大学自治权、公民权利之间的博弈与平衡。这也是本书关注的一条主线。

鉴于现代大学组织机构的复杂化和分层分化，人事自主权在大学内部到底应由谁，以及如何行使，便显得愈加关键。大学人事事务主要涉及管理人员（校长、院长、系主任）、学术专业人员（教师）、行政服务人员（职员）的聘任与管理问题。其中，关于大学教师聘任与管理的内部人事自主权行使问题，可以从两个层面展开，一是实然层面的考察，二是应然层面的反思。

在实然层面，可以从纵向的时间维度，梳理大学教师评聘的内部人事自主权的历史发展。总体而言，现代大学教师评聘的人事自主权，始终处在教师专业团体与大学行政管理系统的冲突博弈下。如早期的法国巴黎大学，就存在教师法团的"就职礼"与掌校教士的"执教权"的冲突。"就职礼"是当时教师法团为首次亮相，就任试讲的教师所举行的仪式。只有经这一仪式之后，该教师才被视为是教师团队的一员。"在所谓'就职礼'的仪式中，已经包含了这样一种观念：过去的学生要想成为一名教师，就必须得到既有教师社团中的一位或数位教师的首肯，然后被这个社团所接纳。"① 掌校教士相当今天的大学校长，担负着掌管学校的职责，其中包括挑选和任命教师。"授予合格者教学的权利，也就是'执教权'。它是德行与才干的一种证明，对于任何符合条件的人，掌校教士都必须免费授予。"② 于是，谁想要就任教职，必须获得执教权。"只有在他获得执教权后，才有可能被允许举行就职礼。"③ 这样便产生了"就职礼"和"执教权"的冲突。"主事以何种方式履行自己的职责，教师们没有任何发言权。他只根据自己对事情的理解方式，决定是否颁发执照。因此，有些候选人即使被教师评为相当称职，也有可能在主事手里断送掉他的职业前程，反之亦然。"④ 为此，双方开始了漫长的斗争。最终，教师法团获

① ［法］涂尔干：《教育思想的演进》，李康译，上海人民出版社 2006 年版，第 91 页。
② ［法］涂尔干：《教育思想的演进》，李康译，上海人民出版社 2006 年版，第 93 页。
③ ［法］涂尔干：《教育思想的演进》，李康译，上海人民出版社 2006 年版，第 93 页。
④ ［法］涂尔干：《教育思想的演进》，李康译，上海人民出版社 2006 年版，第 93—94 页。

得胜利。"此后，任何候选人只要被一定数量的教师评定为有资格获此学位，主事便有义务向他颁发执教权。"同时，"从法律上认可教师社团有权利为其内部事务的所有有关事项制订法律，有权利要求其成员宣誓遵守法团规章"[①]。这种由教师团体把控教师评聘中的自主权，成为一种传统在大陆法系国家延续着。

但是，"受新公共管理运动的影响，大陆法系国家和地区高校教师人事自治中'教授会自治'的传统，正在逐渐受到'管理自治'机制的侵蚀与冲击"[②]。如在法国，根据 2007 年《大学自治与责任法》的规定，大学校长拥有教师招聘的"一票否决权"。在德国，以教授为成员的专业团体（如教师会、学术评议会）与以校长为代表的大学行政系统在教师评聘上的力量开始发生变化。"执行招聘程序的主要权力越来越集中于高校行政班子。"在日本，通过《国立大学法人法》与《学校教育法》的修订，教授会的权力在国、公、私立大学均受到限制，而校长在教师人事自治事项中的影响力则持续强化。[③]

对于这种趋势与变化，从应然层面需要进行认真反思。首先，由教师团体行使教师评聘自主权，有正当理由。评聘教师属于学术专业能力的判断。专业判断只有交由专业人员行使，才能作出科学合理的结论。可以说，教师团体自治的基础是学术自由，其关键是同行评议。其次，由教师团体行使教师评聘自主权，有可能出现学术寡头、决策效率低下、与学校总体发展冲突等问题。因此，弱化教师团体的教师评聘自主权，亦有一定合理性，因为任何独大不受制衡的权力都容易腐化。但是，对教师团体在教师评聘自主权上的弱化，应通过完善程序进行规范。最后，以校长为代表的学校行政系统对教师评聘自主权影响力的强化，必须有限度。行政权力不能越界，不能成教师评聘的最终决定方，毕竟教师评聘先是个学术专业能力的判断问题，之后才是教师管理与发展问题。当然，行政权力可以在教师评聘的程序方面进行监督与完善，从而对教师团体的教师评聘自主

---

① ［法］涂尔干：《教育思想的演进》，李康译，上海人民出版社 2006 年版，第 95 页。

② 姚荣：《自治与法治之间：高校教师人事自主权的法律规制研究》，载《教育学报》2019 年第 3 期。

③ 姚荣：《自治与法治之间：高校教师人事自主权的法律规制研究》，载《教育学报》2019 年第 3 期。

权形成一定制衡。

如果说，作为整体意义的高校教师团体，需要的是人事自主。那么，作为个体意义的高校教师，则更关注其职业安全、自由与保障。他们希望在职务评聘中，既不受高校行政权力的不当干涉，也不受教师团体的无理侵害。马克斯·韦伯在一百多年前就感叹道："大学教师中谁也不喜欢回忆那些有关聘任的讨论，因为他们很少有愉快的经历。"①

高校教师职业保障的背后，同样有着对维护学术自由的考量。可以说，大陆法系国家公立大学教席教授的公务员身份，英美法系国家大学的终身教职，都是教师职业保障的一种具体制度设计。1915 年美国大学教授协会在成立时发表了《原则宣言》，其中提出：保障教授作为教师和学者自由发表言论；除非不称职或有道德缺陷，教师职位必须得到保证；教授受处分前有申诉的权利。作为约束校方聘用教师权力的撒手锏，该文件提出"任职 10 年以上的教授、副教授和所有讲师以上职位的专业人员均应被终身聘用"。1934 年，美国大学教授协会与美国学院协会（AAC）联名发表的《关于学术自由与终身教职原则的 1940 年声明》中明确提出了"终身教职""学校自治""学术自由"三大基本原则。② 因为，"除监禁、拷打或谋杀之外，开除或拒绝续聘，是对那些学术与公民活动得罪了学术和行政上的上司与同伴——在某些国家还包括得罪政府当局——的学者个人最严厉的惩罚。如果当事人得到终身任用，开除这一严厉惩罚就很少能做得到"③。

三　权力下放与权利救济：我国高校教师职务评聘的两大焦点

"知识经济时代，组织价值来源已由实质的土地、厂房、设备等有形资本，转变为以'知识'为主体的无形'智慧资本'使组织提升竞争力与市场价值之所有知识、技术、关系与机制之总和，而人力资本即为智慧

---

① ［德］马克斯·韦伯：《学术与政治》，冯克利译，生活·读书·新知三联书店 2005 年版，第 21 页。

② 杨凤英、毛祖桓：《美国高校教师权利的维护——以美国大学教授协会活动为例》，载《比较教育研究》2008 年第 2 期。

③ ［美］爱德华·希尔斯：《学术的秩序——当代大学论文集》，李家永译，商务印刷馆 2007 年版，第 312 页。

资本内涵之一，也是21世纪组织创造竞争力之管理新趋势。”[①] 随着教育产业化的推进，高校间的竞争越来越激烈。代表软实力的教师无疑是高校的核心竞争力。所以，高校教师职务评聘，一方面关系着大学教师素质与大学教学、研究水平，另一方面关涉着人民工作权的保障与实现，同时涉及大学自主管理与教育目标的达致。

（一）权力下放之路：我国高校教师职务评聘的制度建构

新中国成立之后，新政权对高等教育进行了全面接管与改造，高等学校成为政府的附属机构。[②] 政府与高校是一种直接的领导与被领导的关系，对高校事务进行全方位管理。如在1953年《政务院关于修订高等学校领导关系的决定》中明确规定道：“中央高等教育部根据国家的教育方针、政策与学制，遵照中央人民政府政务院关于全国高等教育的各项决定与指示，对全国高等学校（军事学校除外，以下同）实施统一的领导。……凡中央高等教育部所颁布的有关全国高等教育的建设计划（包括高等学校的设立或停办、院系及专业设置、招生任务、基本建设任务）。财务计划、财务制度（包括预决算制度、经费开支标准、教师学生待遇等）。人事制度（包括人员任免、师资调配等）。教学计划、教学大纲、生产实习规程，以及其他重要法规、指示或命令，全国高等学校均应执行。有必要变通办理时，须经中央高等教育部或由中央高等教育部报请政务院批准。”

改革开放之后，大学办学自主权不断得到确认与强调。1985年《中共中央关于教育体制改革的决定》首次明确提出高校办学自主权问题。1993年中共中央、国务院印发的《中国教育改革和发展纲要》中指出要进一步扩大高校办学自主权。1998年颁布《中华人民共和国高等教育法》以立法方式确认高校办学自主权。1999年《中共中央国务院关于深化教育改革全面推进素质教育的决定》中要求按照《高等教育法》的规定，切实落实和扩大高等学校的办学自主权。2010年中共中央、国务院发布

① 林政逸、杨银兴：《我国大学教师聘任制度与实施现况之研究》，载《教育理论与实践学刊》（台湾）2014年第30期。

② 具体内容可参阅刘颖《除旧布新：新中国成立初期中共对高等教育的接管与改造》，人民出版社2010年版。

的《国家中长期教育改革和发展规划纲要（2010—2020年）》中再次强调落实和扩大高等学校办学自主权。2012年《教育部关于全面提高高等教育质量的若干意见》（高教30条）中明确提出完善中国特色现代大学制度，落实和扩大高校办学自主权，明确高校办学责任。2013年，教育部关于《深化教育领域综合改革的意见》中指出，要进一步减少和严格规范政府对高等学校的行政审批，减少行政干预，落实高校办学自主权；加快大学章程建设，理顺大学、政府和社会的关系，规范高校办学行为。2014年，"国家教育体制改革领导小组办公室"发布的《关于进一步落实和扩大高校办学自主权完善高校内部治理结构的意见》（教改办〔2014〕2号）中提出要探索多种放权方式，根据赋权与能力相匹配原则，对有能力用好、有良好的权利运行和规范机制的高校，以协议、试点等方式赋予更多的办学自主权。2017年9月中共中央办公厅、国务院办公厅印发的《关于深化教育体制机制改革的意见》中再次强调要依法落实高等学校办学自主权，完善中国特色现代大学制度。

"'办学自主权'体现的是大学的外部关系，主要是大学与国家公权力之间的关系。……中国的学术自由和大学治理的核心问题仍然是大学的外部关系问题，最主要的是大学与教育行政机构之间、学术活动与国家管制之间的关系问题。"① 从上述文件内容中可以看到，办学自主权的提出与政府决定改革教育管理体制紧密相关。可以说，与西方大学自治是一个被国家权力逐渐侵蚀的过程不同，② 中国大学则是一个从国家权力中不断获取自主空间的过程。或许这就是西方的大学自治权与中国的大学自主权之间所形成的一种"对极与逆差"。当然，以办学自主权为名的大学自治之路仍有诸多障碍。但不管办学自主权的"政策变迁经历了集权—放权—集权—放权的多次反复，但始终没有跳出'一收就死，一放就乱'的循环"③，还是"政府政策的基本点是经济的考虑，而不是'学术自

① 张翔：《大学章程、大学组织与基本权利保障》，载《浙江社会科学》2014年第12期。

② ［美］爱德华·希尔斯：《学术的秩序——当代大学论文集》，李家永译，商务印书馆2007年版，第380页。

③ 周光礼：《中国大学办学自主权（1952—2012）：政策变迁的制度解释》，载《中国地质大学学报》（社会科学版）2012年第3期。

治'的要求，作为政府的行政让渡，'落实'成为一个漫长的过程"①，中国大学在实践中还是获得越来越大的自主空间，比如在教师职务评聘事项上。

最早对高校教师职务评聘进行专门规定的是，1960 年国务院《关于高等学校教师职务名称及其确定与提升办法的暂行规定》。该暂行规定明确讲师、副教授、教授作为教师的职称，与工资等级挂钩，所有大学教师一经录用即为国家干部，终身任职并服从国家的调配和管理。"后来，由于'左'的思想的影响和"文化大革命"，这项工作中断了。"② 1978 年 3 月高校恢复教师职称的确定与提升工作。1982 年教育部印发《关于当前执行国务院关于高等学校教师职务名称及其确定与提升办法的暂行规定的实施意见》以下简称《实施意见》的通知［（82）教干字 003 号］，对高校教师职称的确定与提升工作进行了具体部署与规定。

1986 年原国家教育委员会在 1982 年《实施意见》的基础上发布了《高等学校教师职务试行条例》（以下简称《试行条例》）。自《试行条例》颁布后，我国教师职务评聘工作逐渐制度化。从内容来看，该条例主要涉及教师职务的种类、职责、任职条件、任职资格评审以及职务聘任或任命。根据《试行条例》第 14、15 条的规定可知，高等学校教师职务任职资格评审工作采用由国家教育委员会指导、省、自治区、直辖市职称改革工作领导小组领导、省、自治区、直辖市高等学校教师职务评审委员会负责、校级教师职务评审委员会或教师职务评审组辅助的分类分级分工机制。其中，助教任职资格，由学校教师职务评审委员会或评审组审定；讲师任职资格，由学校教师职务评审委员会审定，报省、自治区、直辖市或主管部委教师职务评审委员会备案；副教授、教授任职资格，由学校报省、自治区、直辖市、主管部委教师职务评审委员会审定，审定的教授报国家教育委员会备案；部分高等学校教师职务评审委员会，经国家教育委员会会同省、自治区、直辖市、主管部委批准，有权审定副教授任职资格，或有权审定副教授、教授任职资格，其审定的教授报国家教育委员会备案。根据第 16—20 条规定可知，高校教师职务资格审定后，再由学校

① 熊庆年：《对落实高等学校办学自主权的再认识》，载《复旦教育论坛》2004 年第 1 期。
② 1982 年 2 月 18 日《高沂同志在高等学校教师提职工作座谈会上的讲话》。

自行组织教师职务聘任或任命，并且采用限额、聘期、考核等制度。

可以发现，《试行条例》赋予了高校在教师职务资格审定、职务聘任或任命等方面一定自主空间。高校可以自行审定助教、讲师资格，部分高校经批准可以自行审定副教授、教授资格。有学者认为："仅赋予部分公立高校教师职务评审委员会审定副教授乃至教授任职资格的权力。至此，关于副教授、教授的职称评审权开始呈现出'分层规制'或'双轨制'的格局。基于《试行条例》的规定，'双轨制'将教师任职资格的评审分别划归为教育部（或省、自治区教育机构）及学校本身（被授权之大学）。此后，在简政放权的背景下，借由行政机关发布规范性文件的'政策途径'和'渐进式'的放权，越来越多的公立高校获得了更大的职称评审权限。毋庸置疑，在'双轨制'或'分层规制'的管制格局中，部分高等学校（尤其是重点大学）借由职称评审自主权的获得，超脱了政府的'高权管制'，而其他未获得'授权'或政府'放权'的高等学校（尤其是地方高校），其职称评审仍然属于政府的'行政审批事项'。"① 的确，这种"分层规制"或是分类赋权具有一定的不彻底性。不过，以历史的眼光来看，这毕竟为我国高校人事自主开启了一个重要的窗口。

之后，高校教师职务制度与聘任制度得到了法律上的确认。1993 年《教师法》第 16 条率先规定国家实行教师职务制度，第 17 条则倡导性地规定："学校和其他教育机构应当逐步实行教师聘任制。教师的聘任应当遵循双方地位平等的原则，由学校和教师签订聘任合同，明确规定双方的权利、义务和责任。"1995 年《教育法》在第 28 条中明确将"聘任教师"规定为学校权利。1998 年《高等教育法》第 37 条中进一步明确规定："高等学校根据实际需要和精简、效能的原则，自主确定教学、科学研究、行政职能部门等内部组织机构的设置和人员配备；按照国家有关规定，评聘教师和其他专业技术人员的职务，调整津贴及工资分配。"

为了实施教师职务聘任等相关法律规定，1999 年教育部关于印发《关于新时期加强高等学校教师队伍建设的意见》的通知（教人〔1999〕10 号）中规划性地指出："近年内颁布《教师职务条例》《〈教师资格条

① 姚荣：《论我国公立高校教师职称评审权的公法规制》，载《高校教育管理》2017 年第 4 期。

例〉实施办法》《高等学校教师聘任办法》《高等学校编制管理规程》以及《教师考核规定》等法规与规章。在教师资格认定、遴选任用、职务聘任、培养培训、流动调配、考核奖惩、工资待遇、申诉与仲裁等主要环节上实现政府依法治教、学校依法管理、教师依法执教。"比较遗憾的是，除了《〈教师资格条例〉实施办法》，其他法规规章至今仍未出台。

不过，高校教师职务及教师聘任等相关制度在高校人事制度改革中得到进一步发展。2000 年中组部、人事部、教育部联合发布了《关于深化高等学校人事制度改革的实施意见》。该实施意见明确提到："深化高等学校人事制度改革的目标是，通过规范政府及其职能部门、高等学校主管部门与高等学校的职责权限，理顺政事关系，下放管理权限，落实高等学校办学自主权，为高等学校的改革和发展创造良好的社会环境；逐步建立符合高等学校特点的学校自主用人、人员自主择业、政府依法监督、配套措施完善的人事管理新体制；进一步健全高等学校内部的竞争机制和激励机制，转换人事管理的运行机制，搞活用人制度和分配制度。"为了落实高校人事自主管理制度，该实施意见提出："按照'总量控制、微观放权、规范合理、精减高效'的原则进行高等学校机构编制改革。"

为了进一步落实与规范高校人事自主权，教育事业单位专业技术岗位设置成为高校人事制度改革中的一项具体内容。2007 年人事部、教育部印发的《高等学校等教育事业单位岗位设置管理的指导意见》对教师职务（岗位）聘任作了较细致明确的规定。[①] 首先，该指导意见确认了教师岗位是高校的主体岗位。"根据高等教育的特点，高等学校的专业技术岗位分为教师岗位和其他专业技术岗位，其中教师岗位是专业技术主体岗位。""高等学校专业技术岗位一般不低于岗位总量的 70%，其中，教师岗位一般不低于岗位总量的 55%，高水平大学为教学科研服务的辅助性专业技术岗位占岗位总量的比例可适当提高。管理岗位一般不超过岗位总

---

① 这里需要说明：教师职务与教师岗位之间的关系。《高等教育法》第 47 条规定："高等学校教师职务根据学校所承担的教学、科学研究等任务的需要设置。教师职务设助教、讲师、副教授、教授。"指导意见指出："教师岗位包括具有教育教学、科学研究工作职责和相应能力水平要求的专业技术岗位。"比较可知，教师职务与教师岗位在本质上相同，都是指具有一定学术能力，承担相应教学、科研等任务，可以说，教师职务就是教师岗位。不过根据现有制度规定，教师岗位的划分比教师职务的划分更为细化。

量的20%。按照后勤社会化的改革方向，要逐步减少工勤技能岗位的比例。”

其次，该指导意见强调了高校在教师岗位管理及聘任方面的自主探索权限。一是教师岗位分类设置上的自主探索权限。“学校可根据教师在教学、科研等方面所侧重承担的主要职责，积极探索对教师岗位实行分类管理，在教师岗位中设置教学为主型岗位、教学科研型岗位和科研为主型岗位。”二是教师岗位聘用上的自主权限。“根据按需设岗、竞聘上岗、按岗聘用的原则，自主进行岗位聘用工作。”三是教师岗位聘用合同管理上的自主探索权限。“高等学校应区别不同类型、不同层次的受聘人员，积极探索短期、中期、长期合同相结合的聘用合同管理办法。高等学校与受聘人员应当在平等自愿、协商一致的基础上签订聘用合同，明确受聘岗位职责要求、工作条件、工资福利待遇、岗位纪律、聘用合同变更、解除和终止的条件以及聘用合同期限等方面的内容。高等学校和聘用人员签订聘用合同，可以按规定约定试用期。聘用合同期限内调整岗位的，应当对聘用合同的相关内容作出相应变更。聘用合同期满前，高等学校应按国家有关规定和受聘人员的履职情况认真考核，及时作出续聘、岗位调整或解聘的决定。”

最后，该指导意见对高校岗位设置与聘用方面提出了相关要求。一是采用核准制度。“在确定岗位总量时，应根据核定的教职工编制总量和学校实际工作需要综合确定。”“高等学校岗位设置实行核准制度，严格按照规定的程序和管理权限进行审核。”二是规定高等学校岗位设置工作程序。一般要求有六个步骤：（1）制订岗位设置方案，填写岗位设置审核表；（2）按程序报主管部门审核、政府人事行政部门核准；（3）在核准的岗位总量、结构比例和最高等级限额内，制订岗位设置实施方案；（4）广泛听取教职工对岗位设置实施方案的意见；（5）岗位设置实施方案由学校负责人员集体讨论通过；（6）组织实施。三是对岗位聘用工作提出程序要求。“高等学校聘用人员，应在岗位有空缺的条件下，按照公开招聘、竞聘上岗的有关规定择优聘用。”“高等学校要完善聘用办法，规范聘用程序，健全聘用组织及监督机制，确保岗位聘用工作公开、公平、公正。学校要成立聘用委员会，院（系）成立相关聘用组织，分别负责岗位聘用的有关工作。在聘用工作中，学校应充分发挥院（系）聘用组织和专家教授的重要作用，积极建立校内外同行专家学术评价制度。根据本校和所在地区的实际情况，学校在新聘用教职工时，应积极实行人事代理制度。”

可以看到，2007 年指导意见延续了 2000 年实施意见中所倡导的“总量控制、微观放权、规范合理、精减高效”的基本思路。同时，该指导意见进一步将“试行条例”中的“分层规制”或分类赋权的方式拓展到高等学校内部教师岗位的分类管理上。这种教师分类管理思路，在 2012 年《教育部关于全面提高高等教育质量的若干意见》（高教 30 条）中得到进一步提倡。该若干意见中明确提出：“探索建立高校分类体系，制定分类管理办法，克服同质化倾向。”“完善教师分类管理和分类评价办法，明确不同类型教师的岗位职责和任职条件，制定聘用、考核、晋升、奖惩办法。”

这种分类管理的思路也体现在高校教师职务的评与聘上。自《试行条例》始，高校在教师职务的评与聘上，其自主权限就存有差异。换言之，政府在高校教师职务评与聘上的权力下放空间与方式有所不同。

在教师职务资格评审（通称“教师职称评审”）上，[①] 政府采取的是逐步放权的方式。《试行条例》赋予高校助教、讲师评审权，部分高校副教授、教授评审权。除了助教职务审定不需要报备上一级主管部门，其他职务审定后都必须要向上一级主管部门备案。同时，高校副教授、教授评审权需要经国务院批准。1994 年高校教授副教授职务评审权的审批工作开始由教育部实施。[②] 2012 年高校副教授职务资格评审权的审批工作又由教育部下放到省级人民政府教育行政部门。[③] 2016 年 11 月中央全面深化改革领导小组审议通过的《关于深化职称制度改革的意见》中明确指出要“推动高校、医院、科研院所、大型企业和其他人才智力密集的企事业单位按照管理权限自主开展职称评审”。

---

① 关于“教师职务”与“教师职称”这两个概念的辨析，可参见拙著《大学学术权力的法律界限研究》，法律出版社 2019 年版，第 111—112 页。

② 主要根据以下两个文件：1994 年《国家教育委员会、人事部关于进一步做好授予高等学校教授、副教授任职资格评审权工作的通知》（教人〔1994〕19 号）和 2004 年《国务院对确需保留的行政审批项目设定行政许可的决定》（国务院令第 412 号）。

③ 国务院：《国务院关于第六批取消和调整行政审批项目的决定》（国发〔2012〕52 号）。

之后，推动与落实自主评审成为我国高校教师职称改革的重点方向。2017年1月国务院取消了高等学校副教授职务资格评审权的审批，高校可以自主评审副教授。[①] 2017年3月教育部等五部门联合印发了《关于深化高等教育领域简政放权放管结合优化服务改革的若干意见》（以下简称《简政放权意见》），并提出："要改革高校教师职称评审机制，将高校教师职称评审权直接下放到学校……高校自主制订本校教师职称评审办法和操作方案。职称评审办法、操作方案报教育、人力资源社会保障部门及高校主管部门备案。"2018年1月20日，中央全面深化改革领导小组通过了《关于全面深化新时代教师队伍建设改革的意见》，这是新中国成立以来第一次以党中央名义专门印发加强教师队伍建设的文件，其中明确强调："推动高等学校教师职称制度改革，将评审权直接下放至高等学校，由高等学校自主组织职称评审、自主评价、按岗聘任。"2018年8月20日教育部、财政部、国家发展改革委联合印发的《关于高等学校加快"双一流"建设的指导意见》中再次强调要"深入推进高校教师职称评审制度"。

随着政府的逐步放权，目前我国高校基本上都已获得教师职称评审权。在"放管服"思路下，政府工作重心逐渐转向如何有效监督与规范高校教师职称评审权。2017年10月教育部、人力资源和社会保障部联合印发的《高校教师职称评审监管暂行办法》中采取备案、核查、抽查等方式来监督高校正当行使评审权，对问题高校将给予警告，并责令限期整改，对整改无明显改善或逾期不予整改的高校，暂停其自主评审资格直至收回评审权，并进行责任追究。2019年7月人力资源和社会保障部发布了《职称评审管理暂行规定》（第40号），规定职称评审标准分为国家标准、地区标准和单位标准，要求单位标准不得低于国家标准。2020年12月31日人力资源社会保障部和教育部共同颁布了《关于深化高等学校教师职称制度改革的指导意见》（人社部发〔2020〕100号）（以下简称"2020年职称改革指导意见"）中也多处涉及监管与规范要求，明确提出要"加强监管服务。定期按一定比例开展抽查，根据抽查情况、群众反

---

① 国务院：《国务院关于第三批取消中央指定地方实施行政许可事项的决定》（国发〔2017〕7号）。

映或舆情反映较强烈的问题，有针对性地进行专项巡查，并将抽查、巡查情况通报公开”；要求高校“严格程序，确保公正”“建立完善评审专家的诚信记录、利益冲突回避、动态调整、责任追究等制度，严格规范专家评审行为。对违反评审纪律的评审专家、党政领导和其他责任人员，按照有关规定处理”。

相较对高校教师职务评审从显性的直接控制到逐步松绑的放权之路，政府对高校教师职务（岗位）聘任似乎从一开始就采取较隐秘的间接控制方式，表面上则自始至终地承认高校具有自主用人权。“试行条例”中，教师职务聘任或任命以及后续的管理、考核等事项都由学校自行组织负责。1995 年《教育法》将“聘任教师”直接规定为学校法定权利。虽然，2014 年《事业单位人事管理条例》对事业单位在新人招聘与内部岗位竞聘方面进行了程序规定。但可以说，高校对于在“聘任什么人、是否聘任某人”等实质问题上，有着很大的自主权限。当然，政府对高校教师职务聘任并非完全放手，主要借助两个方面对其进行间接控制：一是借助编制管理进行宏观控制，二是借助教师职称评审进行隐性控制。

“编制”就其狭义而言，是指管理国家机关、事业单位、企业行政管理单位的组织结构形式及其人员定额的工作。[①] 作为事业单位的高校，我国政府也是通过编制对其人员规模及构成进行控制。“试行条例”第 3 条明确规定高等学校的教师编制应依据国家规定的师生比例确定，第 16 条规定，要按照限额进行教师职务的聘任或任命。1993 年 2 月 8 日《国家教委、国务院学位委员会关于印发全国普通高等教育工作会议有关文件的通知》（教高〔1993〕4 号）中也强调要“严格控制教师编制，提高师生比例”。可见，政府最初对教师编制管理较为严格，依照相关编制要求对各类高校教师职务数量进行细化规定。高校也只能在所规定编制数额内聘任教师。随着高等教育发展和高校扩招，政府对高校教师编制的管理思路逐渐变为总量控制。这一思路在 1999 年教育部《关于新时期加强高等学校教师队伍建设的意见》中率先提出。之后，在上文提到的 2000 年教育部《关于深化高等学校人事制度改革的实施意见》中进一步总结为“总量控制、微观放权、规范合理、精减高效”的高校人事编制改革基本

---

① 张双柱：《编制的法律意义》，载《政治与法律》1985 年第 2 期。

原则。

这种“总量控制”的思路已成为实践中高校教师编制改革的主要探索途径。2017 年国务院《关于印发国家教育事业发展“十三五”规划的通知》中提到:“积极探索实行高校人员总量管理，落实高校岗位管理自主权；自主制定招聘条件和标准，自主公开招聘人才，根据岗位设置方案和管理办法自主做好人员聘后管理，落实高校用人自主权。”同年，教育部等五部门《关于深化高等教育领域简政放权放管结合优化服务改革的若干意见》中也提出要“积极探索实行高校人员总量管理。教育部会同中央编办、财政部等相关部门制订高校人员总量核定指导标准和试点方案，积极开展试点。试点高校人员总量实行动态调整。纳入总量管理的人员享有相应待遇和保障。机构编制、高校主管部门发现高校在人员总量管理工作中存在弄虚作假等严重问题的，对相关负责人依法依规予以处理”。“高校根据事业发展、学科建设和队伍建设需要，自主制订招聘或解聘的条件和标准，自主公开招聘人才。政府各有关部门不统一组织高校人员聘用考试，简化进人程序，为高校聘用人才提供便捷高效的人事管理服务。”

易言之，在允许的“教师编制总量范围”内，当前我国高校可以结合自身情况自主决定各类教师职务（岗位）聘任事项。当然，教师编制总量仍是当前高校不能突破的底线。所以，高校教师职务聘任通过政府总量控制方式获得较大自主空间，但其权限仍受政府宏观控制。这里需要注意的是，在编制总量范围内获聘的高校教师，意味着具有公职身份。但是，实践中这种公职身份的合法性是因编制而获得，还是因高校聘任行为而确立呢？似乎，目前制度上是将二者进行了割裂。编制教师总量是政府权力，聘任教师是高校权利。但是，对于所聘教师而言，编制与聘任是不可分割的，因为聘任意味着有编制，有编制才获得聘任。这种矛盾，可能在实践中会因高校与教师聘任纠纷而凸显。

除编制控制外，政府还曾通过教师职称评审对高校教师职务聘任进行隐性控制。从《试行条例》开始，高校教师职务聘任基本上采取的是“先评后聘”方式。换言之，“聘”取决于“评”。这种方式之后得到立法上的确认。《高等教育法》第 48 条明确规定：“高等学校实行教师聘任制。教师经评定具备任职条件的，由高等学校按照教师职务的职责、条件和任期聘任。”所以，政府若对高校教师职务评审权进行控制，也就最终控制了高校教师职务聘任权。当然，随着政府对高校教师职务评审权的全面松绑，这种对高校教师职务聘任权的隐性控制也将得到松绑。“2020 年职称改革指导意见”中提出要“实行评聘结合”，并具体规定：第一，“高校根据国家有关规定自主设置岗位，结合岗位空缺情况开展教师职称评审，并将通过评审的教师聘用到相应岗位，实现教师职称评审与岗位聘用有效衔接”。第二，“对此次改革前本高校评审通过、已经取得高校教师职称但未被聘用到相应岗位的人员，有关地方和高校要结合实际研究具体办法，妥善做好这部分人员择优聘用等相关工作”。若是这一评聘结合的制度顺利推进，那么，原本高校教师职务评审与高校教师职务聘任将合二为一，评即为聘，聘即已评。

通过上述对我国高校教师职务评聘制度的追溯与梳理可以发现，我国政府走的是一条不断下放其权力之路，建构了高校教师职务评聘“宏观控制、微观放权”的基本模式。概言之，我国高校在教师职务评聘上获得越来越大的自主空间。

（二）权利救济之维：我国高校教师职务评聘的实践困境

随着政府权力的不断下放，我国高校教师职务评聘自主权的扩大与落实，已然成为不争的事实。当下在“双一流”大学建设的推进中，教师职务评聘事宜已基本由高校自治展开。在此背景下，另一维度的观察自然不可或缺，即在高校内部，教师职务自主评聘在制度上又是如何具体安排与落实？

1986 年的《试行条例》第 17 条规定：“高等学校教师职务聘任及任命工作由校（院）长负责。”之后出台的《高等学校教师职务评审组织章程》（以下简称“组织章程”）第 4 条规定：“校（院）教师职务评审委员会和校（院）教师职务评审组受该校（院）长领导。”由此可见，在政府行政权力尚未松绑放权之前，高校内部不管是教师职务评审还是教师职务聘任，都主要由学校行政权力主导。当然，在教师职务评审环节，也强调学科同行评议和专家意见。如“组织章程”第 5 条规定：“教师职务评审委员会和教师职务评审组下设若干学科评议组，负责对拟聘任或任命的教师的职务任职资格进行评审，并向评审委员会或评审组提出评审意见。”第 7 条规定：“评审组织中要尽量吸收优秀的中青年教师参加。”

1998 年颁布的《高等教育法》[①] 第 41 条明确规定，聘任与解聘教师是高等学校校长的职权之一，以主持校长办公会议或者校务会议的方式处理。由此，高校教师职务聘任以校长为首的行政权力主导，获得了法律上的确认。虽然，高校行政权力在教师职务聘任中起主导地位，但这种主导性主要是形式意义上的，主要负责聘任流程管理以及聘任文件签署与发布等。实践中，不管是教师职务升等聘任，还是新教师入职聘用，学术权力组织基本上也是全程参与决定。

对于教师职务评审内部自主权的行使问题，则尚未有法律上的明确规定。2014 年教育部颁布的部门规章《高等学校学术委员会规程》第 15 条规定："学校下列事务决策前，应当提交学术委员会审议，或者交由学术委员会审议并直接作出决定：（一）学科、专业及教师队伍建设规划，以及科学研究、对外学术交流合作等重大学术规划；……（六）学校教师职务聘任的学术标准与办法。"这可以视为，高校内部教师职务评审开始由行政权力主导转向学术权力主导。此后，各地高校纷纷成立学术委员会，并在此基础重建教师职务评审委员会。比如 2016 年《吉林大学教师职务评审委员会章程》，其中第 3 条明确规定："教师职务评审委员会是学术委员会授权设立的审定教师各级职务业绩条件及拟聘人选资格的专门委员会。"当然，教师职务评审虽然由以学术委员会为主的学术权力主导，但行政权力也仍保持一定影响力。同样以《吉林大学教师职务评审委员会章程》为例，其中第 4 条规定："学校教师职务评审委员会由校学术委员会部分委员、具有教授职务的专家、学校党委书记、学校校长组成，人数为 25 人至 31 人的单数，其中，校学术委员会委员人数不少于评审委员会委员总数的 2/3。"第 7 条还规定："校教师职务评审委员会组成人员须经校长办公会审议，由校长聘任。"

由上可知，我国高校内部教师职务自主评聘在制度上已基本形成以校长为首的行政权力与教授为主的学术权力的分工合作模式。学术专业等实质问题由学术权力负责决定，评聘流程与管理等形式问题由行政权力主导。可以说，这种分工合作模式是一种符合高校教师职务评聘特性的选择。因为评聘教师首先属于学术专业能力的判断，专业判断应交由学术权

① 该法于 2015 年、2018 年经过两次修订。

力行使，才能作出科学合理的结论。但学术权力若不受监督，有可能出现学术寡头、决策效率低下、与学校总体发展冲突等问题。因此，以校长为代表的学校行政权力负责评聘流程与管理等事务，这样可以确保效率推动学校整体健康发展。在这种模式下，行政权力与学术权力可以相互监督、相互制衡。

但实践中，我国高校内部教师职务自主评聘虽已形成学术权力与行政权力的分工合作模式，但与理想的制度设计模式仍有一定距离。一方面，由于高校存在所谓的“双肩挑”。“双肩挑”主要是指获聘教学科研系列专业技术职务的同时，又在教学科研单位、校部机关等管理岗位上担任处级及以上党政领导职务。“双肩挑”容易使学术权力依附于行政权力。近年来，这种现象已非中国高校独有。“‘双肩挑’模式的出现，虽带来了学术权力在德国高校管理领域的部分集中，但学术权力并非冲击了行政权力，而是依赖行政权力的‘搭档’作用。”① 退一步讲，即使学术权力不被行政权力吸收，但“双肩挑”依旧会导致部分行政权力与学术权力合一。这样很难达致行政权力与学术权力分工合作、监督制衡的效果。另一方面，高校学术权力的行使模式有点类似于行政权力的科层制式，强调层级越高，权力越大。但是，对于学术事项来说，这种模式或程序设计并非恰当，容易导致“外行决定内行”。②

“高校教师职务评聘涉及高校教师的核心利益，直接影响高校的建设和发展。作为高校教师职称评审的重要改革，这一举措在现阶段得到积极推进的同时，在具体的评聘环节也存在行政权力强势，学术权力受压；学院初聘权力过大，有效制约缺乏；民主监督虚化，难以确保教师职务评聘的公平与公正等问题。”③ 在上述背景下，因高校教师职务评聘而引发的各种纠纷不断出现。

有些纠纷以热点事件方式为人所知。如某学院院长甘某在院年度教职

① 巫锐：《21世纪德国高校管理中的“双肩挑”现象研究》，载《国家教育行政学院学报》2020年第4期。

② 该质疑声最早出现在1999年刘燕文诉北京大学案。关于该案案情及由此引发的争论与思考，可参见拙著《大学学术权力的法律界限研究》，法律出版社2019年版，第128—140页。

③ 杨兴林：《高校教师职务评聘环节存在问题及改进思考》，载《扬州大学学报》（高教研究版）2015年第1期。

工会议现场，被青年教师李某打了几记耳光。据悉，打人事件起因是甘某“拖延青年教师职称晋升”，当事人青年教师李某，“聘期将满，六年晋升无望，面临解聘”。[①] 这一事件背后一定程度反映了当下高校教师职务评聘中的乱象。诉诸暴力自然无益于问题的解决，但几记耳光除了泄愤、破罐子破摔之外，可能也表达了青年教师李某的投诉无门与无奈。类似遭遇的想必不止李某。也许更多的教师遇到这种情况可能选择忍气吞声或另谋他路。当然，随着维权意识的提升，也有不少教师选择诉诸法律途径。

2000 年林某诉某大学案应该是较早的有关高校教师职务评聘的司法争议案件。该案原告某大学教师林某实际上提起了两次诉讼。林某在 2000 年度申报了教授任职资格，并于当年 11 月通过了学校教师职务评审委员会教授资格评审。但未获得聘任。林某认为，自己已取得了教授任职资格，学校应确认其教授任职资格并予以聘任，而学校的上述做法，等于取消了自己的教授资格，侵犯了他的合法权益，所以向法院提起行政诉讼，要求所在大学补发文件，确认其教授资格。西安市碑林区人民法院审理认为，根据《高等学校教师职务试行条例》的规定和教育部的授权，具有评定中国语言文学学科教授任职资格的是某大学教师职务评审委员会，而非该大学。林某已经该大学教师职务评审委员会评审，仅是没有被大学聘任。而高等学校教师的聘任是高等学校与受聘教师在平等自愿的原则下进行的，不是行政法律关系调整的范围，故林某的起诉理由不成立，遂驳回林某的起诉。

2001 年 3 月，某大学就有关反映林某申报教授职称“弄虚作假”的问题做了调查。11 月，某大学教师职务评审委员会表决取消林某教授任职资格。该校作出《关于取消林 × × 教授任职资格的决定》，认为林某在填报评审表时存在论文级别等填报不实的情况。对此林某不服，于 2001 年 12 月再次将学校起诉至西安市碑林区人民法院，请求撤销学校的决定，并要求学校限期确认他的教授任职资格，并按照“评聘结合”原则聘任他。2002 年 12 月，碑林区人民法院一审判决，撤销某大学的决定，驳回原告其他请求。而学校认为，此案不属于行政诉讼之列，学校的决定不是行政行为，对碑林区人民法院的判决不服。林某也觉得自己的诉讼请求没

---

① 赵婀娜：《从“青椒”掌掴院长说开去》，载《人民日报》2016 年 1 月 14 日 17 版。

有完全实现。一审宣判后，双方均上诉。2003 年 3 月，西安市中级人民院终审判决认为，某大学作出的决定属具体行政行为，涉及林某个人的权利和义务，符合法律规定的行政诉讼受案范围。林某在申报教授任职资格时，虽有部分填写内容不符合学校规定，但已根据学校要求做了更改，并经学校审核，确定林某具备了申报教授的资格。因此，林某通过了西北大学教师职务评审委员会教授资格的评审。而该大学就林某所进行的无记名投票表决，不能证明取消了林某教授任职资格经过教师职务评审委员会的复议。同时，因为林某的教授任职资格还没有最终确认，故维持原判。[①]

林某提起的两次诉讼，第一次被驳回起诉，第二次经过了两审终审程序。第二次诉讼虽然法院支持了林某的部分诉求，即撤销学校《关于取消林××教授任职资格的决定》，但是对林某而言更具实质意义的有关教授任职资格的确认及聘任诉求并没有得到支持。该案法院对高校教师职务评与聘进行区分，认为“评与聘是两个相对独立的行为过程，前者是一种行政行为，后者是一种民事行为”[②]。这种区分，特别是将教师职务聘任定性为民事行为，对后来的案件有较大影响，类似纠纷逐渐纳入民事诉讼程序中去。

2003 年 6 月 17 日最高人民法院审判委员会第 1278 次会议通过的《最高人民法院关于人民法院审理事业单位人事争议案件若干问题的规定》（法释〔2003〕13 号），其中对有关教师聘任问题作了如下规定：“事业单位与其工作人员之间因辞职、辞退及履行聘用合同所发生的争议，适用《中华人民共和国劳动法》的规定处理。”此后，高校教师聘任的有关纠纷，就以人事纠纷而正式纳入民事诉讼程序中。但是，并非高校教师聘任的所有纠纷都被视为人事纠纷而纳入民事诉讼程序。如在“蒯××与某大学人事争议案”中，面对原告要求被告确认其按自动离职处理的决定无效以及存在人事关系的诉请，法院认为原告的诉求不属于人

---

① 基本案情综合参考了以下文献：陈鹏、祁占勇：《高校教师职务评聘中的法律问题探析——对一起诉讼案的法理学思考》，载《高等教育研究》2004 年第 2 期；吴蔚：《教师资格被取消，老师状告西北大学》，载《华商报》2003 年 3 月 13 日第 5 版。

② 陈鹏、祁占勇：《高校教师职务评聘中的法律问题探析——对一起诉讼案的法理学思考》，载《高等教育研究》2004 年第 2 期。

事争议案件的受理范围。[①] 而对高校教师人事纠纷的法律适用，实践中法院也存在不同观点。如在“糜某与某大学人事争议案”中，面对原告提出的依据《劳动合同法》的规定要求被告支付经济补偿金和二倍工资的诉求，法院认为“双方之间所发生的争议为人事争议，不适用《劳动合同法》，而应适用《事业单位人事管理条例》，且《条例》并未列举事业编制人员可以享有经济补偿的情形，亦未有不订立聘任合同的法律责任的规定，故不予支持原告的主张”[②]。

“研究表明，近年人事争议诉讼数量呈上升趋势，高发于56—65周岁的教师，以解聘类纠纷居多。但因受案范围狭窄，很多诉求未进入实体审理环节即告终结。教师胜诉率较低，极大影响了教师维权的积极性。”[③] 对于教师职务评审是否属于行政行为、能否提起行政诉讼，在之后的案件中其他法院则有着不同观点。

比如2003年王某诉某大学案。某大学讲师王某以其符合副教授评聘资格条件未被学校评审为副教授，而学校将不符合条件的第三人评审为副教授为由，历经了校方、湖北省教育厅申诉后，向教育部提起行政复议申请。某大学认为王某担任讲师14年而没有在学校主持或参加国家一项科学研究项目，不具备副教授的必备条件，而王某认为此“框框”没有依据，要求教育部撤销《某大学申报专业技术职务的条件》。教育部认为，某大学是经过国家批准具有评审副教授职称资格的高等学校，该校具有制定具体的评聘条件和程序，并组织相应教师职务委员会的法定权力，而教师职务评审委员会的评审行为不属于具体行政行为，该教师因不符合条件而未能通过教师职务评审，属于学校内部正常管理活动。因此，根据《中华人民共和国行政复议法》之规定，对王某的复议申请决定不予受理。王某对教育部不予受理的行政复议决定不服，以教育部为被告，向北京市第一中级人民法院提起行政诉讼，要求法院撤销教育部的行政复议决定，并判令被告重新对原告的行政复议申请作出行政复议决定。北京市第

---

① 参见北京市第三中级人民法院（2018）京03民终1713号民事裁定书。

② 江苏省无锡市中级人民法院（2018）苏02民终3019号民事判决书。

③ 徐雷、陶好飞：《公立高校教师人事争议诉讼现状及特征研究——基于134份裁判文书的实证视角》，载《复旦教育论坛》2017年第4期。

一中级人民法院经过审理认为，根据《高等教育法》的规定，评聘教师职称资格及其他专业技术人员职务是高等学校的自主权，该高校技术职务评聘委员会任职资格的评审和授予行为属于高等学校行使自主权的范畴，因而评聘委员会审定不符合副教授任职资格的行为并非具体行政行为，因此，法院作出维持教育部行政复议不予受理的判决，驳回原告其他诉讼请求。王某不服，上诉至北京市高级人民法院，北京市高级人民法院终审维持原判。①

后来，某大学副教授邹某又有类似的境遇。经过上述两案，从行政部门到司法部门都基本上达成共识，即教师职务评审属于高校的自主权，而非行政行为，不能因其提起行政诉讼。但是，正如华中科技大学邹某在起诉状中所言："职称的评审、评定中严重地夹杂了行政、权力、关系、帮派等不良因素，更有甚者，妥协、交易、拉关系等幕后行为，被国家教育部直接授权的高等院校要管；各省、自治区的教育行政管理部门要管；国家教育部更要管。"② 的确，该如何监督管理高校教师职务评审行为，当认为自己的权利受到侵害，教师又该如何寻求救济，这些问题需要进一步思考与探讨。

此外，2012 年某大学陈某信息公开案、2016 年某大学副教授黄某、杨某解聘案、2018 年方某诉某大学案等，都一定程度反映了当下高校教师职务评聘中教师权利救济的诸多困境。

四 问题的归结与再提出

高校人事自主与教师职业保障与自由是高校教师职务评聘的两大基础，但这二者之间显然存在张力。高校人事自主是为了实现高校自治，关注与追求作为整体的高校发展需求与效益。无疑，教师是高校的重要组成部分。随着教师职业的社会化，对作为个体的高校教师而言，这份学术职业不仅承载着一份探究真理的勇气与信念，也是连接人间烟火的一种谋生

① 基本案情综合参考以下文献：孙笑侠：《大学制度的特别法理》，光明日报出版社 2020 年版，第 124—125 页；石书伟：《高校教师职称评审行为可诉性个案分析》，载《律师世界》2003 年第 11 期；那日苏：《职称评审未通过，走上公堂讨说法》，载《法制日报》2003 年 6 月 19 日。

② 参见邹建锋《华中科大两教师不满职称评定，将教育部告上法庭》，载《中国经济时报》2003 年 11 月 5 日。

手段。所以，作为个体的高校教师，还有着不同于高校的利益诉求，他们更期盼学术职业的稳定性与自由度。高校与教师间的这种张力若没有合理制度予以调节，一旦失衡，容易造成诸多纷争。

随着人事制度改革的深入推进和政府权力的不断下放，我国高校获得越来越大的人事自主权。可以说，各个高校利用人事自主权，尽显神通，创新不断。比如，为了激发与提升教师科研产能，一些高校出台“非升即走”或“预聘—长聘制”。“非升即走”或“预聘—长聘制”主要是针对新入职教师，规定在一定年限内，若能在职称上顺利升等（一般是副教授），则获得长期教职，若不能升等，则解除教职。的确，这种制度能够有效地激发新入职教师教学科研积极性。有学者对那些实施“预聘—长聘制”高校的高水平科研成果产出进行实证研究后，发现“第一，实行‘预聘—长聘制’后，已改革高校的国际期刊论文发表量和论文影响力指数都得到了显著提高；第二，实行‘预聘—长聘制’后，已改革高校发表论文的数量并无显著优势，但其论文影响力明显高于未改革高校”①。但是，从新入职教师角度而言，“非升即走”或“预聘—长聘制”使其学术职业生涯充满压力与不确定性。而且从科研规律来看，成果的产出也并非是完全可预期与把控的。所以，“非升即走”或“预聘—长聘制”从一出台就备受争议。有些教师甚至质疑其合法性而诉诸司法救济。“‘非升即走’制度超出了现行立法设定的管理体系和模式，很难直接依据现行人事管理规则对制度合法性作出判断。”②

为了促进内部竞争和绩效管理，很多高校都开始采用“差异化聘用”模式。“差异化聘用表现为三种模式：一是不同职业发展轨迹下长聘轨教职和普通轨教职差异聘用；二是不同薪酬分配模式下年薪制教职和岗位薪酬制教职差异聘用；三是不同合同聘期下终身教职和任期教职差异聘用。差异化聘用源于一系列强制性因素和诱致性因素的共同作用。强制性因素主要是政府主导的教师聘用制改革所带来的自上而下的强力推动；诱致性因素主要是教师

① 任羽中等：《“预聘—长聘制”对高校科研产出的影响机制与成效分析》，载《国家教育行政学院学报》2020 年第 4 期。

② 张朴田：《“非升即走”制度在高校聘用合同中的效力认定——以郭某诉江南大学人事争议案为例》，载《法律适用》2018 年第 10 期。

身份趋于多元，以及大学职能扩展和绩效管理所带来的自下而上的路径探索。差异化聘用三种模式交叉、共存，体现了教育公益、教师私益和高校绩效管理的有机结合，值得肯定。但也应警惕可能引发的过度市场化倾向、‘精英’‘普通’教师疏离、效率与学术不平衡等负面效应。”①

为了留住优秀人才，一些高校要求“进修读博”或“职称升等”的教师必须服务期达到一定年限，否则不让辞职或需要支付违约金。由此，更是引发了大量纷争。在本书写作之际，最新的一则消息是某学院三位教师因主动辞职遭拒并遭巨额索赔。在职期间，三位教师先后获得博士学位。后三位教师向校方提交辞职申请，但并未获批。其中一位教师于2018年提出辞职被拒，后外经劳动人事争议仲裁和法院两审终审获得胜诉，但该校并未执行判决。另两位教师于2020年6月提出辞职被拒。学校于7月13日发布《某学院教职工离职管理办法（试行）》，并按照这一新出台的离职管理办法，要求每人赔偿学校25万元，另外退还各自脱产期间学校发放的工资。②

此外，高校利用人事自主权频频单方解聘因目标考核未通过或因言行不当的教师。笔者并不反对解聘有违师德的高校教师。但是，解聘关涉教师重大利益。因此，在解聘教师时，是否仅由高校单方决定，还是应当有政府部门监督介入或其他社会组织参与、解聘理由与依据是否应当法定化、被解聘教师可否获得法律救济以及何种救济方式，等等，都值得深入探究。“笔者认为，高校具有教师的日常考核与管理权，但涉及解聘的问题应当有所保留。以英国为例，绝大多数公立性质的学校不能直接与教师签订聘任合同，与此对应的学校当然也无权解聘教师，如果学校打算解聘某位教师则必须经过地方教育当局的批准，教师的人事权最终掌握在地方教育当局手中。在我国今后的高校聘任制改革中，英国的经验或许值得参考。”③ 显然，当下我国高校解聘教师的权限过大。

---

① 徐雷：《我国高校教师差异化聘用格局的表现、成因及评价》，载《湖南师范大学教育科学学报》2020年第2期。

② 王健：《山东一高校三教师获博士学位后辞职遭拒，一人胜诉校方未执行》，载澎湃新闻，https://www.thepaper.cn/newsDetail_forward_9518468，2020－10－11，最后登录时间：2020－10－29。

③ 朱兵强等：《高校聘任制下教师解聘法律问题探析——由湖南大学教授解聘事件引发的讨论》，载《高教探索》2017年第7期。

综上可见，在高校教师职务评聘中，处于优势地位的高校利用人事自主权越发强势，而处于弱势地位的教师因没有明确的制度支撑，其职业保障与自由备受挤压，甚至受到严重地侵损。“大学人事法制的一系列变革举措，不可避免地对教师的职业安全、薪资待遇乃至学术自由构成威胁。”①当遭受高校侵权时，教师又往往面临申诉无望，救济无门的尴尬。尽管，“近年来，我国教育法治进程不断推进，无论是高校自身还是国家机关都建立了相应的机构和制度来解决高等教育领域的纠纷。这些机制中最为典型的主要包括教育申诉制度、教育调解制度、教育仲裁制度和教育诉讼制度等。这些制度在实际运行中主要存在重点不突出、内部救济渠道不畅通、部分救济制度之间出现功能重合以及诉讼救济标准不明确等问题。”②

“只有在法令法规得到信念的支撑时，才能与现实取得关联。”③ 对建基在理性上的人类社会而言，信念的确立需要仰赖理论观点上的圆通。所以，若当法令法规等制度缺漏时，则更需要首先厘定基础概念与建构基本理论。换言之，制度上的供给不足往往根源于概念的混淆与理论的缺失。“在现有的公立高校教师解聘纠纷中，法院适用民事诉讼的制度设计进行司法审查，导致受案范围狭窄、法律适用混乱、程序审查不足以及审查标准模糊等困境的产生。究其原因，与教师聘任合同的性质界定不清以及其具有传统的公权力属性紧密相关。”④

因此，高校教师职务评聘制度中的种种纷争与困境，都昭示着一些基本概念与理论亟须厘清。比如高校教师职务评聘行为属于何种性质的法律行为；教师能否针对高校职务评聘行为寻求法律救济，以及何种法律救济；如何厘定职称评审与岗位聘任之间的法律关系；教师与高校之间聘任关系到底是公法关系还是私法关系；应如何规范，“非升即走”制度是否具有合法性；面对教师违约离职，高校又应有哪些维权途径；在教师职务

① 姚荣：《大学人事自治范式演变的实践、争议与因应——基于大陆法系国家的经验考察》，《苏州大学学报》（教育科学版）2020 年第 2 期。

② 芮振华：《我国高校内部纠纷解决机制构成局限及其克服》，载《东方法学》2020 年第 5 期。

③ ［法］涂尔干：《教育思想的演进》，李康译，上海人民出版社 2006 年版，第 13 页。

④ 周钟敏：《公立高校教师解聘纠纷的司法审查困境及其破解》，《安徽大学学报》（哲学社会科学版）2020 年第 4 期。

评聘中，高校的利益如何合理确认与保护；教师职称评审中哪些信息应该公开；在教师职务评聘中应遵循怎样的法律标准与正当程序；从“批准”到“备案”的角色转换过程中，行政主管部门在教师职务评聘工作中应承担哪些职责；教师职务评聘制度应朝哪个方向改革更为适妥、在法律制度上应如何完善等。针对上述这些问题，不管是实务界，还是理论界，都还有分歧。

李曼博士认为：“如何进一步加强国内外研究以及不同学科的深度交融，鼓励不同学科研究范式、不同研究视角解决大学教聘任制度实施存在的问题成为未来大学教师聘任制度研究需要讨论的重要命题。”① 对此，笔者亦有同感。高校教师职务评聘制度是个复杂而系统性的问题，需要多学科、多视角、多层面地进行综合性、交叉性的探讨与研究。理论界与实务界对高校教师职务评聘制度诸多法律问题的分歧，也凸显了法学视角研究的必要性与紧迫性。鉴于此，本书将从法学视角，借助平衡理念，运用语言分析、文献分析、案例分析等方法，围绕高校教师职务评聘法律制度的核心与基础——高校教师职务评聘权，进行系统性的理论研究。

这里简单说明一下，公立高校与私立高校在教师职务评聘权上，有一些共性的问题，但也存在不少差异性。一方面出于研究精力与能力的考虑，另一方面基于本土情境与语境的考量，笔者主要围绕公立高校教师职务评聘权展开研究。因此，本书中“高校”一词若没有特别注明，指的就是公立普通高等学校。

第二节　研究旨趣与目标

一　高校自治与高校法治的平衡

“失去了自治，高等教育就失去了精华。”② 作为承担高等教育的主要组织，西方大学自治或我国高校自治都获得制度性肯定。

西方大学自治的观念发端于中世纪的欧洲。“‘Universitas’（大学）这

① 李曼：《香港地区大学教师聘任制度研究》，博士学位论文，西南大学，2015 年，第 19 页。

② ［美］布鲁贝克：《高等教育哲学》，王承绪等译，浙江教育出版社 1987 年版，第 28 页。

个词事实上最初仅仅指学者的行会组织，是由意大利博洛尼亚城从事法律研究的学生组成的。这些来自欧洲各地、没有公民权的学生得不到市民法的保护，他们发现组织起来成立行会对于保护他们在城市中的利益是十分有效的。在行会内他们进而制订规章以管理自己的学习生活和调节内部关系，每个学生都有投票权，从自己的组织中选出院长。教师由学生行会雇用，他们的教学工作受到学生的严格管制。学生还对讲课迟到或未能完成由学生所制订的教学计划的教师罚以重金。这种学生行会从城市当局那里获得了承认管理自己事务的权利，即自治权。”① 作为一种行会组织，利用其自身的优势，大学向当时市政、教会及国家争取到较大的自治权。这些自治权都是通过特许状的方式被赋予的，其内容主要包括司法自治权、免税权、校务管理权、审定教师资格权和学位授予权，以及罢教、罢课、迁校等自由权。

可见，中世纪欧洲大学自治的内涵是相当宽广和丰富的。从某种意义上说，当时的大学自治具有一定政治性意涵，其自治权也是一项具有政治性内涵的特权。但随着大学发展规模的扩大，其行会组织的特征在减弱，作为一个固定组织机构的特征显著加强，其与国家之间的利害关系越发紧密。随着国家势力的不断扩大，大学所享有的自治权在逐渐缩小，慢慢退回到以学术事务为主的领域，像司法自治权这类特权都被国家收回。比如从15世纪中期开始，法国国王查理七世在1437年，撤销了大学的税务特权，1445年撤销了其法律特权。1452年巴黎大学被迫进行新的改组；1499年，巴黎大学失去了其罢课权。②

“与西方大学自治权是一个被国家权力逐渐侵蚀过程不同，我国高校自主权则是一个从国家权力中不断获取自主空间的过程。或许这就是西方的大学自治权与中国的高校自主权之间所形成的一种‘对极与逆差’。”③ 我国的高校自主权，则主要“以办学自主权为逻辑起点，以法定自主权为初始内容，在以学术自由为核心，学术自治为原则的前提下，所享有的对自身事务不受外部干涉地进行自我决定、自我执行、自我负责的资格与

① 刘均匀：《论高等学校自治与法治》，载《法学杂志》2010年第1期。

② ［法］基佐：《欧洲文明史》，程洪逵等译，商务印书馆1998年版，第190页。

③ 周慧蕾：《高校学位授予权研究》，中国社会科学出版社2016年版，第106页。

能力。”①

尽管，我国的高校自治与西方的大学自治在发展进程上存有差异，但也不能否认彼此间所共有的旨趣。“两者的演化过程呈现相向而行的态势，目的都是寻求一个合理的‘度’，从而使得政府与高校及社会的关系协调与平衡。”② 在这种“度”的寻求中，学术自由是关键。换言之，不管是我国的高校自主，还是西方国家的大学自治，其正当性基础都在于保障学术自由。“给予大学自治地位是强调基于学术规律的考虑，大学需要具有相对独立性，不能依附于政府或者依附于市场。因为无论是依附政府，还是市场，都是不符合教育和学术的本质的。”③

至于学术自由的正当性，则归结于知识与真理的特性。“学术在本质上必然是独立的自由的，不能独立自由的学术，根本不能算是学术。学术是一个自主的王国，它有它的大经大法，它有它神圣的使命，它有它特殊的广大的范围和领域，别人不能侵犯。”④ “为了给不可预见的和不可预测的事务提供发展空间，自由仍是必不可少的；我们之所以需要自由，乃是因为我们经由学习而知道，我们可以从中期望获致实现我们诸多目标的机会。正是因为每个人人知之甚少，而且也因为我们甚少知道我们当中何者知道的最多，我们才相信，众多人士经由独立的和竞争的努力，能促使那些我们见到便会需要的东西的出现。”⑤

如果说，人们对学术自由的正当性具有共识，那么，“对什么是学术自由”则至今存有诸多分歧。“这些关于学术自由的解释……有的将之归为大学或高等教育机构的自由，有的将之归为大学中的教师和学生的自由；有的解释为追求真理的权利，有的解释为生产和传播知识的权利；有的认为其意味着免受一切外部的影响、妨碍、干预、限制、审查或者惩罚

---

① 周慧蕾：《高校学位授予权研究》，中国社会科学出版社 2016 年版，第 109 页。

② 黄厚明：《大学自主权的历史、文化视角》，载《理工高教研究》2002 年第 6 期。

③ 王敬波：《大学治理的法治与自治之维——写在〈中华人民共和国高等教育法〉修改之际》，载《中国高教研究》2016 年第 6 期。

④ 贺麟：《学术与政治》，载《当代评论（第 1 卷）》1941 年第 6 期。转引自周光礼《学术自由与社会干预——大学学术自由的制度分析》，华中科技大学出版社 2003 年版，第 10 页。

⑤ ［英］哈耶克：《自由秩序原理》，邓正来译，生活·读书·新知三联书店 1997 年版，第 28 页。

等，有的则认为其附有一定的条件或限制。”[①] 从这些多样化的解释中可以发现，在学术自由的主体、内容、范围、限度等方面都有分歧。

不过，笔者认为这些分歧，对于学术自由的本质与意义而言，并不存在致命的撕裂与消解，只是显示了现实中学术自由所具有的多面性与复杂性。可以说，学术自由既是大学或高等教育机构的自由，也是大学中的教师和学生的自由；既是一种追求真理的权利，也是一种生产和传播知识的权利；既意味着免受一切外部的影响、妨碍、干预、限制、审查或者惩罚等，但也应附有一定的条件或限制。所以，实践中学术自由的重点是调和与平衡。

面对外部强势的国家与社会权力，高等教育机构作为学术自由的主体寻求独立自主，从而在整体上防范外部力量对学术自由的干涉。这是一种适当有效的路径。不过，学术研究的根基建立在个体的智力活动之上。因此，学术自由的核心主体仍应是个体意义上的教师与学生。换言之，保障学术自由，根本上是为了保障教师学生的学术自由。高等教育机构以学术自由之名所获得的自治权或自主权，最终也是为了保障教师学生的学术自由。

但是，作为高等教育机构的大学，早已不是单纯的教师或学生行会组织。而我国的高校更是从一开始就不仅仅是一个学术组织。“高等学校是一个由各种学科和不同层次的组织构成的复杂系统。作为学术系统，它包含了各种学科专业的学术组织，各学科的专家、学者依据自己的地位和任务，扮演着不同角色。作为行政组织，学校的任务需要依靠行政机构的运行来完成。”[②] 易言之，我国高校在其内部纵横交错着学术权力、行政权力与政治权力。

面对如此复杂的组织架构，以学术自由之名从外部争取来的高校自主权，如何在其内部分配与行使，便成为问题的关键。一旦失衡，高校自主权则可能异化成侵害教师和学生的学术自由及其他权利的主因。这种异化的可能性，似乎已从假想推测变成现实状况。不断涌现的诸多高等教育的

---

① 谢海定：《学术自由的法理阐释》，中国民主法制出版社 2016 年版，第 34 页。

② 王敬波：《大学治理的法治与自治之维——写在〈中华人民共和国高等教育法〉修改之际》，载《中国高教研究》2016 年第 6 期。

各类纠纷，以及众多遭受权利侵害而寻求救济的教师与学生，都一定程度反映了高校自主权异化的现实严重性。正是为应对这一现状，高校法治继高校自主之后，成为高等教育改革中的另一个重要主题。

早在2003年，教育部出台的《教育部关于加强依法治校工作的若干意见》中就明确提出："依法治教是贯彻党的十六大精神，推进依法治国基本方略的必然要求，是教育事业深化改革、加快发展，推进教育法制建设的重要内容。"2020年7月《教育部关于进一步加强高等学校法治工作的意见》（教政法〔2020〕8号）中指出："随着高等教育改革的不断深入，学校办学自主权进一步落实，内部治理法治化、制度化、规范化的要求更为凸显，广大师生对民主、法治、公平、正义的诉求日益增长，参与学校治理和保障自身权益的愿望更加强烈。"党的十九届五中全会提出到2035年基本建成法治国家、法治政府、法治社会的远景目标。在国家法治建设大背景与高校内部成员的法治诉求之下，高校法治建设必然成为一项主要任务。

那么，何谓高校法治？对高校法治可以从不同视角与层面进行解读与界定。若从外部视角来看，高校法治主要强调国家政府与高校关系的法治化。从内部视角来看，则强调高校与内部成员关系的法治化。若"从宏观层面来看，所谓'高校法治'，主要指基于法治理念的普及与法治实践的深化，高校领域法治化实践和理论的生成形态。从微观层面分析，可具体把'高校法治'解析为法治理念在高校领域的具体化，它以高校为法治施行的具体场景，综合考量教育活动和高校组织的特点，以制度和价值为手段对高校内外部多元主体所涉及的管理活动和教学活动进行法律调整，使各项活动纳入法治的领域"①。当然，不管外部视角，还是内部视角，也不管是从宏观层面还是微观层面，高校法治的核心同样都是制约权力、保障权利。

鉴于高校自主权在落实行使过程中所出现的异化情形，当前往往更多地从内部视角聚焦高校法治，强调通过高校法治建设，实现高校内部成员合法权利的保障。"对教师、学生的处理、处分，应坚持教育与惩戒相结合，遵循比例原则，严格履行程序，处理、处分决定作出前应当进行合法

---

① 王立峰：《高校法治研究》，博士学位论文，吉林大学，2006年，第24—25页。

性审查。建立健全校内权益救济制度，完善教师、学生申诉的规则与程序。探索建立听证制度，对涉及师生重大利益的处理、处分或申诉，必要时采取听证方式，确保作出处分或申诉决定程序的公平公正。建立校内救济与行政救济、司法救济有效衔接机制，保障教师、学生救济渠道的畅通。探索设立师生法律服务或援助机构，为师生依法维护权益提供咨询和服务。"①

可以说，高校法治最终是仰赖国家公权力为后盾介入高校内部事务中，这与高校自治以保障学术自由之名而强调与国家公权力保持一定距离，是有一定差异性。因此，高校自治与高校法治之间是存在张力的。两者共存时，若没有合理的制度架构，两者容易失衡。正如笔者曾在《高校学位授予权研究》一书中所言："不能因为过于强调国家公权力的监督，而无视高校因其特殊性所享有的自主权；不能因为过于强调高校自主权，而排斥一切国家公权力的介入，这将使学生权利极易受到高校以自主名义的恣意侵害；也不能因为过于强调对学生权利的保障，而让国家公权力借此名义过度干涉高校自主权。"② 如王立峰博士所言："问题意识源于困惑，困惑促成反思，而正是抱着解惑的初衷才激发了研究者的兴趣。"③正是带着这样的困惑与反思，寻求国家公权力、高校自主权和公民权利之间如何达致一种法治意义上的平衡，成了笔者一直追求的学术旨趣。

也正因秉持着这份学术旨趣，笔者在《大学学术权力的法律界限研究》一书的后记中继续反思与追问道："现代大学不仅承担着为社会培养人才的教育任务，还肩负探索真理的学术研究使命。所以，尊重和保障学术自由与大学自主，对高等教育体制的健康发展极其重要。对此，我国政府也有着非常清晰的认识，在高等教育体制改革中一直强调扩大和落实大学办学自主权。但在大学获得越来越多的自主权的同时，高校很多行为也受到越来越多的合法性质疑。近二十年来，大学因处分学生、授予或撤销学位、硕博招生、教师职称评审或解聘等行为而不断引发法律纠纷。与此

---

① 2020年7月《教育部关于进一步加强高等学校法治工作的意见》（教政法〔2020〕8号）。

② 周慧蕾：《高校学位授予权研究》，中国社会科学出版社2016年版，第237页。

③ 王立峰：《高校法治研究》，博士学位论文，吉林大学，2006年，第1页。

同时，很多法院在处理大学教育管理纠纷时也存在诸多分歧，有回避的、有支持的、有反对的。这些现象在不断提示我们，大学自主权的合理空间应该有多大？如何保障大学自主权领域下教师、学生或其他公民的合法权利？国家公权力机关又该如何在尊重大学自主权和保障公民权利之间作出平衡？理性地思考与回答这些问题，一方面有利于大学制度的健康发展，另一方面有助于国家的法治建设。”①

当然，高校自治是为了保障教师与学生学术自由，高校法治也是为了维护教师与学生的权利。所以，从本质上来说，两者目标又是一致的。不过，高校自治更强调教育的一面，高校法治更强调法律的一面。所以，从深层次而言，高校自治与高校法治的平衡问题，实质上涉及教育与法律的哲理关系。从最初的私人事项到公共事务，教育都是人们社会生活中不可或缺的部分。“人类所有集体生活都直接或间接地为法律所塑造。正如知识一样，法律是存在于社会条件中的基础性的、全方位渗透的事实。不可能找出这样的生活领域，不管是家庭、宗教团体、科学研究活动，还是政党内部网络，可以游离于法律之外而获得持续的社会秩序。”② 依卢曼的法律系统理论来看，作为社会系统的一种重要控制手段的法律系统，必然会与教育系统发生密切的关联性。当然，这种教育与法律的必然关系，很大程度建立在对法律作宽泛意义的解读上——规范性规则即是法律。无疑，教育秩序的创立与维系都离不开规范性规则。有些规范性规则本身就是教育活动的构成部分，比如教学活动中的教与学的规则。

若按狭义上对法律的解读——法律是由国家制定或认可的调整人们行为的规范性规则，那么，法律与教育的关系则是另一番景象。当法律作为一种国家公权力的外部媒介，与教育并不具有必然关系。法律介入教育的正当性、目的、方式、范围、限度与实效等都需要认真研究。

正如本书开头所言，教育对人的成长极为重要，随着时代发展，教育从最初的私人事项变成了公共事务，最终成为一项关涉国家发展与社会民生的重要事业。获得教育逐渐成为一项积极人权。“教育是事关公民素质、民族兴旺的‘百年大计’，对文化教育的注重早已成为现代宪法的主

① 周慧蕾：《大学学术权力的法律界限研究》，法律出版社 2019 年版，第 189—190 页。

② ［德］卢曼：《法社会学》，宾凯等译，上海世纪出版集团 2013 年版，第 39 页。

要内容之一。”① 当今大多数国家用宪法方式确立教育在国家社会生活中的重要地位，明确国家在教育中的义务与职责，并且通过教育立法对教育制度及相关内容进行明确规定。“以法律介入教育是社会变革的产物，实现国家利益是近代教育立法的原初冲动。”② 与此同时，“法律介入教育的另一重要目标——尊重人权、维护个人权利——日益彰显出来，保护公民的教育权利成为各国教育立法的基本趋向”③。

可见，作为一种外部规范，法律介入教育内部的正当性基础主要在于维护权利，特别是维护教育内部主体的权利。权利维护的另一面就是权力规制。由此可知，在高校自治与高校法治的平衡问题上，最终应围绕如何维护权利、规制权力这对焦点展开。换言之，权利的维护与权力的规制是高校自治与高校法治的平衡点、校准点。当然，高校内部有着各种各样的权力与权利。所以，高校自治与高校法治的平衡，根本上取决于一项项具体权力与（或）权利间的平衡。

二　高校人事自主权与教师职业保障权的平衡

高校人事自主权与教师职业保障权就是高校内部一对需要认真平衡的权力与权利。作为高等教育机构，高校因其特殊性而获得越来越具共识的独立自主空间。从法律上来看，高校不再是政府的附属机构，具有独立的法人地位，享有法定的办学自主权。从前文的梳理分析已知，我国高校人事自主权已经获得重大突破。随着“高等教育领域‘放管服’改革的推进，正在逐渐改变高校教师人事自主权行使的政策环境。高等学校在职称评审、岗位与编制管理、教师评聘以及薪酬分配等议题上，开始拥有更大的自主权。”④

高校利用人事自主权，建立了许多灵活的创新性制度，比如“非升

---

① 温辉：《宪法与教育——国家教育权研究纲要》，中国方正出版社 2008 年版，第 3 页。

② 周光礼：《教育与法律——中国教育关系的变革》，社会科学文献出版社 2005 年版，序 1—2。

③ 周光礼：《教育与法律——中国教育关系的变革》，社会科学文献出版社 2005 年版，序 1—2。

④ 姚荣：《国家管制与市场调节之间：我国高校教师人事自主权行使的双重机制及其矫正》，载《湖南师范大学教育科学学报》2019 年第 2 期。

即走”制度、薪酬分层绩效制度、返聘制度、终身教职制度等。“高校内部成员与高校之间的法律关系，由过去单一的人事关系，向包括事业编制、人事代理、项目聘用、劳务聘用等多元化的法律关系转型。”[①] 正如 2002 年国家人事部《关于在事业单位试行人员聘用制度的意见》在阐述试行聘用制的意义时指出：“通过实行人员聘用制度，转换事业单位用人机制，实现事业单位人事管理由身份管理向岗位管理转变，由行政任用关系向平等协商的聘用关系转变。”

“从历史发展的角度来看，高校教师职务管理经历了从学衔、职称，到岗位管理的变迁过程。这个过程是一个从对‘人’的管理转向对‘事’的管理过程，是教师个人地位逻辑向组织绩效逻辑转型的过程。以岗位为核心开展高校教师职务管理实践，本质上是为了提高组织效率。”[②] 在这种转变中，高校与教师的关系逐渐从身份转向契约。“从传统的以‘编制’为核心的‘身份管理’体制走向新型的‘契约治理’体制，成为当前我国高校教师人事制度改革的趋势。”[③]

随着分类推进事业单位改革的落实与深化，作为公益二类的高等学校将进一步淡化作为传统事业单位的特点。“在高校由‘单位’向‘组织’转型的过程中，高校教师被重新定义成一份社会职业，其自身也从依附于单位成为更加独立的个体，即从‘单位人’转型成为‘社会人’。”[④] 在这一大背景下，高校教师职业保障权的尊重与维护显得尤为重要。

“法律上的职业是指任何长期从事的、法律许可的，并且旨在建立或者维持个人的生存基础的活动。”[⑤] 教师就是这么一份法律上的职业，关涉个人的理想与生存。也正因关涉个人生存基础，职业保障权是一项基本人权。《世界人权宣言》第 23 条第 1 项规定：“人人有权工作、自由选择职业，享受公正和合适的工作条件并享受免于失业的保障。”《经济、社

---

① 李军锋：《转型背景下高校人事、劳动争议判解研究》，法律出版社 2011 年版，第 4—5 页。

② 李志峰：《从学衔到岗位：高校教师职务管理的内在逻辑》，载《教育研究》2013 年第 5 期。

③ 姚荣：《国家管制与市场调节之间：我国高校教师人事自主权行使的双重机制及其矫正》，载《湖南师范大学教育科学学报》2019 年第 2 期。

④ 阎凤桥：《转型中的中国学术职业：制度分析视角》，载《教育学报》2009 年第 4 期。

⑤ 吴越：《论经济自由在经济法中的核心价值》，载《月旦财经法杂志》2008 年第 3 期。

会与文化权利国际公约》第6条第1款规定："本公约缔约各国承认工作权，包括人人应有机会凭其自由选择和接受的工作来谋生的权利，并将采取适当步骤来保障这一权利。"

从内容来看，职业保障权主要包括职业自由保障权、职业公平保障权和职业安全保障权。职业自由是经济主体的基本权利，是任何一种自由经济制度的基点，它保护的是个人在现代劳动分工社会中特别重要范围的自由。① 职业自由意味着个人有根据自身意志与情况寻求、选择、更换及辞去职业的自由。职业自由应当受到国家法律保障。当然，职业自由受到一定限制，也是正当的。② 但是，这种限制应当要符合比例原则。③ 公平是人类的一种基本情感与追求。职业公平是公平感在职业场域的自然延伸。职业背后既承载个人人生价值的实现，也强调个人劳动价值的兑现。一般而言，职业公平主要包括职位（升职）公平和薪酬公平。由于职位与薪酬是紧密相连的，一定职位的获得也就意味着相关薪酬的获得。所以，在职业内部，职业公平主要表现在职位公平上，特别是升职机会、条件和结果的公平。在职业外部，职业公平则主要表现在薪酬公平上，特别是不同职业间薪酬的公平问题。职业安全强调职业身份的稳定与保障，主要指个人有免于不合法不公正的降级、调岗、解聘或开除的权利。

高校教师职业保障权同样有着上述三个方面的内容。就整体而言，高校教师职业自由、职业公平和职业安全都有待进一步的制度确立与保障。教师辞职困难或遭遇巨额索赔、教师薪酬总体偏低、④ 教师遭遇不合理解聘等现象，在我国高校较普遍存在。比如"解聘退出制度中解聘条件多、学术限定少，低阶标准多、高阶标准少，校方权益重视多、教师权益重视少"⑤。这些现象表明高校教师职业保障权与高校人事自主

① ［德］罗尔夫·斯特博：《德国经济行政法》，苏颖霞等译，中国政法大学出版社1999年版，第167页。

② 参见高景芳《论职业自由限制的正当性基础》，载《法学论坛》2011年第3期。

③ 参见蒋红珍《职业自由限制与比例原则适用——读德国"药房案"判决》，载《中国法学会行政法学研究会2010年会论文集》，第1—12页。

④ 参见尹艺霖《上海市高校教师薪酬公平感对职业倦怠的影响研究》，硕士学位论文，华东政法大学，2019年。

⑤ 陈越：《学术人才国际流动中的高校教师聘任制度研究》，博士学位论文，武汉大学，2017年，摘要。

权之间存在较大的冲突与不平衡。

建基在人事自主与职业保障上的高校教师职务评聘权，若要合理正当地行使，就必须要注意研究如何平衡这两大基础。根据现状，总体应从以下三个方面对高校教师职业保障权与高校人事自主权的平衡进行考量。首先，从立法上，一方面要确立高校教师职业保障权，另一方面要确定高校人事自主权的适当空间与运行规则。“在依法治教以及推进教育治理体系和治理能力现代化背景下，《中华人民共和国教师法》修订已列入十三届全国人大常委会立法规划第二类项目，并进入倒计时阶段。”① 利用《教师法》《高等教育法》等法律修订的机会，从制度上建构高校教师职业保障权与高校人事自主权的平衡空间。其次，在司法上，应从高校教师职务评聘纠纷进行个案平衡。最后，在行政监督上，应注重高校教师职务的“评”与“聘”的平衡。

三　高校教师职务“评”与“聘”的平衡

高校教师职务管理一直是我国高校人事管理制度的核心。“建国以来，我国高校教师职务管理制度经历了专业技术职务任命制、专业技术职务评定制、专业技术职务聘任制以及专业技术职务岗位管理制四个阶段……‘按需设岗、按岗聘任、聘约管理’为主要特点的专业技术职务岗位管理制度正逐步成为我国高校基本的用人制度。”② 在专业技术职务岗位管理制下，可以说高校教师职务“评”是为了“聘”，“聘”以“评”为前提。换言之，高校教师职务“评”与“聘”是教师职务管理中两个紧密关联的环节。

但是，正如前文所分析的那样，在政府权力下放过程中，我国高校在教师职务的“评”与“聘”上，其自主权限存有差异。对于教师职务评审，不管是从评审主体的确定到评审标准、程序的设定，都已完全由高校自主决定。而在教师职务聘任上，高校仍受到编制的总量控制。这种自主

---

① 余雅风、齐建立：《〈教师法〉修订对新时代教师队伍建设的应然回应》，载《中国教育学刊》2020 年第 4 期。

② 李子江：《我国高校教师职务管理制度的历史沿革与展望》，载《大学教育科学》2010 年第 4 期。

空间的不同，导致高校教师职务“评”与“聘”的失衡。

这种失衡，首先表现在“评”与“聘”关系上的变异。按正常逻辑，高校教师职务是先“评”后“聘”。但由于教师职务聘任数仍由政府编制核准，这使高校教师职务评审时，实际上以教师职务聘任的编制数为风向标，变成为“聘”而“评”。若编制宽松时，则教师职称评审要求与标准就低，升职难度就小；若编制紧张时，则教师职称评审要求与标准就高，升职难度就大。实践中，运气成了高校教师职务评审的一个关键性因素。

笔者认为，高校教师职务是基于专业技术能力而作出的划分，应有相对稳定的学术标准。只有这样，高校教师职务评审才会具有科学性和确定性，也才能防范学术权力可能的恣意与滥用。所以，为“聘”而“评”这种所谓的结合主义，倒装了高校教师职务从“评”到“聘”的正常关系，既不科学也不合理。高校教师职务“评”与“聘”的关系，应建立在一个相对科学稳定的学术评审标准上，只要教师达致相应标准要求，就应评上相应职务，而评上相应职务，也应获得相应职务的聘任。由此观之，高校教师职务评审，特别是对职称评审标准的自主设定上，完全由高校自行决定，空间似乎过大，应有所限制。而高校教师职务聘任的编制控制，则又使得高校人事自主权受到了较大的限制，应有所改变。

其次，高校教师职务“评”与“聘”的失衡表现在政府监督上。政府虽然将教师职务评审完全下放到高校，但还是强调对其过程与公正性等问题要有一定监督与规范。2017 年 10 月教育部、人力资源和社会保障部联合印发的《高校教师职称评审监管暂行办法》中采取备案、核查、抽查等方式来监督高校正当行使评审权，针对问题高校将给予警告，并责令限期整改，对整改无明显改善或逾期不予整改的高校，暂停其自主评审资格直至收回评审权，并进行责任追究。相较来看，政府对高校的教师职务聘任行为，除编制控制外，已不做任何形式或实质上的监督与规范。高校教师职务聘任背后关涉着教师权益。虽然，将用人权交由高校自主行使，符合现代大学发展需求，但是，政府对高校教师职务聘任行为的合法性监督亦不可缺位。

最后，高校教师职务“评”与“聘”的失衡表现在法律纠纷解决机制上。不管是高校教师职务“评”，还是“聘”，实践中都发生了诸多争议。虽然，都属于高校人事自主权的范畴，但高校教师职务“评”与“聘”的法律纠纷解决上却有着不少差异。针对高校教师职务评审的争议，只能通过教师申诉的方式寻求救济。然后，教师申诉制度本身存在不少问题，其实效性备受质疑。“受行政权力主导的高强度影响，教师申诉制度的程序性、中立性、专业性难以得到有效保障，且与复议、诉讼的关系不甚清晰，不利于定纷止争和权利救济的目标实现，由此就造成了制度运行的现实困境。”① 针对教师申诉制度诸多问题，有学者甚至建议取消教师申诉制度，认为“行政复议、行政诉讼、劳动人事争议处理制度、事业单位工作人员申诉和公务员申诉等其他救济途径已为教师权益保障提供充足制度资源。在现有救济途径充足的背景下，无须进行重复建设。应当废止教师申诉制度，使得其他救济途径的制度资源得到充分利用，以确实保障教师权益。”②

可见，在高校教师职务评审纠纷中，当前教师权利救济面临双重困境。一方面，只能教师申诉，但该申诉基本没有实质或实效意义；另一方面，其他法律救济渠道，特别是司法救济又走不通。司法救济的不通畅，很大程度上缘于高校教师职务评审行为性质上的模糊。高校教师职务评审从直接的行政控制到完全的自主评审，使得高校教师职务评审行为从原来明确的行政行为，变成了性质模糊的高校自主行为。法院拒绝受理该类行政诉讼案件的主要理由，就是高校教师职务评审行为属于高校自主行为，不属于行政行为。学理上，对于高校自主行为到底属于什么性质的法律行为，似乎也未有共识。如果说，高校教师职务评审的自主行为不属于行政行为，那么，《高校教师职称评审监管暂行办法》中缘何规定政府针对问题高校可以收回评审权?

相较而言，高校教师职务聘任上的争议，则倾向于将其囊括到劳动人事争议范围，采用民事诉讼的司法救济。不过，当前高校教师职务聘任上的法律救济途径也存有不足，如受案范围过窄，各地法院在法律适用上存

---

① 湛中乐、靳澜涛：《教师申诉制度运行的法治困境及其出路》，载《湖南师范大学教育科学学报》2020 年第 4 期。

② 管华、余若凡：《废止：教师申诉制度改革的另类路径》，载《湖南师范大学教育科学学报》2020 年第 4 期。

有分歧等。

教师评聘制度是学术评价制度与人事制度的结合点，是现代大学制度及学术体制的重要抓手和支点。[①] 高校教师职务“评”与“聘”本是评聘制度中的两个紧密关联的环节。这两个环节就像机器中的两个主要齿轮，只有两者更加协调与契合，高校教师职务评聘制度才能更为有效地运转，才能更好地服务现代大学制度建设与高等教育内涵式发展。现实中两者关系变异，以及政府监督和法律纠纷解决机制上的差异，都说明了高校教师职务“评”与“聘”上存在制度鸿沟与理论峡谷。因此，在系统地研究高校教师职务评聘权时，有必要将高校教师职务“评”与“聘”的平衡，作为一个重要目标。

---

① 刘超、田正平：《中国近代大学教师评聘制度的历史考察——以国立名校为中心》，载《浙江大学学报》（人文社会科学版）2020 年第 1 期。

第二章

高校教师职务评聘的概念厘定

第一节　高等教育治理视角下的公立高校

随着全球化、多元化的发展，现代国家已逐渐从单向性的管理思维模式转变为强调多方共同参与的治理思维模式。1995 年，全球治理委员会将“治理”定义为“个人或组织、公共部门或私有部门管理其一般事务的多种方式的总和，它是一个使得多元利益和冲突得到妥协并采取合作行为的持续过程”①。在治国方略的改变中，高等教育治理思维模式从理念到制度也不断被践行。有学者认为高等教育治理可以分为三个层次，即系统层级的治理、大学层面的治理和基层学术组织的治理。其中，系统层级的治理主要涉及政府与大学的关系；基层学术组织的治理主要涉及学校与院系间的关系。② 若以高校为参照系，这三个层次包含着两个层面，即系统层级的治理主要涉及高等教育外部治理，大学层面的治理和基层学术组织的治理则涉及高等教育内部治理。下文将从高等教育内外部治理视角对公立高校的相关问题展开探讨。

一　外部治理视角：事业单位改革背景下的“公立高校”

公立高校即国家举办的普通高等学校。下文若没有特别说明，所称的“高校”专指公立高校。国家举办高校是基于宪法的规定与授权。《中华

---

① 李福华：《利益相关者理论与大学管理体制创新》，载《教育研究》2007 年第 7 期。

② 周光礼：《中国高等教育治理现代化：现状、问题与对策》，载《中国高教研究》2014 年第 9 期。

人民共和国宪法》（以下简称“宪法”）第19条第1、2款分别规定：“国家发展社会主义的教育事业，提高全国人民的科学文化水平。”“国家举办各种学校，普及初等义务教育，发展中等教育、职业教育和高等教育，并且发展学前教育。”国家举办高校的目的是发展科技文化和培养人才。《中华人民共和国高等教育法》（以下简称《高等教育法》）第5条规定：“高等教育的任务是培养具有社会责任感、创新精神和实践能力的高级专门人才，发展科学技术文化，促进社会主义现代化建设。”从公民的视角而言，国家举办高校也为了保障其“有机会获得高等教育”这一“第二代人权”。因此，国家举办高校，提供了一项重要而不可或缺的公共服务，其背后承载着“发展科学文化”“培养高级专门人才”“实现公民基本权利”等公益性目的。换言之，举办高校是现代国家的一项基本义务。

高校主要通过科研与教学实现上述公益性目的，而这些目的的有效实现，最终仰赖于教育资源（教育场地、教育经费、教学科研人员等）的保障。国家举办高校，意味着必须提供适切的人力、物力等教育资源。国家举办高校，是通过中央政府与地方政府具体落实。对所举办的高校而言，国家与政府无论何时都不能消解这份提供与保障教育资源的责任。①

鉴于高等教育的特点与规律，国家与政府在举办高校时，也应只限于教育资源的提供与保障，以及对教育经费使用情况的合法性监督，而不能越俎代庖，直接决定或干涉教育资源的具体使用。教育资源的使用，属于具体的办学事项范畴。《高等教育法》第4条规定：“高等教育必须贯彻国家的教育方针，为社会主义现代化建设服务、为人民服务，与生产劳动和社会实践相结合，使受教育者成为德、智、体、美等方面全面发展的社会主义建设者和接班人。”高校应在这一教育基本目标的基础上，结合自身情况和发展需求，对教育资源的具体使用进行自主决定。

也正是基于这样的考量，我国高校办学自主权不断在制度与实践中得

---

① 2020年12月7日，陕西省教育厅公布了拟新增博士、硕士学位授权点推荐名单。这份名单再次预示西北政法大学又一次申博失败（离该校1997年第一次申博，已有23年）。据说，这次失败的原因是西北政法大学办学经费未能达到规定要求。若真是如此，就让人比较费解。陕西省政府作为西法大的举办者，有法定义务向其提供所必需的办学经费。西法大在学术标准等方面都达标的情况下因办学经费不够而失利，这只能说明陕西省政府在举办高校工作中懈怠了其应尽的义务与责任。

到落实与发展。1998 年《高等教育法》第 32—38 条从立法上明确了七项办学自主权。这七项自主权具体包括：（1）高等学校根据社会需求、办学条件和国家核定的办学规模，制订招生方案，自主调节系科招生比例。（2）高等学校依法自主设置和调整学科、专业。（3）高等学校根据教学需要，自主制订教学计划、选编教材、组织实施教学活动。（4）高等学校根据自身条件，自主开展科学研究、技术开发和社会服务。（5）高等学校按照国家有关规定，自主开展与境外高等学校之间的科学技术文化交流与合作。（6）高等学校根据实际需要和精简、效能的原则，自主确定教学、科学研究、行政职能部门等内部组织机构的设置和人员配备；按照国家有关规定，评聘教师和其他专业技术人员的职务，调整津贴及工资分配。（7）高等学校对举办者提供的财产、国家财政性资助、受捐赠财产依法自主管理和使用。这七项办学自主权，实质上都涉及高校对国家与政府所提供的各类教育资源的自主使用。不过，从这七项规定中，也可以窥见高校仅限于对所配置教育资源的自主使用。至于，高校对教育资源的实际需求如何，或者说，对教育资源的配置本身，并没有自主空间。

高校教育资源的提供与使用并非一次性，而是个持续性的过程。从动态和发展的视角来看，实践中问题的关键不在于谁提供教育资源、谁使用教育资源，而在于相对确定而稀缺的教育资源如何配置。对于提供方的国家与政府而言，自然强调国家与政府为主导、效益为核心，希望能以较少的投入获得较多教育服务与成果的产出。对于需求方的高校而言，自然期冀获得越多的教育资源越好，因为这意味着更大的发展空间。双方的终极目标是一致的，即国家高等教育事业的发展。但显然，双方在各自具体目标的实现上存在张力与交错。

从我国实践来看，高校是作为事业单位（组织）而纳入国家资源配置的框架内。根据 1998 年颁布的行政法规《事业单位登记管理暂行条例》（国务院令第 252 号）中的界定，事业组织是指国家为了社会公益目的，由国家机关举办或者其他组织利用国有资产举办的，从事教育、科技、文化、卫生等活动的社会服务组织。应该说，事业单位或事业组织是一个具有中国特色的概念和组织实体，有着与政府机构类似的属性，比如格局与政府机构的分布是一致的，也纳入机构编制管理，营运资金主要来自财政拨款，很多情况下也承担政府职能。所以，正如方流芳教授所判断的那样，事业单位从本质上是公权力的产物。随着经济改革与治国理念的转变，事业单位也面临着改革。“事业单位改革在一定意义上是用公权力去解决它自身造成的问题。”①

1998 年《高等教育法》第 30 条规定：“高等学校自批准设立之日起取得法人资格。”从而在法律层面上确立里高校的法人地位。但是，该“法人”地位主要是从私法上予以认定的。此后在有关行政诉讼的被告适格问题上，却引发了高校在公法上具有何种法律地位的争议。作为事业单位的高校，其法律地位及与政府的关系，并没有随着事业单位改革而明确起来。“从 20 世纪 80 年代中期以来，一方面，越来越多的法律文件赋予了事业单位‘法人’身份；另一方面，事业单位依然是公权力结构中的一个‘单位’——‘单位’和‘法人’的双重身份是法律对中国转型时期社会组织的一种表述，形式上的‘法人’和实质上的‘单位’提示了反思立法政策的必要性。”②

2011 年国家发布了《中共中央、国务院关于分类推进事业单位改革的指导意见》，之后又发布了《国务院办公厅关于印发分类推进事业单位改革配套文件的通知（国办发〔2011〕37 号）》，共有九个配套文件。其中，在《关于事业单位分类的意见》中将从事公益服务的事业单位，分为了公益一类事业单位和公益二类事业单位。公益一类事业单位，即承担义务教育、基础性科研、公共文化、公共卫生及基层的基本医疗服务等基本公益服务，不能或不宜由市场配置资源的事业单位。这类单位不得从事经营活动，其宗旨、业务范围和服务规范由国家确定。公益二类事业单位，即承担高等教育、非营利医疗等公益服务，可部分由市场配置资源的事业单位。这类单位按照国家确定的公益目标和相关标准开展活动，在确保公益目标的前提下，可依据相关法律法规提供与主业相关的服务，收益的使用按国家有关规定执行。在《关于分类推进事业单位改革中财政有关政策的意见》中提出，对公益一类事业单位，财政根据正常业务需要

① 方流芳：《从法律视角看中国事业单位改革——事业单位“法人化”批判》，载《比较法研究》2007 年第 3 期。

② 方流芳：《从法律视角看中国事业单位改革——事业单位“法人化”批判》，载《比较法研究》2007 年第 3 期。

提供相应经费保障；对公益二类事业单位，财政根据单位业务特点和财务收支状况等，给予经费补助，并通过政府购买服务等方式予以支持。

从上述文件可知，作为公益二类事业单位的高校，其改革目标主要是改变教育资源配置的渠道，由原来的政府配置为主，变为部分市场配置和政府补助。这种教育资源配置渠道的改革将进一步加快高等教育市场化或产业化。对于高等教育市场化及可能产生的影响，学界有不同看法。有的学者认为，中国高等教育市场化现象是由当前中国事业单位改革所需的两个基本前提条件所决定的，即一方面要满足市场经济体制改革的需要，另一方面要维护政治稳定。[①] 也有不少担忧与质疑的声音。有的学者认为，在公共教育资源的供给相对于社会大众的需求存在很大差距的背景下，“教育市场化”时常成为政府推卸公共责任、摆脱财政困难，高校乱收费的代名词。[②] 国外学者对该现象也有不少反思性探讨：“以金钱为高等教育的润滑剂在美国高校引发出没完没了的‘生意经’：如何将大学院系变为获利中心？如何防止产业对科研进程横加干涉？学术活动遭遇利润盈亏问题时会怎样？”[③] 目前，我国政府对高等教育市场化可能带来的诸多负面效应尚未引起足够的重视与关注。

姑且不论，高等教育市场化会带来哪些负面效应。毋庸置疑，若高等教育全面市场化，其逐利的目标导向将会与高校所承担的公益性功能相背离。也许正是基于此种考量，我国事业单位改革中只是对高校的教育资源强调部分由市场配置。当然，到底高校教育资源的哪些部分可以由市场配置，市场配置的比例如何确定等问题，都需要进一步明确。

有的学者把我国当前教育资源配置方式称为“类市场化模式”，即政府在继续对高等教育进行计划性治理的同时，极为有限地引入市场竞争机制，并使后者接受政府计划性的支配和管控，以至于市场竞争机制被作为政府计划性治理的一种手段。[④] 在类市场化模式中逐渐形成了一种被称为

---

① 卢乃桂、操太圣：《中国改革情境中的全球化：中国高等教育市场化现象透析》，载《北京大学教育评论》2003 年第 1 期。

② 巫启康：《高等教育市场化——回望与前瞻》，载《中国管理信息化》2019 年第 9 期。

③ ［美］大卫·科伯：《高等教育市场化的底线》，晓征译，载《北京大学教育评论》2017 年第 4 期。

④ 张应强、张浩正：《从类市场化治理到准市场化治理：我国高等教育治理变革的方向》，载《高等教育研究》2018 年第 6 期。

“高等教育项目市场”①，即由政府以各种竞争性建设项目为名提供财政资助，比如“211 工程”“985 工程”“双一流”重点建设项目等。在中国高校传统格局下，这种竞争性项目难以雨露均沾，可能惯性地致使强者更强，弱者更弱。

为了确保高校正常发挥“发展国家科技文化和培养人才”这一公益性功能，国家与政府仍应是教育资源的主要提供者与关键保障者。2011 年事业单位分类改革中提出，对于高校等公益二类事业单位，其资源的政府配置部分，改为经费补助及通过政府购买服务等方式予以支持。由原来的经费保障改为现在的经费补助，显示了政府希望通过剖离与高校的财务依赖关系来深化事业单位改革。在高校公益性目标或功能不改变的前提下，本书认为财务剖离的改革方式存有简化高校与政府财务关系改革的嫌疑。高校与政府财务关系改革，既是重点又是难点，不宜急功近利。而且，目前这种财务剖离的目标导向，很可能会消解掉政府对高校所应承担的教育资源提供与保障的责任。所以，政府对于高校的经费补助，起码应确保其正常运转。

与此同时，高校教育资源的政府配置方式，特别是经费补助方面，仍显得较为单向性。申言之，政府在经费补助的项目、范围、额度等关键问题上具有单方决定性。虽然，根据教育部、财政部联合印发的《高等学校财务制度》（财教〔2012〕488 号），政府经费补助先由高校提出预算编制，再由政府核定拨款。但实践中，高校在政府经费补助方面的自主空间仍是相当有限的。政府往往是预先确定各类补助项目及额度后，再由高校根据该项目额度进行预算编制。② 这种政府主导的经费补助方式，有可

① 熊进：《高等教育治理的“项目制”及其可能风险》，载《教育发展研究》2016 年第 13—14 期。

② 如《广东省财政厅、广东省教育厅关于调整央属本科高校经费补助方式的通知》（粤财科教〔2019〕208 号）：“中山大学、华南理工大学、暨南大学：十三届省政府第 66 次常务会议审议决定，对中山大学、华南理工大学、暨南大学等 3 所央属本科高校，省级财政今后不再安排生均经费，改为按照 2019 年年初预算安排的生均经费共 113758 万元的固定额度，以专项经费的形式安排，专项用于支持学校符合广东经济社会及创新驱动发展需要的项目。其中，中山大学 45256 万元、华南理工大学 38094 万元、暨南大学 30408 万元。请各有关高校按照上述额度科学编制下一年度项目预算，提出符合广东经济社会及创新驱动发展需要的项目，于每年 10 月底前送省教育厅，经省教育厅审核研究后送省财政厅，省财政厅核后以支持项目形式安排下达资金。”

能与高校实际需求存有偏差，有时候还可能存在“会哭会闹的孩子有奶吃”现象，从而出现教育资源分配的不合理或不公。

因此，如何对政府所应承担部分的教育资源进行合理有效地分配，是一个非常重要的问题。“为精算权利的成本，应建立权力人与权利人共商的议价机制，财政法研究亦应突破传统权力视域，植入财政权利的思维。”① 高校教育资源的政府配置隶属于财政范畴，亦应突破传统权力视域，在补助经费额度上赋予高校一定发言权。而且，从信息对称性来看，高校最清楚自身所需。简言之，应先由高校就自身所需的经费补助项目、范围、额度进行论证与确定，再由政府对其进行审查、批准及考核。

最后，在高校经费使用上，可以考虑采取功能性规制模式。有学者就政府购买服务部分的经费，如科研经费部分，提出要采取建基在科研自由基础上的功能性规制模式。“科研经费具有‘高风险性’，既可能获得期望之外的超额利益，也可能遭受意料之外的重大损失，只要科研人员尽忠尽责地履行了行为义务，即使科研失败，也不由其承担风险，资助机关才是风险承担者。”② 这种观点与立场同样适用于政府补助部分。就高校而言，学术自由、科研自由是其必不可少的基础。

我国政府十分重视提升高校的国际学术竞争力。早在20世纪90年代初就提出了“211工程”，此后又开展“985工程”，现在又提出“双一流”建设。高校从政府获得一系列办学自主权后，随着事业单位改革又快速推行产业化经营模式。在以量化为衡量基准的管理中，一定程度上忽视了对学术自由的保障。只有学术自由才能有学术繁荣，有繁荣的学术才能有真正的竞争力。因此，高校外部治理需要向保障学术自由这一目标回溯，正如《国家中长期教育改革和发展规划纲要（2010—2020）》中所认识到的：“尊重学术自由，营造宽松的学术环境。”

概言之，在事业单位改革中，高校所承担的公益性功能并未改变，作为学术性组织的特性仍应予以关注，其所享有的学术自由应得到尊重与保障；而政府对高校的资源保障义务，也不能通过剖离财务关系而简单消解。其中，教师作为高校不可或缺的人力资源，政府对该资源同样具有一

① 胡明：《财政权利的逻辑体系及其现实化构造》，载《中国法学》2018年第1期。

② 胡明：《财政权利的逻辑体系及其现实化构造》，载《中国法学》2018年第1期。

定的保障义务。国家与政府应通过提供合理的制度与经费保障，确保高校配备所需的合格教师以及教师队伍的相对稳定性。比如在高校教师薪酬制度方面，随着事业单位改革的推进，目前高校已全面实施绩效工资制度。绩效工资制度打破传统的“大锅饭”，激发了教师的工作积极性，但“其中仍存在着不少问题，如绩效变‘官效’，僵化的考核，大学理想的流失，激励功能的弱化……由于管理体制过度行政化，很多高校的绩效工资已经异化为‘官效工资’。有权操纵利益分配者必然优先考虑自己（部门）切身利益，务求旱涝保收，而身处教学科研一线的教师却干得多、拿得少，终日生活在紧张与焦虑之中”①。今后在高校教师薪酬制度上该如何进一步完善，使得一方面能激发教师工作积极性，另一方面能保证公平公正和应有的大学理想，需要政府的认真对待。

二　内部治理视角：组织改造下的公立高校②

“大学不仅应有‘象牙塔’般地独立而超然，也应像‘动力站’般地积极回应与反哺社会。这是现代大学的理念。但大学不仅是个理念体，也是一个实实在在的组织体。不同组织形态与结构的选择将会影响大学理念的践行及其功能的实现。正是基于这种认识，组织改造问题已成为现代大学改革中的重要内容。”③

无疑，学术权力与行政权力是高校内部权力结构中不可或缺的重要部分。学术权力确保了高校的学术特质，行政权力则保证了高校作为机构组织的高效运行。“学术权力的存在确保了大学教学、科研的基本属性，行政权力的作用则使大学成为其内部各部门相互关系且不可分割的整体。”④但是，高校的行政权力与学术权力的冲突也十分突出。学术权力侧重学术自由与学术民主，而行政权力则更强调组织效率。由于受传统文化和历史

---

① 臧兴兵、李佳：《我国高校教师薪酬制度的变革之路》，载《昆明理工大学学报》（社会科学版）2013 年第 2 期。

② 该部分的主要内容，转引自拙著《大学学术权力的法律界限研究》，法律出版社 2019 年版，第 3—6 页。

③ 周慧蕾：《试析台湾地区公立大学组织改造的趋势及启示》，载《台湾研究》2013 年第 2 期。

④ 阎亚林：《论我国高校学术权力行政化》，载《陕西师范大学学报》（哲学社会科学版）2003 年第 1 期。

背景等影响，多年来我国高校学术权力与行政权力基本上处于一种失衡状态，即一边是行政权力过度膨胀，一边则是学术权力式微与异化。“大学内部的所有资源配置，无论是经费分配、专业设置、招生计划、职称评审、研究课题、教学方案等学术事务，一律由以校长为中心的行政管理系统控制，教师失去了学术权力。”① 而这种失衡状态导致一系列高校内部问题，如行政机构膨胀、行政机构管理意识远胜于服务意识、学术资源垄断、学术自由大受限制、学术腐败与学术不端事件屡现、教师学生合法权益易受侵犯等等。

高校的学术性是其本质特性，是其区别于其他机构组织的关键因素，是其之所以为高校的根本。“确保大学的学术性犹如确保生物有机体的蛋白质一样，是大学发展延展的核心。”② “学术组织化和学术事务的复杂化决定了大学内部必然存在各种权力，但是，这些权力都应当服务于学术的发展，应当以学术事务的发展为首要考量因素。”③ 所以，面对学术权力与行政权力的失衡状态，建立现代大学制度的关键是彰显学术权力，重塑高校内部治理结构。

学术权力的彰显与落实需要仰赖学术组织的建设与完善。自 1980 年《学位条例》颁布，高校学位评定委员会、学位论文答辩委员会等学术权力主体的组织建设就已经展开。但学位的评定授予仅是大学学术事项之一。为了让更多的学术事项由学术权力主体来行使，我国围绕以学术委员会为核心学术组织展开制度建设。2015 年《统筹推进世界一流大学和一流学科建设总体方案》（国发〔2015〕64 号）中明确提出要“加强学术组织建设，健全以学术委员会为核心的学术管理体系与组织架构”。

1998 年《中华人民共和国高等教育法》第 42 条规定：“高等学校设立学术委员会，审议学科、专业的设置，教学、科学研究计划方案，评定教学、科学研究成果等有关学术事项。”这是我国第一次在正式法律文件中规定了学术委员会。可惜的是，该法律条文过于原则性，很多具体问题

---

① 刘尧：《大学去行政化：风险与危险》，载《大学》（学术版）2010 年第 6 期。

② 张俊宗：《现代大学制度》，中国社会科学出版社 2004 年版，第 139 页。

③ 胡斌：《走向大学“善治”：大学内部学术权力与行政权力关系的变革》，载姜明安主编《行政法论丛》2015 年第 18 卷。

并未明确，比如学术委员会的组成方式、运作规则、价值目标、与学校其他学术组织机构之间的关系，以及对所审议与评定的相关事项是否具有最终决定权等。因此，该法自颁布以来，虽然不少高校组建了学术委员会，但其功能与作用并未得到实质性发挥，学术权力仍深受行政权力牵制。以致当时有学者感慨道："从制度层面来看，我国大学从来没有真正建立起学术权力。"①

2010年发布的《国家中长期教育改革和发展规划纲要（2010—2020年）》中再次强调道："充分发挥学术委员会在学科建设、学术评价、学术发展中的重要作用。探索教授治学的有效途径，充分发挥教授在教学、学术研究和学校管理中的作用"。随着2011年7月12日教育部令第31号《高等学校章程制定暂行办法》（以下简称《暂行办法》）、2014年1月29日教育部令第35号《高等学校学术委员会规程》（以下简称《规程》）的发布，以及2015年全国人大常委会通过《高等教育法》的修订，以完善学术委员会为中心的学术权力主体制度建设进入实质阶段。

高校章程是高校的宪章，对高校治理结构的建立具有决定性意义。《暂行办法》第11条规定："章程应当明确规定学校学术委员会、学位评定委员会以及其他学术组织的组成原则、负责人产生机制、运行规则与监督机制，保障学术组织在学校的学科建设、专业设置、学术评价、学术发展、教学科研计划方案制订、教师队伍建设等方面充分发挥咨询、审议、决策作用，维护学术活动的独立性。章程应当明确学校学术评价和学位授予的基本规则和办法；明确尊重和保障教师、学生在教学、研究和学习方面依法享有的学术自由、探索自由，营造宽松的学术环境。"在教育部已核准的113所高校的章程中，基本都明确规定了学术委员会对学术性事务的决策、审议、评定和咨询权，确立了学术委员会作为高校内部学术治理的重要机构，使学术权力在高校内部治理中发挥重要作用。面对陆续制定的高校章程，后续如何建立有效实施机制将是关键。② 当然，保障学术委员会地位、有效发挥学术权力作用，合理的制度设计仍是基础与前提。

---

① 王英杰：《论共同治理——加州大学（伯克利）创建一流大学之路》，载《比较教育研究》2011年第1期。

② 朱家德：《大学章程实施比制定更重要》，载《中国高教研究》2016年第6期。

《规程》的颁布与施行，开启了高校学术委员会制度的改革，这有助于逐渐打破学术委员会的“附属性”状态，构建高校内部权力新格局，实现学术民主。[①]《规程》第 2 条强调，学术委员会为学校最高学术机构，是高校学术管理体系和组织架构的核心力量，统筹行使学术事物的决策、审议、评定和咨询等职权。为了防范行政权力对学术权力的干扰与渗透，《规程》在学术委员会组成规则中规定，学校及其职能部门的领导不能超过 1/4，不担任院系学术机构负责人的专任教授不能少于委员会人数的 1/2。为了保障学术委员会正当行使权力，《规程》还详细规定了相关的程序事项，如学术委员会的工作机制为例会制度，2/3 以上的委员参会方为有效例会，例会决议产生的方式为少数服从多数，表决方法以无记名投票为主，重大议题经 2/3 以上委员通过方为有效决议等。

《规程》对学术委员会制度的细化，将大大提升其在实践中的操作性与有效落实性。2015 年修订后的《高等教育法》第 42 条对学术委员会职责进行了更为具体明确的规定，包括：“审议学科建设、专业设置，教学、科学研究计划方案；评定教学、科学研究成果；调查、处理学术纠纷；调查、认定学术不端行为；按照章程审议、决定有关学术发展、学术评价、学术规范的其他事项。”这为大学学术委员会行使相关学术权力提供了法律层面的条款依据，有力彰显了学术权力在大学内部治理结构重塑中的重要地位。

当然，《规程》也有意识地去设计相关条文以规范学术委员会合理正当行使学术权力。《规程》第 4 条规定：“高等学校学术委员会应当遵循学术规律，尊重学术自由、学术平等，鼓励学术创新，促进学术发展和人才培养，提高学术质量；应当公平、公正、公开地履行职责，保障教师、科研人员和学生在教学、科研和学术事务管理中充分发挥主体作用，促进学校科学发展。”这确立了学术委员会行使学术权力的基本原则。除此之外，《规程》第 21、22、23 条等条款中，还建立了学术委员会会议开放参与制度、委员回避制度、复议制度以及年度报告制度等相关机制。尽管有了这些相关的监督与救济制度，但实践中能否有效规范学术委员会正当

---

① 湛中乐、王春蕾：《大学治理中的学术委员会制度建设——兼评〈高等学校学术委员会规程〉》，载《北京大学学报》（哲学社会科学版）2016 年第 2 期。

合理行使学术权力，防止其异化和滥用，仍值得关注。

除了以彰显学术权力为目标的学术委员会制度的构建，理事会（董事会、校务委员会）等组织的设立，也逐渐成为我国高校组织改造的探索方向。2014 年教育部发布《普通高等学校理事会规程（试行）》（教育部令第 37 号），要求高校进行理事会的组建。该规程第 2 条规定，“理事会系指国家举办的普通高等学校（以下简称：高等学校）根据面向社会依法自主办学的需要，设立的由办学相关方面代表参加，支持学校发展的咨询、协商、审议与监督机构，是高等学校实现科学决策、民主监督、社会参与的重要组织形式和制度平台。”教育部希望通过理事会制度的建立优化高校内部治理结构，平衡高校内部权力架构。不过，我国高校理事会制度尚处在探索阶段。理事会的法律地位和功能定位，以及在理事成员选择结构，理事成员工作职责、法律权限边界、运行规则，以及相对的监督机制等方面，还存有诸多问题。[①]

我国《民法典》第 89 条规定：“事业单位法人设理事会的，除法律另有规定外，理事会为其决策机构。”可见，作为事业单位法人的高校理事会将可能随着《民法典》的实施，而在高校内部组织改革中具有更加突出的地位。那么，在教师职务评聘上，高校学术委员会与理事会之间该如何分工合作，值得进一步的理论探索与制度构建。

第二节　公立高校教师的本质内涵与法律地位

一　《教师法》视域下的“教师”：从事“教书育人”的“专业人员”

“实际上作为符合的语词‘能指’在历史进程中增添、转换新的‘所指’，并不是什么奇怪的事。”[②] 作为名词的“教师”，今天不仅可以指称一种职业，也可以指称从事该种职业的主体。所以，对“教师”本质的

---

① 具体内容可参阅曾瑞《我国公立高校理事会制度研究》，硕士学位论文，陕西师范大学，2016 年。

② 秦晖：《传统十论——本土社会的制度、文化及其变革》，山西人民出版社 2019 年版，序 1。

界定，既可以从作为一种职业的整体视角进行，也可以从作为职业主体的个体视角展开。从整体视角来看，教师职业在社会分工中主要承担着通过传递和创新知识来关注与“创造人的精神生命”[①]，最终服务于人的自由而全面地发展。教师职业的这一本质需要仰赖个体意义上教师主体的积极作为得以体现。

“教师是履行教育教学职责的专业人员，承担教书育人，培养社会主义事业建设者和接班人、提高民族素质的使命。”这是我国《教师法》第三条对“教师”这一概念的法律界定。该法律界定是从主体视角对个体意义上的教师之本质、功能及使命的阐述。从本质上看，教师是专业人员，承担着教书育人的功能，肩负培养人才和提升民族素质的使命。对于这一法律界定，有的学者认为不够完整，专业人员的定性并非教师法律身份的定位。“《教师法》第三条将教师定义为履行教育教学职责的专业人员。这仅仅是一种职业性质的定位，既无法排除教师可具有的其他身份，也不能凭此确定教师在教育法律关系中的权利义务与法律责任。一方面，我国没有专门对‘专业人员’进行定义、规范的法律，也没有‘专业人员’的权利保护与救济的相关规定，导致‘专业人员’这一单一的法律地位并不能解决教师实践中发生的侵权问题。”[②]

专业人员的这一定性，一方面表明教师职业必然存在的专业自主空间需要尊重；另一方面框定了教师的主要外延。申言之，在学校等教育机构中，除从事教育教学工作的专任教师外，教辅人员、行政人员都不是《教师法》意义上的教师。但是，在公私二元化的法律制度框架内，专业人员的定性的确无法解决实践中教师权利如何救济与保障等问题。特别是随着学校类型多元化，当教师与学校发生纠纷时，到底是属于私法纠纷，还是公法纠纷；到底是依民事诉讼途径，还是依行政救济路径，混乱不清。正是在这种背景下，学界提出了“教师的法律身份或法律地位”这一问题。

目前，学界对“教师的法律身份”与“教师的法律地位”两个概念

---

① 叶澜：《教师职业的本质》，载《教师之友》2020 年第 2 期。

② 秦涛、仇叶：《公立高校教师法律地位的再定义：教师法修订的核心》，载《复旦教育论坛》2020 年第 5 期。

在使用上基本不作区分。“教师的法律身份是关于教师与其他各类教育主体之间法律关系的规定，是建构教师权利、责任与义务体系的核心依据，明确教师的法律身份是教师队伍建设中的前置性与根本性问题。”① 学界对于教师法律身份的界定，有不同观点。“根据教师服务学校的不同类型和不同学段，学者对教师的法律身份进行了不同的界定。基础教育阶段公立学校的教师主要有公务员、教育公务员、国家工作人员、公务雇员几种法律身份定位，而高校教师和非公立学校的教师主要有雇员和特殊劳动者两种法律身份定位。”②

有的学者从比较法的视角展开梳理：“对于教师的法律身份，不同国家和地区有不同规定，主要有公务员、教育公务员、国家工作人员、政府雇员、雇员等类型，但我国《教师法》没有明确教师的法律身份。”③ 鉴于此，不少学者建议《教师法》中应明确规定教师的法律身份。“《教师法》修订的逻辑起点和核心问题是重新规定教师法律身份，根据明确不同阶段学校教育公共性的强弱来界定教师的法律身份。”④

“作为社会坐标的体现，身份通常关涉出身、地位、资格以及能力等要素，其所传递出的，是对‘人’与他人的关系对比和对‘人’所处环境的描述，以及由此而来的随时空变换所具有的不同身份定位，这种描述与定位通常需要法律的确认与肯定。”⑤ 简单地讲，法律身份即指法律上所认可或确认的各种主体角色。通过“赋予不同类别及角色不同的权利、责任和义务，在群体的公共生活中形成支配——服从的秩序”⑥。宪法上的公民，民法上的自然人，婚姻法里的夫妻、父母子女，行政法上的行政

① 韩小雨、庞丽娟：《我国义务教育教师的国家教育公务员法律身份及其保障制度》，载《教育学报》2010 年第 2 期。

② 张军、刘梦婷：《教师法律身份的类型观及其界定依据——关于教师法律身份的〈教师法〉修订研究述评》，载《教师教育研究》2020 年第 4 期。

③ 俞建伟、韦伟：《海峡两岸〈教师法〉的比较与启示》，载《教师教育研究》2008 年第 4 期。

④ 鱼霞、毛涵颖：《〈教师法〉修订的核心问题：重新规定教师法律身份》，载《教师发展研究》2019 年第 4 期。

⑤ 邵敏：《法律与身份——基于对平等的阐释和反思》，博士学位论文，武汉大学，2016 年，第 16 页。

⑥ 张静：《身份认同研究》，世纪出版社、上海人民化版社 2006 年版，第 3 页。

相对人，刑法上的犯罪嫌疑人，诉讼法里的原被告、诉讼代理人，特殊群体保护法中妇女、儿童、老人，消费者权益保护法中的消费者等，都可能成为自然人的一种法律身份。可见，法律身份是个内容极其丰富的概念，也因此是个具有不确定性的概念。

目前，学界对“教师的法律身份”与“教师的法律地位”两个概念没有共识性的界定。通常而言，身份更注重一般性，地位更强调特殊性。因此，对教师法律身份的界定，应更侧重教师身份上的统一性，而对教师法律地位的认定，则更关注教师身份间的差异性。

其实，教师就是教师法上所规定的一种法律身份。“法律身份是基于法律赋予而形成的法律关系主体的社会归属及其地位，表征的是该主体属于哪个社会阶层、在社会关系结构中处于怎样的位置、具有哪些与该身份相应的权利义务等。”① 所以，当再谈教师的法律身份时，实际上是借助其他的法律身份来进一步说明或定位教师这一法律身份。那么，有没有必要对教师的法律身份作进一步的说明以及应借助哪些其他法律身份来重新定位教师的法律身份？进言之，对教师法律身份的再定位有没有一个适切的基本分析框架？

由上可知，国内学者的聚焦点在于如何在公务员与一般雇员两个坐标之间再定位教师的法律身份，实质上关注的是教师的职业保障与职业自由的平衡问题。根据我国现有制度安排，公务员的职业保障较高，职业自由较低，而一般雇员的职业保障较低，职业自由较高。偏重职业保障一面的，往往会主张朝公务员方向靠拢；偏重职业自由一面的，则会倾向于朝一般雇员方向靠拢。如何让教师既有较高的职业保障，又有较大的职业自由，在我国现有的制度框架内似乎没有完全对应的法律身份可定位。因此，目前对教师法律身份的再定位，似乎只有两条出路：要么二选一，公务员或一般雇员，比如提出义务教育阶段公立学校教师属于公务员，而私立学校教师则属于一般雇员；要么借鉴国外经验，进行制度创新，比如创设教育公务员、政府雇员等特别制度。

其中，二选一的方式对教师的法律身份进行再说明有可能存在以下困境：一是无法真正解决教师的职业保障与职业自由的平衡问题；二是分阶

① 劳凯声：《教师法律身份的演变与选择》，载《中国教育学刊》2020 年第 4 期。

段分类型再定位教师的法律身份，这样容易忽视教师职业的整体性，割裂了教师法律身份的同一性。制度创新的方式，比如教育公务员，对教师的法律身份进行再说明，也可能面临诸多问题，比如创新制度与现有制度的契合性、衔接性、配套性等问题，另外也难以应对现实中各类不同学校教师的客观差异性。因此，对教师法律身份的再定位，必须谨慎对待。若没有一个更适切的基本分析框架，还不如不作再定位，而保持对教师作为教育教学专业人员的基本界定，并尽量在现有制度框架下予以完善，比如在教师的权利义务方面，可以考虑增加一些职业保障与职业自由相关的内容。

至于各级各类学校或教育机构中教师权利的保障与救济问题，则涉及特定法律关系中教师的法律地位。特定法律关系中教师的法律地位则与其所在学校的法律性质紧密关联。从举办者不同来看，主要分为国办公立学校与民办私立学校。这两类学校最终都是服务于国家与社会教育事业，[①]但运营管理方式和法律性质上有差异。从私法角度讲，公立学校属于事业单位法人，不能从事营利活动；私立学校则一般可以自主选择为营利性法人或非营利性法人。[②] 从公法上看，公立学校受到国家财政支持，人员经费、学校整体发展等事项直接受行政机构管辖。私立学校则是利用非国家财政经费，在人员经费、学校整体发展等事项上不受行政机构直接管辖。

一般而言，教师与公立学校形成的是一种公法关系，实质上是国家通过学校聘任（任用）教师行使国家教育权。在这种公法关系中，教师是国家的雇员，具有国家公职人员的一般法律地位，同时，享有与履行《教师法》所规定的特别权利和义务。教师与私立学校形成的则是一种私法关系，教师仅是学校的雇员，但同时，享有与履行《教师法》所规定的特别权利和义务。

笔者认为从法律上对各类学校教师的法律地位进行明确，有其必要

---

① 《民办教育促进法》第三条："民办教育事业属于公益性事业，是社会主义教育事业的组成部分。"

② 《民办教育促进法》第十九条："民办学校的举办者可以自主选择设立非营利性或者营利性民办学校。但是，不得设立实施义务教育的营利性民办学校。非营利性民办学校的举办者不得取得办学收益，学校的办学结余全部用于办学。营利性民办学校的举办者可以取得办学收益，学校的办学结余依照公司法等有关法律、行政法规的规定处理。"

性，但不应由《教师法》来规定。“《教师法》作为教师行业‘基本法’的定位，其权利义务的规定应该着眼于整个教师职业的共性特征，而非局限于某一特定学段的教师。”[①]《教师法》是关于教师职业的一般法，不管是公立学校，还是私立学校的教师，都共享着《教师法》所赋予的同一法律身份，以及相应的职业保障、职业门槛、职业自由等权利和义务。

《教师法》修订的核心应该围绕着教师的专业性与职业保障制度的完善而展开。“教师专业性的‘一体’是教师‘专一于教育使命和任务’，教师专业性的‘两翼’是教师‘专精于教育素养和实践’和‘专享于教育权力和待遇’。”基于对现代教师专业性的理解，《教师法》在修订中特别需要：明确《教师法》的适用对象是担当公共教育任务的从业者；强调教师忠诚于国家教育使命和任务；明确教师根据国家教育使命和任务的需求来履行义务和享有权利；在教师资格的取得中加入宣誓的要求；设置教师资格的实习期；在教师待遇上创设和保障教师追寻社会发展文明的机会和条件。[②] 这些基于教师法律身份同一性的制度建议，值得考虑，不管是公立学校的教师，还是私立学校的教师，或是网络平台上的教师，都应该有着共同的本质内涵、基本要求与使命。

二 高校教师的专业性：教书育人与学术研究

就本质内涵而言，公立高校教师也是教书育人的专业人员。相比基础教育领域的教师，高校教师不仅承担着教书育人的职责，还肩负着更多学术探究的任务。针对学术探究的这一面向，有的学者强调高校教师职业是一种学术职业，应遵循学术规律。“学术职业是一种专业化程度很高的职业，具有专业性、探索性、自主性和学科性等特点。学术职业以学术活动作为自己物质和精神生活的双重追求，具有学术性和社会性。学术的一个非常重要的特征是难以量化、外行难以评价，学术自治意味着学术共同体不受外行的评判和控制，而倾向于建立共同遵守的专业规范和伦理标准，

---

① 靳澜涛：《以法治思维看待惩戒权入法呼声》，载《法制日报》2019 年 7 月 17 日。

② 余清臣：《基于教师专业性哲学审视的〈教师法〉修订》，载《中国教育学刊》2020 年第 4 期。

在专业自律的范围内自我规范、自我调节。”①

对高校教师职业学术性特质的强调是必要的。但是，学术职业仅仅是高校教师职业的特色描述，而非本质功能。的确，现代高校不仅是教育机构，也是学术研究组织。高校教师因此也承担着两项主要任务即教书育人与学术研究。若要精准定位高校教师职业之本质功能，首先需要厘清这两项任务之间的关系。高等教育不同于基础教育之根本在于创新性与探究性。基础教育侧重对“相对确定性”知识的传授与讲解，构建受教育者的基础知识体系和基本学习能力。从发展视角来说，不确定性才是知识的本质特性。高等教育就是要向受教育者提供知识确定性与不确定性的两个面向，并在这一教育过程中培养其探究真理与反思知识的能力。因此，从职业本质功能而言，教书育人仍是高校教师之根本。当然，高校教师要真正完成教书育人的任务，需要仰赖学术研究的开展。

可以说，对于高校教师，教书育人与学术研究密不可分，教书育人是目的，学术研究是手段，教书育人仰赖学术研究，学术研究服务教书育人。没有以创新性与探究性学术研究为基础的教学，只是基础教育的延长。为了实现高等教育目标，应当鼓励和保障高校教师的学术研究活动，尊重学术自由和学术规律。当然，高校教师也不能只做研究不搞教学。教育行政部门曾发文强调，教授必须要给本科生上课。可能就是对现实中有些高校重研究轻教学做法的纠偏。概言之，作为专业人员的高校教师，其专业性不仅体现在教书育人上，也隐含在学术研究中。

三 高校教师的法律地位：主要观点及反思

上面主要论证了高校教师的本质内涵，以及教书育人与学术研究的特殊关系。那么，作为公立高校的教师，其法律地位又该如何定位？是否具有特殊性，特别是在去编制改革进程中？

前文指出公立学校与教师形成的是公法关系，在这种公法关系中，教师是国家的雇员，具有国家公职人员的一般法律地位，同时，享有与履行《教师法》所规定的特别权利和义务。目前，从学术界到实务部门对基础

① 刘献君编著《中国高校教师聘任制研究：基于学术职业管理的视角》，科学出版社 2009 年版，第 1 页。

教育（包括义务教育阶段与中等教育阶段）公办学校教师作为国家公职人员的法律地位，逐渐形成共识。2018 年出台的《中共中央国务院关于全面深化新时代教师队伍建设改革的意见》中首次明确提出："突显教师职业的公共属性，强化教师承担的国家使命和公共教育服务的职责，确立公办中小学教师作为国家公职人员特殊的法律地位，明确中小学教师的权利和义务，强化保障和管理。"

对于公立高校教师的法律地位，从国家政策层面来看，目前并不明确。学界对此则存在视角上的差异和观点上的分歧。有的学者从比较法上进行论证，有的学者从实证法上展开规范分析，有的学者则从实然与应然上提出主张。概括起来，主要有"公务员说""准公务员说""劳动者说""公务雇员说""特殊劳动者说""事业单位工作人员说"等观点。

"公务员说"主要是比较法视角下对大陆法系的一些国家（如德国、法国、日本）的教师法律地位的介绍。在这些国家，公立学校（包括高校）的教师由政府任用，属于国家公务员。[①] 公务员教师的特点是职业稳定、有较高报酬以及享有一些特殊权利。比如，德国公务员教师的权利保护有别于一般劳工，有听证权、提起异议或申诉和行政诉讼权。[②] 就笔者有限的阅读范围来看，我国学界似乎没有学者明确主张我国公立学校教师属于或应属于公务员。其中，主要原因是源于我国法律制度规定。不过，有的学者也正因此从我国实在法视角出发，提出"准公务员说"。

"准公务员说"强调公立高校教师法律地位类似于公务员，但并不是公务员。在 20 世纪 80 年代后期国家公务员制度逐渐推行之前，国家政府机构工作人员、教师都属于国家工作人员范畴[③]或国家干部[④]。随着 1993

① 陈鹏、祁占勇：《教育法学的理论与实践》，中国社会科学出版社 2006 年版，第 299—300 页。

② 徐广宇：《教师身份的类型及其法律保障——兼谈我国教师身份及法律适用》，载《上海教育科研》1995 年第 1 期。

③ 如 1952 年中央人民政府政务院颁布的《关于全国各级人民政府、党派、团体及所属事业单位的国家工作人员实行公费医疗预防的指示》，由文件名就可以看到，当时，政府、党派、团体的工作人员和学校等事业单位的教师等，都被视为国家工作人员。

④ "干部"一词为外来谐音词，最先源于法国，我国则引自日本，指从事政治、文化、经济活动等方面公务的工作人员和军队排以上的军政人员。新中国成立后干部概念不断扩展，应用范围越来越广。转引自劳凯声《教师法律身份的演变与选择》，载《中国教育学刊》2020 年第 4 期。

年国务院颁布《国家公务员暂行条例》，教师与国家公务员在制度框架里逐渐分离。2005 年颁布的《公务员法》第 2 条规定："本法所称公务员，是指依法履行公职、纳入国家行政编制、由国家财政负担工资福利的工作人员。"法律上的公务员，其内涵与外延很明确，履行公职、国家行政编制、国家财政负担工资福利。显然，公立教师，包括公立高校教师都不是公务员，因为教师属于事业编制，而不是行政编制。

可见，法律上已明确排除了教师作为公务员的可能性。但是，公务员有着较高的社会地位和职业保障，特别是工资福利等方面。鉴于此，《教师法》《义务教育法》中在涉及教师工资待遇规定时，都有将公务员待遇作为参照系的条文。如 1993 年颁布的《教师法》第 25 条规定："教师的平均工资水平应当不低于或者高于国家公务员的平均工资水平，并逐步提高。"第 29 条规定："教师的医疗同当地国家公务员享受同等的待遇；定期对教师进行身体健康检查，并因地制宜安排教师进行休养。"再如 2006 年修订《义务教育法》时，其中第 31 条第 2 款也明确规定："教师的平均工资水平应当不低于当地公务员的平均工资水平。"

于是，有的学者依照这些条文逻辑地推演出"准公务员"的法律定位，"不属于公务员系列，却在某些权益方面比照公务员执行，正是教师准公务员身份特征的体现"[①]，并期冀能借此切实提升教师社会地位和职业保障。当然，"准公务员说"能一定程度提升教师职业保障，但也给高校教师职业与学术自由增加不少桎梏。比如："教师作为准公务员不得免除宪法忠诚；教师须受制于其所供职大学或者机构的管理；教师的职业决定其职责是传授知识和技能，而非政治宣讲；教师须不得以任何形式侮辱、贬损、歧视学生，并不得灌输影响学生的独立判断。讲学自由的思想与表现自由性质决定其规范领域是'学术生活'而非'政治生活'，规范目的在于鼓励科学发现与真理探索，而非政治性表达、参与和监督，故其不得滥用攻击宪法秩序。"[②] 可见，"准公务员说"以公务员制度为底色，显然难以契合高校教师职业本质与特点。

---

① 徐广宇：《教师身份的类型及其法律保障——兼谈我国教师身份及法律适用》，载《上海教育科研》1995 年第 1 期。

② 郑贤君：《公立高校教师的学术自由：讲坛上的自由》，载《财经法学》2017 年第 4 期。

持“劳动者说”或“雇员说”观点的学者，首先主要是从比较法视角下对西方国家学校教师法律地位的介绍。“劳动者说”强调教师是劳动法上的劳动者，学校与教师的关系建基在平等自愿的契约基础上。“劳动者说”主要针对的是私立学校教师，但也可能存在于公立学校。比如，在德国公立高校存在两种教师，一种就是前面提到的公务员教师，另一种就是雇员教师。这些雇员教师主要是一些兼职教师和暂时尚未达到公务员任命条件的专职教师。雇员教师与公务员教师的主要差异在于适用的法律不同。雇员教师属于劳动法上的劳动者，其权利义务、法律救济等由一般劳动法及联邦雇员团体协约（如《解约保护法》《劳动法院法》《母亲保护法》《健康损害法》等）规定保障。①

为了防止雇员教师职业稳定受到过度侵害，这些国家也纷纷从立法上进行保障与规范。比如“为避免私立学校设置者经常借由人事权的行使，间接地侵害教育的自主性，日本《教育基本法》严格限制以‘教育活动不当’（如不符合私立学校定的校训）为由解雇教师。德国教会以外的私立学校教师根据社会保险法的规定，负保险义务，亦享有解约保护之保障。美国私立学校教师虽不适用各州有关‘长期聘任’的法律规定，但可通过个别协商或团体交涉的方式，将类似长聘制度订在聘任条款中，成为契约的一部分”②。尽管如此，劳动者的定位使教师职业保障与稳定性相对变弱，但职业自由与竞争性则相对变强。

在我国，也有学者主张公立高校教师属于劳动者。“这种观点认为，高校教师的聘用合同无论是从平等自愿的形式上看还是从权利义务的内容上看，都应当属于劳动合同，在法学理论上应将公立高校教师定位为劳动者。”③ 不过，这一观点可能会受到现实与理想两个层面的挑战。从实践层面来看，这一观点难以解释“教育行政部门、公立高校对教师进行管

---

① 徐广宇：《教师身份的类型及其法律保障——兼谈我国教师身份及法律适用》，载《上海教育科研》1995 年第 1 期。

② 徐广宇：《教师身份的类型及其法律保障——兼谈我国教师身份及法律适用》，载《上海教育科研》1995 年第 1 期。

③ 秦涛、仇叶：《公立高校教师法律地位的再定义：教师法修订的核心》，载《复旦教育论坛》2020 年第 5 期。

理监督的社会现实”[①]。

同时，这一观点也难以从实在法层面找到明确依据与合理解释。1995年施行的《劳动法》第2条第2款虽然规定“国家机关、事业组织、社会团体和与之建立劳动合同关系的劳动者，依照本法执行”，但是，高校与教师订立的聘用合同是否属于劳动合同关系并不明确。依据2007年颁布的《劳动合同法》第2条第2款规定，即“国家机关、事业单位、社会团体和与其建立劳动关系的劳动者，订立、履行、变更、解除或者终止劳动合同，依照本法执行”来看，高校教师聘用合同是否属于劳动合同关系的关键是两者是否建立劳动关系。

但是，劳动关系如何认定则要看二者是否订立劳动合同。《劳动法》与《劳动合同法》在这个问题上似乎陷入了循环论证的困境。虽然，《劳动合同法》第96条规定：“事业单位与实行聘用制的工作人员订立、履行、变更、解除或者终止劳动合同，法律、行政法规或者国务院另有规定的，依照其规定；未作规定的，依照本法有关规定执行。”但是，该条文中的“劳动合同”是否就是指事业单位与实行聘用制的工作人员之间所签订的聘用合同，还是另指聘用合同之外的劳动合同，似乎也并不明朗。

看来，单单依靠《劳动法》与《劳动合同法》难以将高校教师聘用合同符合逻辑地解释为劳动合同。若借助2014年国务院颁布的《事业单位人事管理条例》第19条规定，即“自聘用合同依法解除、终止之日起，事业单位与被解除、终止聘用合同人员的人事关系终止”来看，事业单位的聘用合同形成的是人事关系。那么，是否可以借此进一步否定高校教师聘用合同关系不属于劳动关系呢？当然，人事关系与劳动关系到底是什么关系，也值得思考。关于高校与教师的法律关系问题，笔者在后面还将进一步展开探讨。

如果说，将教师定位为公务员或准公务员，难以凸显高校教师的职业特色，让人担忧其职业自由与学术自由会受到过多约束，那么，将教师定位为劳动者，则会遭遇对教师职业保障（如职业稳定、福利待遇等方面）的担忧。鉴于此，有的学者主张“高校教师兼具劳动者和公务人员的双

---

① 秦涛、仇叶：《公立高校教师法律地位的再定义：教师法修订的核心》，载《复旦教育论坛》2020年第5期。

重身份，应定位为特殊劳动者”[①]，认为“教师地位应当有机融合‘公法’‘私法’特质，形成统一身份体系，为顺应现代高校人事制度改革趋势，高校教师地位与劳动者接近，并结合社会公益、公共内涵等因素，可界定为‘特殊劳动者’”[②]。这些学者希望能借助“特殊劳动者”的定位，兼顾高校教师的职业保障与职业自由。

可以说，如何兼顾或平衡高校教师的职业保障和职业自由，已成为我国学界的一个共识性目标。同时，这也是一个备受各国（或地区）关注的重要问题。“国外及我国台湾地区的立法或改革情况显示，公立学校教师不属于狭义的劳动者，而是具有专门职业特性的公职人员，其权利义务和管理应主要受到教师法的专门规范。”[③] 比如大陆法系国家或地区在逐渐承认公务员教师的特殊地位；再如我国台湾地区，从司法实践中提出公立教师属于“特别职的公务员”。“所谓特别职的公务员，就是教师既不能完全适用‘公务员服务法’，也不能完全不适用。因为教育的本质要求不同于其他行政行为，而教师的行为规范也不宜强同于一般公务员。”[④]

在美国，公立教师则被定位为“公务雇员”。“在美国公立学校的教师与政府公务员都被称作‘政府受雇人’，所不同的是高校教师必须先通过一定的培训和学习，经过教师资格鉴定取得教师资格后才能被聘任。公立学校教师根据其是否获得终身教职，分别属于试用期受雇人或者终身受雇人。高校教师是专门从事教学职业的专业人员，其在法律上具有政府受雇人的身份。……因此，我们不能将美国高校教师看作一般意义上的劳动者或自由职业者，其法律身份为公务雇员，其与高校的关系不同于私立高校教师。”[⑤]

我国不少学者主张借鉴美国做法，将公立高校教师定位为“公务

---

① 徐雷、王颖：《公立高校教师法律地位的发展走向：公私法益交融下的特殊劳动者》，载《湖南师范大学教育科学学报》2019 年第 2 期。

② 吴希：《社会法视阈下公立高校教师法律地位探讨》，载《教育科学》2018 年第 4 期。

③ 申素平：《对我国公立学校教师法律地位的思考》，载《高等教育研究》2008 年第 9 期。

④ 蔡志方：《从释字三零八号解释谈教师的法律地位》，载《师说》1992 年第 52 期。

⑤ 龚钰淋：《行政法视野下的公立高校教师法律地位研究——以法律身份及法律关系为核心》，博士学位论文，中国政法大学，2011 年，第 48—49 页。

雇员”[①]。“我国可借鉴美国公立高校教师的‘公务雇员’属性，来定义公立高校教师法律地位，并借此对公立高校教师的权利义务、法律责任等进行重构。”[②] 实际上，“公务雇员”与“特殊劳动者”只是称谓不同。“西方国家‘公共雇员’称‘劳动者’为‘雇员’，‘公务’‘公共’又体现了教师地位具有‘公共性’‘行政规制’的特殊主体内涵”[③]。

不管是“公务雇员”还是“特殊劳动者”都旨在强调公立高校教师兼具公务员与劳动者法律地位的双重性与特殊性。“确立我国公立高校教师的公务员地位，目的在于提高高校教师的社会地位，并保障其行政权力的行使；确立其雇员地位，目的在于确定高校教师的权利救济途径，保障高校教师的学术权力、工资待遇、学术自由。其学术自由不受行政机关限制，乃是高校向社会提供教育科研的前提。”[④] 显然，在具体制度构想上，学界希望一方面通过确定高校教师的公务员地位，从而确认其职业的公共性、教育行为的权威性以及保障其福利待遇及职业稳定性；另一方面通过确定雇员地位，从而确保其职业自由、学术自由以及获得充分的司法救济。

但是，这种将公务员与雇员制度进行糅合的做法，似乎较难嵌入我国现有法律制度框架，特别是在双轨制的司法救济背景下。行政诉讼与民事诉讼的分野，建立在公私法不同的法理基础上。尽管，公私法逐渐融合，社会法不断彰显，但司法二元制的框架并未因此受到挑战。换言之，社会法的具体领域，在法理基础与司法救济上仍需要在公私法中作出选择与归入。若高校教师具有公务员地位，则应依公法原理解决其权义责及司法救

① 参见陈玺名、肖凤翔《公务雇员：我国义务教育教师法律身份的合理定位》，载《上海教育科研》2009 年第 6 期；龚钰淋《美国公立高校教师社会保障制度研究——以公务雇员法律身份为核心》，载《河北法学》2013 年第 11 期；谌瑜、蒋树《论中国高校教师的法律身份》，载《皖西学院学报》2017 年第 3 期；吴希《社会法视阈下公立高校教师法律地位探讨》，载《教育科学》2018 年第 4 期；秦涛、仇叶《公立高校教师法律地位的再定义：教师法修订的核心》，载《复旦教育论坛》2020 年第 5 期。

② 秦涛、仇叶：《公立高校教师法律地位的再定义：教师法修订的核心》，载《复旦教育论坛》2020 年第 5 期。

③ 吴希：《社会法视阈下公立高校教师法律地位探讨》，载《教育科学》2018 年第 4 期。

④ 秦涛、仇叶：《公立高校教师法律地位的再定义：教师法修订的核心》，载《复旦教育论坛》2020 年第 5 期。

济问题；若高校教师为雇员，则应依私法原理对待其权义责及司法救济。在公私法原理上构建的现有制度框架是分离而非交融的，各自有着自洽的逻辑。“公务雇员”制度则需要打破现有法律制度框架，从而让高校教师在公务员与雇员制度间潇洒游走。在制度与思维的双重惯性下，以打破现有法律制度框架为条件的制度创新，其成本与代价相当高，难度相当大。最后，很有可能“画虎不成反类犬”。在制度撕裂下，高校教师不仅可能没有公务员般的职业保障，也没有雇员般的职业自由与司法救济权。制度移植或创新，需要考虑与现有制度框架的契合度与嵌入性。因此，在笔者看来，我国公立高校教师法律地位的定位，最好还是在我国现有制度框架内进行。

四　公立高校教师的公职性：公共服务与事业编制

目前，较契合我国现有制度规定的观点即是“事业单位工作人员说”。“随着事业单位人事制度改革的不断深入，事业单位已经逐渐形成一整套较为完整的与国家机关和企业相区别的人事管理制度。高校教师作为高等学校——事业单位中的职工，其法律身份应当定位为《事业单位人事管理条例》中提及的‘事业单位工作人员’。”[①] 有的学者认为，“事业单位工作人员”一词本身具有不确定性，与“专业人员”一样，既无法排除公立高校教师可具有的其他身份，又不能凭此明确公立高校教师在教育法律关系中的权利义务与法律责任。[②] 但这种批评似乎有点吹毛求疵。毕竟，借助任何一种法律身份的定位，都无法完全排除公立高校教师存在其他身份的可能性。同时，教育法律关系中的权利义务和法律责任应该是教师的共享内容，而非公立高校教师独有。教育法律关系中的权利义务和法律责任应由《教育法》《高等教育法》《教师法》等法律作出规定或进行完善。

前文已指出，教师法律地位的定位更关注的是，在特定法律关系中教师间身份上的差异性，特别是公立学校教师与私立学校教师。“事业单位

---

① 黄霄：《我国高校教师法律地位探析》，载《现代经济信息》2016 年第 9 期。

② 秦涛、仇叶：《公立高校教师法律地位的再定义：教师法修订的核心》，载《复旦教育论坛》2020 年第 5 期。

工作人员”的定位，可以将公立学校教师的法律地位区别于私立学校教师。当然，这一定位并没有区分公立的高校教师与中小学教师。那么，公立高校教师与中小学教师的法律地位是否存在差异性？若存有差异，显然这一定位还是不够精准。通常认为，高校教师与中小学教师首先在职业任务与专业自主性上存在差异，特别是学术研究上。但正如前文所言，高校教师的教书育人与学术研究并不冲突，学术研究最终也是为了教书育人。其次，从事业单位分类改革出发来看，高校与中小学分别属于公益一类与公益二类事业单位。前文已提到，这种区分主要是为了教育经费上的财政改革。但公益二类的定位，并不能抹杀公立高校作为公益性事业单位的本质，因此也不能否定公立高校教师的公职性特点。

虽然，高校教师事业编制改革正在进行。但是，事业编制改革，甚至取消高校教师事业编制，都不能改变也不应改变高校教师的公职性特点。“人员编制是一种特殊的组织内部人员配置，指经过被授权的机关或部门批准的机关或单位内部人员的定额、人员结构比例及对职位（岗位）的分配，一般包括编制员额的规定，各职位（岗位）的名称、设置以及领导职数的规定，各类人员的比例结构的规定，人员配备的质量要求等。事业编制则是指国家为创造或改善生产条件，增进社会福利，满足人民文化、教育、卫生等需要而设置的人员编制，列入事业编制的单位，其工作人员的工资和活动经费除由国家事业费开支的外，还有部分事业单位的经费，采取自收自支、差额补贴等办法。”① 可见，高校教师编制涉及高校人事管理制度，因此，编制改革触及的主要是人事管理改革。2012 年，中共中央、国务院印发的《关于分类推进事业单位改革的指导意见》指出，到 2020 年，要建立新的事业单位人事管理体制。

2020 年 6 月，山西省人社局发布的《关于深化高等院校、科研院所、公立医院人事管理改革有关事项的通知》提出，取消对高等院校、科研院所、公立医院年初统一下达增人计划的管理模式，试行宏观调控、事中事后监督的管理办法；用人单位自主拟订增人计划，主要包括人才引进数量、类型，引进方式和引进时间等；用人单位在自主编制当年增人计划时，应统筹考虑接收国家政策性安置人数，预留编制专项用于接收各类政

① 劳凯声：《教师法律身份的演变与选择》，载《中国教育学刊》2020 年第 4 期。

策性安置人员。这是目前全国范围内第一个将拟订增人计划的权力下放到学校层面的文件。从实践操作来看，事业编制改革的主要目标是将原来的编制预算改为编制备案，赋予高校等事业单位更大的人事自主权，从而一定程度盘活高校教师的流动性。可以说，从现有的制度安排来看，国家和政府并没有要完全取消事业编制。笔者认为，高校教师事业编制的存在有其必要性。它能更好维护高校教师的公职性特点，从而防止教师职业的过度市场化。对于教育市场化所可能带来的问题，前文已有所论述，此处不再赘述。

因此，将公立高校教师的法律地位定位为“事业单位工作人员”是合适的。2018 年出台的《中共中央　国务院关于全面深化新时代教师队伍建设改革的意见》，明确了公办中小学教师为国家公职人员。既然，公立高校教师与中小学教师在职业的公益服务方面并没有本质区别，那么，也可以借鉴这一说法，确认公立高校教师的国家公职人员的法律地位。

公立高校教师作为国家公职人员，首先意味着其职业功能的公益性与保障性。“国家公职”强调某一职业（职位）所具有的公益性和保障性。保障公民的受教育权，是现代国家的一项基本义务。高等教育阶段受教育权的实现最终仰赖于公立高校中合格优质的教师。从根本上来说，公立高校教师职业的公益性就体现在这项国家基本义务的实现中。为了确保教师职业的公益性，必然要给其强有力的保障性。“一般而言，公立高校是事业单位，招录过程有公权力介入，通过法定形式招录的教师拥有事业单位编制，而事业单位编制的授予是国家认可的，非有法定事由、非经法定程序不得剥夺，是为‘进出两难’，故而一般认为事业单位编制类似于公务员，拥有‘铁饭碗’。”① 有了这份职业保障，高校教师才能安心而全心地投入教育科研事业中。

公立高校教师作为国家公职人员，其次意味着其职业内容的专业性与自主性。国家公职只是表明了一种职业的属性与功能，并不代表该职业的具体内容与任务。只要是服务于国家公共事业，履行国家基本（法定）

---

①　张朴田：《“非升即走”制度在高校聘用合同中的效力认定——以郭某诉江南大学人事争议案为例》，载《法律适用》2018 年第 10 期。

义务的职业，都属于国家公职范畴。从事这类职业的工作人员，都是国家公职人员。可以说，公务员是国家公职人员的主要代表，但国家公职人员不限于公务员。

根据所履行任务内容的不同，国家公职人员在专业门槛与自主裁量上有不同的要求。根据《公务员法》的规定，服从和执行上级依法作出的决定和命令是公务员的法定义务。但是，不同职位上的公务员实际上也有着不同的专业门槛，比如法官、检察官。同时，公务员在履行公务中也总是存在一定自主裁量空间。根据教育规律与特点，作为国家公职人员的高校教师，其职业的专业性与自主性比公务员要更高更强。鉴于高校教师职业的专业性，高校教师职业准入门槛上要有更高标准，比如高学历高学位、较强的科研能力等。而对高校教师专业素质能力的评价上，也应侧重同行评议。鉴于高校教师职业的科研自主性，应保障其更为宽松的学术自由的工作环境。因为只有学术自由才能有学术繁荣，有繁荣的学术才能有真正的高校竞争力。

公立高校教师作为国家公职人员，再次意味其职业行为的权威性与法定性。高校教师的教书育人（包括学术研究）行为，是法律赋予的权责。在教育科研过程中，高校教师的自主性应该得到尊重，其权威性也应该得到维护。任何组织和人都不应以任何理由进行不当干涉。当然，高校教师也要遵守法律规定，认真履行法定职责。

公立高校教师作为国家公职人员，最后意味着其职业关系的国家性与多样性。作为国家公职人员的高校教师表明高校教师与国家间形成了一种抽象意义上的宪法关系。在此种意义上，高校教师代表着国家，行使高等教育阶段的教育权力，履行高等教育阶段的国家基本义务。当将视野从高校教师与国家间的抽象性宪法关系转向与高校间的具体性法律关系时，这种职业关系上的国家性就转化为多样性。高校与教师间形成的是私法关系（民事关系），还是公法关系（行政关系）？或者，它们之间哪些属于私法关系（民事关系），哪些属于公法关系（行政关系）？它们之间应具有哪些权利义务？以及有哪些法律解纷机制？等等，这些问题则需要具体事项具体分析，难以一概而论。

第三节　高校教师职务评聘的制度意义与规范内涵

一　制度意义上的高校教师“职务”：专业技术岗位与职称的混合体

对于现代社会中各类组织或团体的工作人员而言，职称、职务或职位相当重要，紧密关联着他们的职权职责、薪酬待遇、组织地位等。这三个概念在内涵上有区别，也有着内在关联性。根据《现代汉语词典（第7版）》的解释，职称指专业技术职务的名称，职务指职位规定应该担任的工作，职位指机关或团体中执行一定职务的位置。① 可见，就一项职业而言，职称侧重定名，职务侧重定岗，职位侧重定位。当然，职务、职称与职位难以割裂。职务因涉及职业的工作内容，是这三个概念中的基础与核心。有了职务，才能确定职位；为了区分职务，才需要职称。其中，职称往往基于同一系列职务的纵向比较；职位则往往基于不同系列职务的横向比较。

我国高校教师职务，从职称上可以区分为教授、副教授、讲师、助教四级；从职位来看，高校中除了教师，还有专任研究人员、行政管理人员等。相对而言，高校教师职务与职称是高校教师职业的内部问题；高校教师职位则是个外部问题，实质上涉及教师在高校组织中的功能与地位。

前文对高校教师法律地位的探讨主要是从高校外部视角展开，去定位高校教师在国家、社会中的功能与地位，但并没有涉及在高校组织中的功能与地位问题。毋庸置疑，教师对于高校而言具有不可或缺的地位。若没有教师，何来高校？教师职位的不可替代性，显而易见。但是，问题的关键在于如何确定教师在高校组织管理中的位置及话语权。法律规定教师有民主参与高校管理的权利。但是，高校行政化大背景下，教师职业地位不断降低。一线教师职位似乎有沦为高校中最底层职位的风险，甚至丧失了专业自主的话语权。比如有的高校教务管理部门要求教师上课必须带上

① 中国社会科学院语言研究所词典编辑室编：《现代汉语词典（第7版）》，商务印书馆2016年版，第1682—1683页。

“六大件”①，规定期末试卷必须要有五种以上的题型，成绩符合正态分布，等等。②

可见，要真正改善教师职位，发挥其应有功能与价值，必须赋予教师主体地位。高校教师职位的改善，不仅需要高校内部治理结构的不断完善，也需要借助在一项项具体事项（事务）中对教师权利的落实与保障，比如在教师职称评审与职务聘任上。

在我国，职称与职务两个概念的关系经历了一段演变。有学者曾考据过：“职称一词，最初源于‘职务的名称’，是表示一个人的职务，但并不一定代表其水平、能力和贡献等；只要在其位，也就有其‘称’。……随着我国社会的发展，职称的涵义和职称制度也在不断地变化。在涵义上，职称也由‘职务的名称’逐渐变化为‘学衔’‘技术称号’‘荣誉称号’‘学术称号’等。现在通用的‘职称’，其内涵已是可以区别专业技术（或学识）水平、业务能力与工作成就的等级称号和标志，也是对专业技术人员过去学术技术水平、能力与成就的评价和承认。……‘职务’是一个人在工作中所规定担任的事情。”③

可见，职称与职务从原来具有紧密相关性的两个概念变为内涵与本质都不同的两个概念。“实际上作为符合的语词‘能指’在历史进程中增添、转换新的‘所指’，并不是什么奇怪的事。”④ 职称，已非职务名称的简称，而是与专业技术人员的专业技术水平和能力相关，类似学位、学衔等学术称号，属于个人荣誉范畴。专业技术职称涉及专业技术能力的评审，一旦取得，一般情况下终身拥有。

职务则与工作岗位要求、职责等相关，一旦离岗，则不复存在。针对专业技术工作岗位，一般也相应地设置专业技术职务。“专业技术职务是根据实际工作需要设置的有明确职责、任职条件和任期，并需要具备专门的业务知识和技术水平才能担负的工作岗位，不同于一次获得而终身拥有

---

① 所谓的“六大件”即教材、教学大纲、教学进度表、学生名册、教案讲稿、教学课件。

② 2021 年 1 月中南大学某教师在朋友圈吐槽学校教务部门要求学生成绩必须符合正态分布，从而引发了一场网络热议。

③ 朝滋：《职称制度与职务制度的区别》，载《中国高等教育》1994 年第 4 期。

④ 秦晖：《传统十论——本土社会的制度、文化及其变革》，山西人民出版社 2019 年版，序 1。

的学位、学衔等各种学术、技术称号。”[①] 专业技术职称需要评审，专业技术职务则需要聘任（或任命）。一般情况下，专业技术职称的评审是获得相应专业技术职务聘任的前提。

上述关于职称与职务的概念区分，某些专业技术职业领域对此有着比较清晰的立法规定。比如《执业医师法》第六条规定“医师的医学专业技术职称和医学专业技术职务的评定、聘任，按照国家有关规定办理”。相对医师专业技术职称与专业技术职务的清晰区分与明确规定，高校教师的专业技术职务与专业技术职称在法律制度上则没有那么清晰明确的区分。

“职称实质代表着国家和社会对专业技术人员的业务能力和学术水平的综合评价，其对于高校教师的重要性也不言而喻。”[②] 国家对作为专业人员的高校教师进行专业技术能力与学术水平的评审，是必要的。这既代表着国家对高校教师专业素质能力水准的基本要求，也是对高校教师的专业素质能力的一种权威认定。通过对高校教师专业技术职称的官方评定，不仅利于保证高校教师的整体专业素质，也利于激发高校教师内部的良性与公平竞争。

新中国成立后，政府也曾一度重视高校教师职称制度建设。1955 年 6 月，“学位、学衔、工程技术专家等级荣誉称号”起草委员会根据中共中央和国务院的指示起草了《高等学校教师学衔条例》，明确了学衔是根据“学术水平、工作能力和工作成就所授予的学术职务称号”，提出以学术、技术水平为授予和晋升学衔的主要依据，学衔可以作为确定工资、生活以及政治待遇的依据，学衔没有人数限制，一旦获得，终身享有。由于种种原因，该条例未能生效实施。[③] 可以说，高校教师学衔制度是新中国第一次，也是至今唯一一次尝试建构专门的高校教师职称制度。此后，高校教师职称制度，基本上都隐含在高校教师职务制度中。

新中国高校教师职务制度，最早可追溯到 1960 年国务院第 96 次会议

---

① 《国务院关于实行专业技术职务聘任制度的规定》（国发〔1986〕27 号）。

② 洪建娣、陈峰：《论高校教师职称评审纠纷的司法介入》，载《苏州大学学报》（哲学社会科学版）2010 年第 5 期。

③ 李子江：《我国高校教师职务管理制度的历史沿革与展望》，载《大学教育科学》2010 年第 4 期。

通过的《关于等学校教师职务名称及确定提升办法的暂行规定》。此后，教育部又印发了《关于执行〈国务院关于高等学校教师职务名称及其确定与提升办法的暂行规定〉的实施办法》，明确规定高等学校教师职务的名称以及教师职务的确定与提升的条件，把高等学校教师职务名称分为：教授、副教授、讲师、助教四级，提出教师职务的确定与提升应以思想政治条件、学识水平和业务工作能力为主要依据，兼顾教师的资历和教龄。

由此可见，我国高校教师职务制度，最初实质上是针对高校教师专业素质能力的职称制度。申言之，高校教师职务名称的确定与提升制度，实质上就是高校教师职称制度。这一点从1982年教育部印发的《关于当前执行国务院关于高等学校教师职务名称及其确定与提升办法的暂行规定的实施意见》的通知可见一斑。该实施意见指出："高等学校于一九七八年三月恢复教师职称的确定与提升工作。三年来，大批地、集中地确定与提升教师职称的工作取得了很大成绩。"

1986年中央职称改革工作领导小组发布了《高等学校教师职务试行条例》。该条例第2条规定："高等学校教师职务是根据学校所承担的教学、科学研究等任务设置的工作岗位。教师职务设助教、讲师、副教授、教授。各级职务实行聘任制或任命制，并有明确的职责、任职条件和任期。"尽管，该条例明确将高校教师职务界定为工作岗位，同时，明确了高校教师职务的职责、聘任期限等内容。但是，该条例第三章任职条件与第四章任职资格评审的规定，实际上涉及对高校教师专业素质能力的评审，类似于其他职业中的专业技术职称评审制度。换言之，这里的高校教师职务任职资格评审可以视为高校教师专业技术职称评审。可以说，这种将高校教师职称制度涵括到高校教师职务制度中的做法，对后续立法有着较大影响。以至于1993年《教师法》、1998年《高等教育法》都只规定教师职务制度，而未提及教师职称制度。

《高等教育法》第47条第1款规定："高等学校实行教师职务制度。高等学校教师职务根据学校所承担的教学、科学研究等任务的需要设置。教师职务设助教、讲师、副教授、教授。"第2款进一步规定高校教师职务任职的基本条件。任职条件背后定然涉及高校教师专业技术能力的要求与评定。对于教师职务制度、高校教师职务的具体任职条件，《教师法》《高等教育法》都明确授权由国务院规定。较为遗憾的是，至今国务院都没有出台相关条例。1996 年《国务院办公厅转发国务院法制局关于 1996 年立法工作安排的通知》（国办发〔1996〕17 号）中明确提到要制定《教师职务条例》。1997 年、1998 年、1999 年国务院都有类似立法工作安排。但此后，再也没有就教师职务条例纳入立法工作安排中。2009 年《教师法》和 2018 年《高等教育法》修订后，仍然保留着这一授权立法。由于《教师职务条例》迟迟未能出台，1986 年的《高等学校教师职务试行条例》虽有诸多不合时宜的规定，但仍然具有法律效力，对高校教师职务和职称工作有着实际约束力。

通过上述制度演变的梳理可知，我国法律上虽然只有高校教师职务制度，但该制度隐含着高校教师职称制度。换言之，我国制度意义上的高校教师职务不仅指称专业技术岗位，也包含专业技术职称。可以说，《高等教育法》第 47 条中规定的助教、讲师、副教授、教授四类教师职务，实质上强调的是教师专业技术职称，类似于非专业技术职业领域的职务级别。也正因此，法律上并没有对教师职务相应的岗位工作职责进行规定，而是规定了教师职务的任职条件。第 48 条中规定的教师聘任制，实质上则指高校教师专业技术岗位的聘任。

当然，这种将高校教师职称评审制度隐含在高校教师职务制度中的做法，最终使得高校教师职称评审丧失独立性。将高校教师职称评审仅视为高校教师岗位聘任资格评审，使得这一评审行为丧失自身的正当性基础，而以高校教师岗位聘任为风向标。本书绪论中所提到的高校教师职务评聘的失衡现象，根源就在于这种制度设计。学界关于教师职务评聘应分离还是合一的纠结，可能也是因未能涤清高校教师职务制度中这一隐含内涵所带来的混乱。

若是高校教师职称评审仅仅作为高校教师岗位聘任资格评审，那么，高校教师职务自然应该评聘合一；但是，若高校教师职称评审并不仅仅是高校教师岗位聘任资格评审，而是独立的高校教师专业素质能力的人才评价制度，那么，职称评审与职务岗位聘任是否合一或分离，就成了伪问题。职称评审与职务岗位聘任有着不同的功能与性质，当然应该分离。

同时，没有相对独立而完整的高校教师职称评审制度，一定程度也消解了其应有的功能与意义。此外，将高校教师职称评审制度隐含在高校教师职务制度中的做法，也给高校教师职务聘任带来弊端。“在现实操作中，教师职务聘任制度的执行与其设立的初衷有所偏移，高校将职称评定与职务聘任‘二合一’，终身制的任用方式以另一种形式存在。”[①] 为了建立科学合理而功能完整的高校教师专业素质能力评价制度，也为了更好地落实教师职务聘任制，笔者建议今后修订《教师法》《高等教育法》时，应该像《执业医师法》那样，考虑设置专门的教师专业技术职称制度，以区别于教师专业技术职务制度。

近年来，有些高校自主设置了一些教师职务称号，比如助理教授、某某特聘教授、某某讲席教授等。这种做法可能会遭遇合法性质疑，毕竟我国高校教师职务具有法定性。根据《高等教育法》第47条的规定，教师职务只有四种类型，即助教、讲师、副教授、教授。高校虽然享有法定的办学自主权，但依现有法律规定，教师职务称号的设置并不在高校办学自主权内。目前，大多高校自主设立的职务称号往往对应较高岗位要求与薪酬待遇，是为了通过进一步细化学校内部教师岗位的区分来激励优秀教师。所以，这些自主设置的职务称号实质上是学校自设了一些教师专业技术岗位。这种做法符合2007年人事部、教育部印发的《高等学校等教育事业单位岗位设置管理的指导意见》。该文件中明确提出高校有对教师岗位分类设置上自主探索权限。[②]

前文已指出，我国法律规定中的高校教师职务称号主要关注的是教师专业素质能力的区分。在这种意义上，由法律对高校教师职务称号及其基本任职条件等内容进行统一设置，具有必要性与合理性。这样可以为高校教师职业设定统一的法定准入门槛，有利于保障高校教师队伍的整体品质。同时，高校教师职务称号的统一设置，形成高校教师职业的同一性，有利于高校教师专业素质能力的可比较性，也有利于教师权利的保障。有些高校套用法律上有关高校教师职务称号，主要是因为没有厘清高校教师职务中所包含的这层内容，从而容易引起误解和造成混乱。

---

① 贾彦乐、乔桂明：《高校职务聘任制的多元评价与共同治理：利益相关者的视角》，载《黑龙江高教研究》2018年第4期。

② “2020年职称改革指导意见”明确提出“有条件的高校可探索实行教师职务聘任改革，设置助理教授等职务”，这也说明助理教师等所谓的职务，主要是服务于职务（岗位）聘任。比较遗憾的是，我国官方文本中，对职务、职称以及岗位聘任等概念的使用也存在一定程度的混乱。

实践中，有些高校出台“低职高聘”的政策，只要符合一定条件，即使是刚入职的教师也可以获聘。如笔者所在学校出台“瓯江特聘教授”制度，只要符合相应岗位要求，刚入职的教师、副教授都可以获聘“瓯江特聘教授”。这种“瓯江特聘教授”的称谓很容易让人误以为，是获聘人员已获得法定教授职务基础上的一种特殊称号。为了避免这种不必要的混乱与误解，高校在自主设置教师岗位时，要尊重和严格遵守法律上所规定的职务称号及相应任职条件，尽量不要使用类似称号。比如中国人民大学的“杰出青年学者”ABC岗制度，这种自设的教师职务称号，既能显示高水准的岗位要求与条件，又不会引起误解。

二　高校教师职务“评聘”的主要内涵：职称评审与岗位聘任

“评聘”已成为固定词语出现在我国的规范性文件中。通过北大法宝法律法规数据库的查询发现，“评聘”最早出现在1986年卫生部、中央爱国卫生运动委员会发布的《关于健康教育专业人员聘任专业职务有关问题的意见》中。此后，该词语不断出现在有关的行政法规、司法解释、部门规章等文本中。目前，有两部法律文本中使用了该词语，即1998年《高等教育法》和2009年《统计法》。

从词意来看，“评聘”包含着两层意思。一是“评”，即评价、评定；二是“聘”，即聘用、聘任。不管是“评”，还是“聘”，从词性上来说，都属于动词。从所使用该词语的文本内容可知，规范性文本中的“评聘”往往主要与“职务”搭配为动宾结构的词组或主谓结构的短语。如《高等教育法》第37条规定中的动宾结构：“高等学校根据实际需要和精简、效能的原则，自主确定教学、科学研究、行政职能部门等内部组织机构的设置和人员配备；按照国家有关规定，评聘教师和其他专业技术人员的职务，调整津贴及工资分配。”再如《统计法》第31条规定中的主谓结构：“国家实行统计专业技术职务资格考试、评聘制度，提高统计人员的专业素质，保障统计队伍的稳定性。”

本书所称的高校教师职务评聘，显然根源于《高等教育法》第37条动宾结构的词组搭配法。从语义上来说，高校教师职务评聘即指教师职务评价或评定与教师职务聘任或聘用。上文指出我国制度意义上的高校教师职务包含着专业技术职称与专业技术岗位的双重内涵。由此，我国高校教师职务评聘主要包括高校教师专业技术职称的评审和高校教师专业技术岗位的聘任两大方面。其中，职称评审主要涉及对高校教师专业素质能力的评价，属于教师学术评价管理范畴。① 岗位聘任则主要涉及高校教师的职业关系，属于教师学术职业管理领域。

“教师评聘制度是学术评价制度与人事制度的结合点，是现代大学制度及学术体制的重要抓手和支点。”② 包括职称评审在内的教师评价主要仰赖高校学术评价制度，包括岗位聘任在内的教师聘任则很大程度受制于高校人事制度。不过，教师评价也可能受到人事制度的影响，教师聘任也要考量学术评价制度。

可以说，不管职称评审，还是岗位聘任，都有着丰富的内涵。下文将分别对这两个概念展开进一步的解读。

三　职称评审：对高校教师专业素质能力的学术评价与权威认证

职称虽从“职务称号”的简称演化而来，但其内涵已超出原意。“现在通用的‘职称’，其内涵已是可以区别专业技术（或学识）水平、业务能力与工作成就的等级称号和标志，也是对专业技术人员过去学术技术水平、能力与成就的评价和承认。”③ 所以，高校教师职称评审不能仅仅被视为单纯服务于职务聘任的高校教师职务资格评审，还应凸显其对高校教师专业素质能力进行学术评价与权威认定的价值功能。

作为一种具有专业特性的职业，高校教师的专业素质能力是基础与核心。除教师资格制度和教师职务制度外，构建科学合理的高校教师职称评审制度，也是保持高校教师职业持续而有序发展的关键元素。而要建构科学合理的高校教师职称评审制度，则必须厘清高校教师职称评审的本质与基本内涵。

2019 年人力资源和社会保障部颁布的《职称评审管理暂行规定》第

① 比如“2020 年职称改革指导意见”中明确指出：“进一步完善教师评价机制，激励广大高校教师教书育人，落实立德树人根本任务，推进高等教育内涵式发展，加快教育现代化，现就深化高校教师职称制度改革提出如下指导意见。”

② 刘超、田正平：《中国近代大学教师评聘制度的历史考察——以国立名校为中心》，载《浙江大学学报》（人文社会科学版）2020 年第 1 期。

③ 朝滋：《职称制度与职务制度的区别》，载《中国高等教育》1994 年第 4 期。

2 条规定："职称评审是按照评审标准和程序，对专业技术人才品德、能力、业绩的评议和认定。职称评审结果是专业技术人才聘用、考核、晋升等的重要依据。"可见，职称评审一方面关涉专业技术人才的专业素养，另一方面关系专业技术人才的基本权益。

高校教师职称评审首先是对高校教师专业素质能力的学术评价。高校教师的专业素质能力属于学术能力的范畴。"学术能力不仅体现在探索知识的研究与学习过程中，也呈现在对知识体系的掌握与分享过程中。因此，从大学成员组成来说，学术能力主要包括三个方面，即学术研究能力、学术性教学能力、学术性学习能力。"① 其中，高校教师的学术能力主要体现在以教学与科研为主的学术活动中。从根本上来说，学术活动是人类追求真理的智识性活动，仰赖学术自由，强调学术规律。学术活动中的学术能力应当借助学术标准进行学术评价。

"学术标准是基于学术规范与管理的需要、追求一定学术品质，用于评价学术活动与能力的基本坐标与参照系。"② 学术标准的科学合理设定，是公正有效的学术评价的基础。因此，谁来建立学术标准、如何确立与选择学术标准、如何评估学术标准的合理性与科学性等，都是关键性问题。对于这些基本问题，笔者在拙著《大学学术权力的法律界限研究》的第四章中已作了一些探讨，故此处不再赘述。

高校教师职称评审的学术标准设定应当坚持法律最低限原则和比例原则。高校教师职称评审中所确立的学术标准，一方面彰显着高校对教师学术品质的要求与学术自由的追求，另一方面牵连着国家对高校教师专业素质能力的基本要求。因此，在高校教师职称评审学术标准的设定上高校与国家之间应当形成一种合作态势。为了保障学术秩序和学术质量，以及贯彻国家的相关政策，立法机关对高校教师职称评审学术标准进行规范具有正当性。由于高校教师职称评审学术标准关涉着学术自由，因此立法机关应尽量制定低密度规范，以使高校有更大的空间去实现学术自治。而高校在设定自身的高校教师职称评审学术标准时，应以国家立法规定为最低限，不能降低国家所设定的基本标准。

---

① 周慧蕾：《大学学术权力的法律界限研究》，法律出版社 2019 年版，第 125 页。

② 周慧蕾：《大学学术权力的法律界限研究》，法律出版社 2019 年版，第 101 页。

当然，高校在教师职称评审学术标准中遵循法律最低限规则，并不意味着想怎么规定就怎么规定。毕竟，高校教师职称评审学术标准设定还牵涉教师的权益。从相对人权益保障出发，高校教师职称评审学术标准设定还应遵循比例原则，即高校教师职称评审标准应当受到适当性、必要性和狭义比例性的“三阶理论”的审查。

除了科学合理的学术标准，高校教师专业素质能力的学术评价还应当遵循同行专家评议原则和不弃权投票原则。首先，高校教师职称评审中应当遵循同行专家评议原则。高校教师专业素质能力的评定应由“各该专业领域具有充分专业素质能力”学者专家先行审查；而对于专家意见除了能提出具有专业学术依据的具体理由，动摇该专业审查的可信度和正确性，否则应予以尊重，更不能由非相关专业人员组成的委员会以多数决方式对其专业学术能力作出决定。同时，同行专家评议原则还意味着同行专家必须要以具名化的方式给出专业意见及具体理由。

其次，在高校教师职称评审中应当要严格遵守不弃权投票规则。高校教师职称评审的对象是有关高校教师学术能力的评价与判断，它是一个学术问题，是个判断问题，这不同于民主社会中的政治议题。政治议题本身是一个协商与共识、选择与妥协的过程，所以参与者可以赞成、反对或弃权。但学术问题本身是一个追求真理的过程，秉持的是追问真相的科学态度，这里不存在协商与妥协，只有每一主体基于自己学识的独立判断，一旦同意参与判断，就肩负着不肯推卸的判断责任。这有点类似于司法判断，在一个案件中法官不能以无法判断而放弃裁决。如果要放弃判断职责，那应该是退出相应团体，而不是投弃权票。因此，高校教师职称评审主体在以投票方式作出集体决定时，每一位专家都应在赞成与反对之间作出判断，而且根据前面同行专家评议规则，还应给出具名化的赞成或反对的学术理由，而不能投弃权票。①

如果说，鉴于高校教师专业素质能力评价的学术特性，国家往往将高校教师职称评审权限下放到高校，是高校自治与学术自治原则下的一种必然趋势。那么，对高校教师专业素质能力在借助学术权力进行学术评价后

---

① 上述有关学术标准设定原则与学术能力评定原则的相关论证，可参见拙著《大学学术权力的法律界限研究》，法律出版社2019年版，第116—123，135—140页。

的结果进行权威认证，则应成为国家不可推卸的责任。因为，职称并不单纯是关涉高校教师专业素质能力的学术荣誉称号，还包含相应等级的劳动力价值。前文已论证指出，高校虽属于公益二类事业单位，但国家对其所需的教育资源仍应负有保障义务。加之，高校教师具有国家公职人员的法律地位。故而，国家对高校教师的薪酬福利等权益负有保障义务。职称则又往往与国家所支付高校教师的劳动力对价挂钩，比如教师的薪酬级别、住房公积金、养老金等基本福利，会随着高校教师职称的晋升而改变。

所以，高校教师职称评审的内涵还应包含国家对高校教师专业素质能力的权威认证。在尚未建立独立而完善的第三方权威认证组织时，我国对高校教师专业素质能力的权威认证，只能借助政府的官方认定。通过这种官方认定，赋予高校教师职称评审的严肃性与权威性，不仅利于规范与监管高校教师职称评审行为，也利于高校教师合法权利的保障与救济。

概言之，高校教师职称评审一方面意味着对高校教师专业素质能力的学术评价，另一方面包含对高校教师专业素质能力的官方权威认证。从内容实质与过程上，高校教师职称评审属于学术评价，因此要尊重高校自治与学术自治；从程序形式和结果上，高校教师职称评审属于管理行为，因此要遵循权利保障与法治原则。

目前，由于对高校教师职称评审内涵与本质理解上的偏差，实践中高校教师职称评审政策与制度存有不少问题。把高校教师职称评审简化为高校教师职务资格评审，从而使高校教师职称评审完全服务于教师职务岗位聘任，而消解了对高校教师专业素质能力学术评价的独立性。实力的现实差异导致不同高校对教师岗位职务的不同要求。在高校人事自主权不断得到扩大的背景下，各个高校可以结合自身与实际情况设置相应的岗位职务要求和标准，并根据这些标准与要求聘任适格的教师。这都无可厚非，而且值得肯定。但较为遗憾的是，由于把高校教师职称评审简化为高校教师职务资格评审，而使这些原本仅属于高校教师职务资格的评审标准，变成高校教师职称评审标准。

这样导致高校教师专业素质能力的学术评价，缺乏同一性。同样的职称，不仅不同学校不同标准，而且同一学校的不同时间不同标准。可以说，教师职务资格评审标准可以多元多样，但作为高校教师专业素质能力学术评价的教师职称评审标准却应该遵循同一性原则。较为可喜的是，

“2020年职称改革指导意见”中附有《高等学校教师职称评价基本标准》。《高等学校教师职称评价基本标准》的出台，体现了国家层面对高校教师专业素质能力学术评价同一性的要求。今后，高校层面也须尊重高校教师职称的具体评审标准上的同一性。

“2020年职称改革指导意见”中提出要“遵循高校教师职业特点和发展规律，破除束缚高校教师发展的思想观念和体制机制障碍，分类分层，科学评价，充分调动广大高校教师的积极性和创造性，激发高校教师活力、动力，建设一支高素质、专业化、创新型教师队伍，为高等教育事业发展提供制度保障和人才支持。”可见，政府已逐渐认识到高校教师职称评审的特殊性。但可惜的是，因未能厘清和合理定位高校教师职称评审内涵、本质与功能，文件中仍将高校教师职称评审简化为高校教师职务资格评审。

这种简化思路进一步促使政府将高校教师职称评审权限全部下放至高校，由高校自主设定评审标准、自主开展评审程序、自主确定评审结果、甚至自主颁发相关证书。国家与政府对高校教师职称评审的完全放手，懈怠了对高校教师专业素质能力的官方认证义务，不仅使高校教师职称评审标准缺失同一性，而且容易引发学术权力腐败。面对高校自主职称评审中的诸多乱象，政府不得不出台相关监管制度。2017年教育部、人力资源和社会保障部颁布了《高校教师职称评审监管暂行办法》，希望能借此监管高校教师职称评审的权力滥用与腐败。不过从实践效果来看，有关高校教师职称评审的争议却有愈演愈烈的迹象。没有政府的官方认证或背书，不仅使高校教师职称评审缺乏权威性与严肃性，还导致在职称评审上的资源浪费。由于高校教师职称评审完全变成高校自主行为，一旦当高校教师去其他高校任职时，根据现行制度规定，还需要对其职称进行重新评审或确认。①

四 高校教师岗位聘任的制度愿景：破除“终身制”

高校教师聘任制，主要指高校教师职务聘任制。前文指出我国制度意义上的职务概念夹杂着专业技术职称和专业技术岗位两种含义，因此，若

① 如《职称评审管理暂行规定》第29条规定：“专业技术人才跨区域、跨单位流动时，其职称按照职称评审管理权限重新评审或者确认，国家另有规定的除外。”

更明确地讲，高校教师职务聘任制即高校教师专业技术岗位聘任制。高校教师聘任制属于人事制度范畴，关涉高校教师的职业关系及相关权利义务。在我国，高校教师聘任制作为一项改革原有教师人事任用制度的新方式，既承载着多元化的制度愿景，也意味着多样性的实践探索。

新中国成立后的计划经济时代，我国高校教师主要采取的是“一种通过计划录用、行政任命和调配的形式来使用和管理教师的制度”①。随着改革开放与社会主义市场经济体制的建立，这种计划经济时代的高校教师人事任用制度显得越加不合时宜。“在计划经济时代，高校教师任用制度一方面表现为非契约性，教师与所在高校人事关系的建立不是双向选择的结果，而是行政分配的产物，而且这种人事关系一经建立便具有终身性，除非遇到极特殊情况，人事关系难以解除，即所谓的‘能进不能出’；另一方面，在传统教师任用制度下，高校教师具有国家工作人员身份，属于专业技术干部，其专业技术职务采取任命制，以致‘能上不能下’。”②

于是，为了解决高校教师的“进出”与“上下”问题，国家在20世纪80年代提出了教师聘任制改革。1982年6月8日原国家教育委员会发布的《高等学校教师职务试行条例》中明确提出聘任制。1985年4月15日教育部发布的《关于当前高等学校教师工作量问题的意见》的规范性文件中，明确指出高校教师工作量“这方面的工作，随着教师聘任制的逐步推行和工资制度的改革，必将进行相应的改进和改革”。1986年3月3日中央职称改革工作领导小组再次发布了《高等学校教师职务试行条例》。此后，教师聘任制在实践中逐渐推行。1993年10月31日颁布的《教师法》第17条明确规定：“学校和其他教育机构应当逐步实行教师聘任制。”教师聘任制从此具有了规范性的法律意涵与地位。1995年3月18日颁布的《教育法》第34条中规定：“国家实行教师资格、职务、聘任制度。”1998年8月29日颁布的《高等教育法》第48条明确规定：“高等学校实行教师聘任制。”

① 杨建顺：《教师聘任制与教师的地位——以高等学校教师为中心》，载《中国教育法制评论》2002年第1辑。

② 卢威：《我国高校需要什么样的聘任制改革》，载《教育发展研究》2020年第3期。

从政策的提出到法律的规定，教师聘任制完成了基本的制度构建。在后续的制度推进中，高校教师聘任制所承载的制度愿景也开始多元化。政府希望通过推进高校教师聘任制，“积极引入竞争机制，破除专业技术职务和干部职务终身制”，通过“以聘用合同形式确定单位与个人之间的劳动关系及双方权利、义务的用人制度”，实现“由‘身份管理’转向‘岗位管理’”。[①] 最终达致教师队伍的优化，[②] 保障教师合法权益[③]和落实学校用人自主权。[④] 与此同时，政府在高校教育资源的投入上始终有限。“在有限的编制（或者投入）约束下，如何让编制资源得到优化并发挥最

---

① 比如：1999 年 9 月 15 日教育部在《关于当前深化高等学校人事分配制度改革的若干意见》（教人〔1999〕16 号）中提到：“8. 推行高等学校教师聘任制和全员聘用合同制。积极引入竞争机制，破除专业技术职务和干部职务终身制。教授、副教授及其他专业技术人员实行专业技术职务聘任制，党政管理人员实行教育职员聘任制和行政管理职务聘任制，后勤服务人员实行劳动合同制。要按照相对稳定、合理流动、专兼职结合、资源共享的原则，探索和建立相对稳定的骨干层和出入有序的流动层相结合的教职工资源开发机制。9. 聘用合同制是社会主义市场经济体制下新的用工形式，以聘用合同形式确定单位与个人之间的劳动关系及双方权利、义务的用人制度。高等学校实行聘用合同制总的原则是，按需设岗、公开招聘、平等竞争、择优聘任、严格考核、合约管理。用 2—3 年时间，在高等学校全面推行教师聘任制、职员聘任制和行政管理职务聘任制，由‘身份管理’转向‘岗位管理’。10. 高等学校要在严格定编、定岗、定职责的基础上强化岗位聘任和聘后考核，强化竞争机制，淡化‘身份’评审。学校根据学科建设和工作需要科学合理地设置岗位，提出岗位职责、任职条件、权利义务和聘任期限，按照规定程序在校内外公开招聘，平等竞争。学校和教职工在平等自愿的基础上通过签订聘用合同，明确双方权利、义务和责任，确立受法律保护的劳动关系。在聘用合同执行期间，学校和教职工双方所提供的条件发生重大变化时，双方可以协商解除合同，终止劳动关系。”

② 比如：2001 年 7 月 1 日教育部在《全国教育事业第十个五年计划》（教发〔2001〕33 号）中提出：“优化教师结构，进一步完善教师职务聘任制度，积极推行教师聘任合同制。”

③ 比如：2012 年教育部在《全面推进依法治校实施纲要》中提出：“16. 尊重和保障教师权利。学校要依据《教师法》和相关法律法规的规定，进一步建立和完善教师聘任和管理制度，制定权利义务均衡、目标任务明确，具有可执行性的聘任合同，明确学校与教师的权利与义务，依法聘任教师，认真履行合同。要依法在教师聘用、职务评聘、继续教育、奖惩考核等方面建立完善的制度规范，保障教师享有各项合法权益和待遇。要充分尊重教师在教学、科研方面的专业权力，学术组织中教师代表的比例不低于 1/2。要落实教师职业道德规范，强化师德建设，明确教师考核、监督与奖惩的规则与程序。”

④ 如 2020 年 12 月 24 日教育部、中央组织部、中央宣传部、财政部、人力资源社会保障部、住房和城乡建设部等六部门印发的《关于加强新时代高校教师队伍建设改革的指导意见》中提到：“完善高校教师聘用机制。充分落实高校用人自主权，政府各有关部门不统一组织高校人员聘用考试，简化进人程序。”

大效率，这才是聘任制的现实目标。”[①]

有的学者把我国高校教师任用制度的演变划分三个阶段：“一是新中国成立后至 1985 年：教师任用制度的探索期，二是 1986—2002 年：教师聘任制度的萌芽期，三是 2002 年至今：教师聘任制发展期。”[②] 在这三个阶段主要有两种高校教师任用形式，即探索期的教师任命制和此后的教师聘任制。有的学者则把教师聘任制进一步区分为高校教师职务聘任制和高校教师岗位聘用制。“教师职务聘任制、教师岗位聘任制是我国探索与市场经济体制相适应的制度形态；教师职务聘任制以职务聘任为中心，教师岗位聘用制是强调岗位聘用为基础，打破原有职称终身制。”[③] 实际上，高校教师职务聘任制就是高校教师岗位聘任制。只是，教师聘任制初期更强调新旧制度的过渡衔接与旧人权益的保障，后期则更侧重制度更新与教师岗位效益。至于，高校教师岗位聘用制是否就是高校教师岗位聘任制，是否属于高校教师聘任制的范畴，笔者在本书后文将专门对高校教师聘任制与高校教师聘用制的关系，作进一步的探究与分析。

我国高校教师聘任制当前仍处在新旧交替期。从制度建设层面来看，高校教师聘任制也在探索发展中。从功效来说，高校教师聘任制改革容易牵一发而动全身。从大方面讲，这关涉高等教育内涵式发展、高校教师队伍的稳定与素质提升等；从小视角看，又关联到高校教师职业安全与自由、薪酬待遇、权利保障与救济等。可见，教师聘任制牵涉诸多复杂关系，盘互交错、利弊相依。在事业单位改革与现代大学制度建设进程中，高校教师聘任制的具体推进，要慎之又慎。也许正是出于对这种复杂性的考量，国家至今尚未出台统一明确的高校教师聘任办法。

高校教师聘任制在实践中具体如何操作，缺乏明确的制度规范。国家制度层面的慎重，留给了高校自主探索的空间。2003 年北京大学出台了《北京大学教师聘任和职务晋升制度改革方案》，在国内率先推行高校教

---

① 阎光才：《高校教师聘任制度改革的轨迹、问题与未来去向》，载《中国高教研究》2019 年第 10 期。

② 刘献君：《中国高校教师聘任制研究——基于学术职业管理的视角》，科学出版社 2009 年版，第 90—97 页。

③ 杨毅：《新中国高校教师聘任制度变迁研究》，博士学位论文，西南大学，2013 年，第 39 页。

师聘任制改革，决意通过淘汰部分教员和引入外部竞争机制来优化教师队伍。“该方案仿照美国哈佛大学的教员分级淘汰制，将教师职称作为聘任合同类型的依据：教授给予‘长期教职’，副教授、讲师为‘固定期教职’，规定时间内未能晋升职称者，校方不低职续聘。……所谓‘聘任制和分级流动制’，是指在讲师和副教授岗位的教员都有固定期合同，在合同期内最多只能有两次申请晋升的机会，不能晋升的将不再续约；副教授一旦晋升为正教授，将获得长期教职（类似国外的终身教职）。”① 这个所谓的“聘任制和分级流动制”，也就是后来被其他高校所效仿并引发不少争议的“非升即走”制度。

在教师聘任制的具体落实中，除“分类分级分流”“非升即走”等措施，不少高校似乎都在努力推陈翻新，比如“低职高聘”“高职低聘”“预聘”等。“目前来看，虽然聘任制在一定程度上调动了教师的积极性，对组织和个体绩效的达成起到了一定的促进作用，但是很多高校在制度设计及实施中仍存在着一些问题，这导致制度的合理性和实施成效大打折扣。……由于聘任制的制度设计主要以教师绩效（尤其是学术绩效）为抓手，将绩效达成与身份属性、职称晋升、岗位续聘等高度关联起来，总体绩效考核也就打破了‘一聘定终身’的模式。”② 可以说，高校教师聘任制最初的打破教师职务终身制的制度愿景，在实践中已基本实现。而且，随着这些举措的不断强化，高校教师的职业竞争与压力持续升级，职业安全与保障却直线降低，在高校组织中的职业地位及话语权进一步弱化。

这有可能滑向另一个极端。如果高校教师最终变成一种逐利而充满投机风险的职业，这对高等教育与学术研究而言将是一场灾难。“对于高层次人才而言，高校学术职业的明显优势在于它的稳定性而非经济回报，大部分人选择高校学术职业最为重要的原因就是高校能在一定程度上成为他们自由进行学术研究的避风港。”③ 因此，我们对这些具体措施的合理性

① 张维迎：《关于〈北京大学教师聘任和职务晋升制度改革方案〉（征求意见稿）的十四点说明》，载《学术界》2003年第5期。

② 张伟、张茂聪：《聘任制语境下高校青年教师学术职业困境与制度变革路径——新制度主义视角》，载《高校教育管理》2020年第4期。

③ 阎光才：《学术聘任制度及其政策风险》，载《高等教育研究》2016年第5期。

与合法性应该展开审慎地反思，检视的目光要在教师聘任制的规范内涵与实践举措间不断地往返流转。

五　高校教师聘任制的规范内涵：平等、合意与合同

高校教师聘任制作为一项法律制度，在实践中一定要“戴着脚镣跳舞”。而这个脚镣就是高校教师聘任制所蕴含着的法律意义上的规范内涵。特别在以破除终身制为出发点的制度设计导致实践中对高校人事自主权的强调和教师权益的忽视之际，高校教师聘任制规范内涵的厘定，将有助于框定高校自主探索的合法空间，以防权力恣意。“必须强调的是，不应当让所谓‘一种契约精神’成为某些高校肆意侵害教师合法权益的挡箭牌!”①

关于高校教师聘任制的法律条文主要是《高等教育法》第48条：“高等学校实行教师聘任制。教师经评定具备任职条件的，由高等学校按照教师职务的职责、条件和任期聘任。高等学校的教师的聘任，应当遵循双方平等自愿的原则，由高等学校校长与受聘教师签订聘任合同。”“法条具有规范性的意义，因此与主张或确定实施的陈述语句有别。”② 这条关于高校教师聘任制的法律条文具有规范性特质，承载着有拘束力的行为要求或判断标准。

首先，对作为规范性语句的“高等学校实行教师聘任制”，需要分析该语句所承载的法律规则的行为模式。法律规则的行为模式分为可为模式、应为模式和禁为模式。可为模式是一种授权性的，行为人可以选择为或不为一定行为，或要求别人为或不为一定行为，通常使用“可以”“有权利”“有……自由”等术语；应为模式是一种义务性要求，要求行为人必须为一定行为，一般使用“应当”“应该”“必须”等术语；禁为模式也是一种义务性要求，禁止行为人为或不为一定行为，一般使用“不得”“禁止”“严禁”等术语。根据行为模式的不同，法律规则主要有三类，即授权性规则、义务性规则和权义复合性规则。其中，授权性规则以可为

① 杨建顺：《解聘教师应当说明理由》，载《检察日报》2016年9月7日第7版“建顺微思”。

② ［德］拉伦茨：《法学方法论》，陈爱娥译，商务印书馆2003年版，第132页。

模式为基础，其特点“是为权利主体提供一定的选择自由，对于权利主体来说不具有强制性，它既不强令权利人作为，也不强令权利人不作为”。义务性规则包括应为模式和禁为模式，是直接要求人们作为或不作为的规则，有三大特点即强制性、必要性和不利性。权义复合性规则是兼具授予权利、设定义务两种性质的法律规则，其“特点是：一方面，被指示的对象有权按照法律规则的规定作出一定行为；另一方面，作出这些行为又是其不可推卸的义务”①。

因没有相应行为模式的表达术语，“高等学校实行教师聘任制”这一规范语句背后承载的行为要求无法直接通过文意解释予以明确——高校是“应当、必须要”实行教师聘任制，还是高校“可以选择、自由决定要不要”实行教师聘任制。在这种情况下，我们需要借助体系解释、目的解释等方法。在《高等教育法》第48条制定之时，已有两部法律对该事项作了相关规定。《教师法》第17条规定“学校和其他教育机构应当逐步实行教师聘任制”和《教育法》第34条规定“国家实行教师资格、职务、聘任制度”。根据《教师法》第17条的语句表达可以知道，学校和其他教育机构实行教师聘任制是一项“应为”的法律义务，具有强制性要求，不过其中“逐步”一词缓和了这一强制性要求。可以说，“逐步”是一个不确定性法律概念，何谓“逐步”、如何“逐步”，都有较大的模糊性。当然，这种模糊性背后说明了当时的立法者对教师聘任制到底该怎么具体构建，并不是很清晰。通过“逐步”实现一种“摸着石头过河”的务实精神。应该说，立法者是希望有更多空间留给实践探索与经验积累。所以，依照该条法律规定，学校或其他教育机构若没有马上实行教师聘任制，也并不必然违法。

《高等教育法》第48条把《教师法》第17条中的“应当逐步”删掉了。这样的语句表达则与《教育法》第34条更接近。《教育法》第34条中规定“国家实行教师聘任制度”，该语句中的主语是国家。国家作为权力意志的集中体现，表达了一种无可置疑的意志与权力。法律上规定“国家实行某某制度”，意味着国家有职权也有职责实行该制度。类似这样的语句表达，在我国宪法及公法类法律法规中较多。虽然这种语句中没

① 张文显主编：《法理学（第五版）》，高等教育出版社2018年版，第117—118页。

有明确的如“应当”“必须”等术语，但仍表达了一种强烈的肯定立场——国家实行某种法定制度，这既是国家的一项法定权力，也是国家不可推卸的一种法定义务。所以，这种语句背后具有双重意涵。从法律规则类型来分，属于权义复合性规则。

《高等教育法》第 48 条使用类似的语句表达，只是主语从“国家”变成了“高等学校”。从《教育法》第 34 条到《高等教育法》第 48 条的内容承接来看，显然立法者有意将高校直接确认为实行教师聘任制的法定授权主体。申言之，实行教师聘任制既是高校的一项法定权力，也是一种法定义务。因此，作为规范性语句的“高等学校实行教师聘任制”表达了一种特殊的权义复合性的行为模式要求，一方面，高校有权按照法律规则的规定实行教师聘任制度；另一方面，高校依法实行教师聘任制度又是其不可推卸的义务。如前文所言，实践中多数高校对实行教师聘任制不遗余力，出台各种新举措，希望借此达致效益最大化。这一现实背景说明，高校在实行教师聘任制时往往倾向于其权力面向，而忽视其义务属性。同时，这也提示我们需要谨慎对待高校实行教师聘任制，因为权力具有天然的扩张性和侵害性。为了防止权力的滥用与腐败，必须给高校实行教师聘任制划定权力边界。这个权力边界就是教师聘任制的规范内涵。

《高等教育法》第 48 条在明确了高校实行教师聘任制后，接着进一步规定：“教师经评定具备任职条件的，由高等学校按照教师职务的职责、条件和任期聘任。高等学校的教师的聘任，应当遵循双方平等自愿的原则，由高等学校校长与受聘教师签订聘任合同。”《教师法》第 17 条中规定：“教师的聘任应当遵循双方地位平等的原则，由学校和教师签订聘任合同，明确规定双方的权利、义务和责任。”这两个法律条文的内容基本勾勒了我国高校教师聘任制的规范内涵。

“聘任制有以下基本特征：（一）聘任者与受聘者地位平等。（二）聘任者与受聘者双方之间的权利、义务是以自愿、协商为基础建立的合同确定；只有在双方意见一致的情况下聘任关系才能成立，任何一方都没有强迫对方的权利。（三）聘任有一定的期限，期满如不续聘，则聘任关系自行解除。综合学者的看法，‘聘任’是基于尊重与平等的关系，对专业人员采用的一种具有聘期的任用制度。"[①] 学者对教师聘任制特征与内涵的上述解读显然也是建基在这两个法律条文之上。

根据这两个条文可知，高校教师聘任制要求订立涉及教师职务的职责、条件和任期等权利、义务和责任等内容的合同，并要遵循平等自愿原则。一个合法有效的合同需要建立在双方地位平等和以自愿为基础的合意之上。可见，高校教师聘任制的形式要件是订立合同，实质要件则是平等与合意。高校教师聘任制的形式要件比较容易满足，很多高校也往往把订立合同视为教师聘任制的关键。合同承载着高校教师聘任制的法律形式，通过签订合同这种具有仪式感的方式还能赋予高校教师聘任制以严肃性。但是，合同内容的合法合理、合同订立过程的平等合意才是高校教师聘任制的实质要求，也是判断高校实行教师聘任制的具体措施是否具有法律效力的核心要素。因高校教师聘任制合同内容的合法合理很大程度也取决于合同订立中的平等合意，而真正的自愿合意也需要以平等为基础，所以，对高校教师聘任制规范内涵的解读中，平等是关键。

高校教师聘任制应建基在"平等"上。根据文本可知，这里的平等直指教师聘任制中学校与教师的"双方平等""双方地位平等"。那么，如何才算是学校与教师的"双方平等""双方地位平等"？"平等乃是一个具有多种不同含义的多形概念。"[②] 对平等的不同理解根源于现实差异的客观性。正如世界上没有完全相同的两片叶子，现实中的每个法律主体间的差异也必然而客观地存在。平等实际上是对充满差异的客观世界的一种简化。当然，这种简化必然伴随着分歧与共识、博弈与妥协。可以说，平等自始至终是一种价值与理想。也正因此，萨托利在其《民主新论》一书中指出："平等问题的复杂性——我把它称为迷宫——其程度要比自由的复杂性更大。仅此一点足以说明，为什么我们相当娴熟地掌握了自由的技巧，但对掌握平等的技巧差不多仍然茫无头绪。就我们所积累的知识体系和经验来说，用来理解自由我们会感到脚踏实地，用来理解平等却不那

① 林政逸、杨银兴：《我国大学教师聘任制度与实施现况之研究》，载《教育理论与实践学刊》（台湾）2014 年第 30 期。

② ［美］博登海默：《法理学：法律哲学与法律方法》，邓正来译，中国政法大学出版社 1999 年版，第 285 页。

么踏实。”[①] 如何在充满差异性的实践中掌握平等的技巧，的确是一项极具挑战的任务。

不管是法律制度上的权力与权利，还是客观世界中的实力与势力，教师与学校都存在很大差距。在法律制度上，高校对教师享有评聘职务、调整津贴和工资待遇、实施奖励或处分等管理权力；在僧多粥少的客观世界里，高校比教师（以及寻求教职的人）有着更多的谈判资本和更大的自由选择空间。因此，在遵循教师聘任中“双方平等”“双方地位平等”的法律规定时，不能忽视双方在讨价还价的能力方面所存在的实质性的不平等的情况，应通过具体规则的设计让双方达致一种合理的现实平等。

第一，高校教师在聘任制改革中应有同等的话语权。教师聘任制是法律规定的一项制度。学校与教师都有义务遵守这一规定。如前文所言，对教师聘任制应如何具体实行与建构，法律上没有明确规定而留待实践探索。在此背景下，学校实行教师聘任制首先应保障教师享有同等的话语权。“话语权不是简单的说话的权利，而是指在利益多元的社会背景下，在竞争性的政治与经济生活中，公众能够依法获知与自己切身利益相关的政治和经济活动的信息，并且对这些政治和经济事务能够充分、真实、公开、透明、自由地集中表达自己的意见和想法。它包括公众对政策的知情权、对发展的决策权、对管理的参与权、对分配的监督权以及对利益表达的诉求权。”[②] 同样，在教师聘任制度上教师的话语权，并非仅仅是了解情况与发表意见的权利，还涉及对教师聘任制具体实施上的决策权、参与权、监督权和利益诉求权。

实践中，高校实行教师聘任制基本上也都有听取教师意见的流程安排。但是，很多时候这种听取意见流于形式，并无实质意义。即使教师对其中某些规定意见很大、反对激烈，但仍无法改变学校对这一政策的强制实行，比如2003年北京大学的教师聘任制改革。可以说，以行政权力为主导自上而下推进的高校教师聘任制改革的具体实施措施，若强制推行、

---

① ［美］乔万尼·萨托利：《民主新论》，冯克利等译，上海人民出版社2009年版，第397页。

② 付雅梦、陆洲：《论农民立法话语权的实现路径——以我国农村宅基地立法为例》，载《政法学刊》2019年第3期。

缺乏民主决策程序，不符合双方平等的法律规定。“平等原则不仅意指双方在实然关系上没有能力实施强制，而从本质上看，乃是确认双方在法律人格上应然地具有同等的地位、享有同等的尊严，因而不得为强制。”① 在这种背景下，即使双方签订了合同，也不是真正意义上的合意。所以，高校教师聘任制改革中具体措施的强制推行，这不仅不符合双方平等原则，也违背法律规定的双方自愿合意原则。

毋庸置疑，这些年我国高校教师聘任制改革取得了不容忽视的成绩，但是也存在许多不容忽视的问题与危机，比如本书绪论中所分析的有关高校教师职务评聘中的困境与诸多失衡现象。笔者认为，这些问题的出现与高校教师在聘任制改革中缺乏话语权紧密相关。要真正实现学校与教师在聘任制中地位平等，必须要切实赋予并保障教师的话语权，给予其实质意义的投票权。

第二，双方在聘任制实行上应有对等的“权义责”。在法治国家，平等主要是法律上的平等。法律上的平等首先是法律主体在权利义务上的对等。教师聘任制中的高校与教师的双方平等，首先意味着双方在权利义务上具有对等性。“人对权利的拥有是以履行相应的义务为条件，而义务的履行同样赋予他享有相应的权利，这是权利和义务对等性关系所表达的最基本意义。”② 借用合同法术语来说，权利义务对等性也就是双方约定上的对价性。比较遗憾的是，实践中高校教师聘任制实行中较侧重强调教师的义务和学校的权利，往往忽视学校的义务与教师的权利。

同时，教师聘任制中高校与教师的双方平等，还意味着双方在权责上具有对等性。通常，高校教师聘任中对教师的违约责任，都会作明确甚至苛刻的规定，但对学校在教师聘任上出现的责任，则往往语焉不详，而且无追责机制。“有既定的规则只是法治的一个方面，任何组织和个人都必须为其违反规则的行为承担责任，是法治更为重要的应有之义；有规则而无责任追究机制，实等同于无法治。”③ 此外，在双方签订

---

① 陈天昊：《行政协议中的平等原则——比较法视角下民法、行政法交叉透视研究》，载《中外法学》2019年第1期。

② 王文东：《论权利和义务关系的对等性与非对等性》，载《首都师范大学学报》（社科版）2007年第5期。

③ 沈岿：《公法变迁与合法性》，法律出版社2010年版，第318页。

聘任（用）合同后，学校出台的相关政策若对合同中双方权利义务有实质影响的时候，不仅应保障教师相应的话语权，还要接受“权义责”对等性的检视。

第三章

高校教师职务评聘权的基本内涵

高校教师职务评聘权是本书研究的核心，它是由一个复合词语构成的概念。“权”无疑是这个概念的中心词，而“高校”“教师”“职务”“评聘”等词语，则是这个概念的修饰词。上一章已对“高校”“教师”“高校教师”“职务”“评聘”“高校教师职务评聘”等概念，进行了层级递进式的分析与梳理。在此基础上，本章将从合法性依据与正当性基础、具体内容、主体三个方面，对高校教师职务评聘权这一本书研究主题上的核心概念，进行内涵上的厘定。至于，这里的“权”到底指的是“权利”，还是“权力”，本书将在下一章对其法律性质的探讨中进行具体分析。

第一节　高校教师职务评聘权的依据与基础

一　国家机构授权：高校教师职务评聘权的合法性依据

依前章第三节分析可知，高校教师职务评聘包括教师职称评审与教师岗位聘任，由此，高校教师职务评聘权也就主要有教师职称评审权与教师岗位聘任权。在法治背景下，高校所拥有教师职称评审和教师岗位聘任的资格与能力，首先应有合法性依据。

《教育法》第 29 条第 6 项中规定学校享有聘任教师的权利。《高等教育法》第 37 条中规定高校按照国家有关规定评聘教师职务；第 41 条规定高校校长行使聘任与解聘教师的职权。可以说，上述条文是我国高校教师职务评聘权的主要法律依据。虽然，《教育法》把聘任教师确认为学校的一项法律权利，但这项权利并非高校可以无条件享有。《高等教育法》第 37 条表明，高校不管是在教师岗位聘任上，还是在教师职称评审上，都必须按照国家有关规定进行。

"国家有关规定"这一立法表述在我国立法中较为常见，是个典型的不确定性概念。到底该如何正确理解"国家有关规定"，立法部门没有明确说明，学界对此也没有予以较多关注。一般实务中认为"'国家有关规定'与'国家规定'相比范围更宽，前者既包括法律、行政法规的规定，也包括国务院部门规章等国家层面的相关规定"①。该解读以刑法适用解释为目标，也受到过学者的质疑。如叶良芳教授认为："对于刑法第253条之一的'违反国家有关规定'，根据文义解释方法，可以得出包括'违反法律、行政法规和部门规章的规定'的解释结论，并且可以通过目的解释方法得到补强。但是，根据合宪性解释，如果采用这一结论，则将导致整体法秩序统一性被破坏，因而应当否定这一结论。"②

不过，实务界的解读对于理解其他部门法中相同表述仍有借鉴意义。依教育行政法的特性，我们还是可以这样理解《高等教育法》中的"国家有关规定"，它不仅指涉全国人大及其常委会制定的法律和决定，国务院制定的行政法规、规定的行政措施、发布的决定和命令，也包括中央有关机构发布的文件、政策以及国务院部门制定的行政规章和其他规范性文件。

从现实情况来看，目前我国对高校教师职务评聘权的"国家有关规定"主要集中在中央有关机构发布的文件、政策以及国务院部门制定的行政规章和其他规范性文件，特别是教育部的其他规范性文件。除了1986年的《高等学校教师职务试行条例》和2017年的《高校教师职称评审监管暂行办法》两部行政规章，有关高校教师职务评聘的规定主要来自中央有关机构发布的文件、政策和教育部的其他规范性文件。如2000年中组部、人事部、教育部联合发布的《关于深化高等学校人事制度改革的实施意见》，2007年人事部、教育部印发的《高等学校等教育事业单位岗位设置管理的指导意见》，2012年《教育部关于全面提高高等教育质

① 雷建斌：《〈中华人民共和国刑法修正案（九）〉释解与适用》，人民法院出版社2015年版，第124页。

② 叶良芳：《法秩序统一性视域下"违反国家有关规定"的应然解释——〈关于办理侵犯公民个人信息刑事案件适用法律若干问题的解释〉第2条评析》，载《浙江社会科学》2017年第10期。

量的若干意见》（高教30条），2016年中央全面深化改革领导小组审议通过的《关于深化职称制度改革的意见》，2017年教育部等五部门联合印发的《关于深化高等教育领域简政放权放管结合优化服务改革的若干意见》，2018年中央全面深化改革领导小组通过的《关于全面深化新时代教师队伍建设改革的意见》，“2020年职称改革指导意见”等。

可以说，这些文件与政策直接影响并决定着高校教师职务评聘权的改革方向与发展空间。随着这些政策文件的发布与实施，我国高校教师职务评聘走的是一条自上而下的权力下放之路。从政府权力下放为高校人事自主权的实践之路，表达了高校教师职务评聘权来自国家机构授权的基本逻辑。

国家机构授权即“国家有关规定”的授权，进一步来说，是有关国家机构，主要是国务院及部门等政府机关对高校教师职务评聘上的放权与授权。可以说，高校在教师职务评聘上具体有哪些权限、如何行使，都取决于政府的放权与授权。换言之，当下我国高校教师职务评聘权的合法性依据主要在于这种国家机构授权。

国家机构授权意味着国家机构决定高校教师职务评聘权的自主空间，并监督其行使。当高校不当行使教师职务评聘权，国家机构有权采取惩罚措施。正是基于这种逻辑关系，比如在《高校教师职称评审监管暂行办法》中采取备案、核查、抽查等方式来监督高校正当行使评审权，针对问题高校将给予警告，并责令限期整改，对整改无明显改善或逾期不予整改的高校，暂停其自主评审资格直至收回评审权，[①] 并进行责任追究。

因此，国家机构授权也意味着高校教师职务评聘权的“权力”特性。尽管，《教育法》第29条第6项用“权利”一词来定位学校聘任教师的行为，但依上文分析可知，高校不管是在教师岗位聘任还是职称评审上，都被烙上了深深的“权力”印迹。相对于“权利”，“权力”通常具有强制性、不可放弃性和单方性等特点。在厘定高校教师职务评聘权基本内涵时，一定要注意这些权力特性。这对于高校教师职务评聘权的法律性质、运行规则等后续问题的探讨而言，是基本前提。

---

① 至于该暂行办法中规定“收回评审权”的惩罚措施是否合理正当，下文另有论述。

二　学术自治：高校教师职务评聘权的正当性基础

"尽管在现代社会正当性通常表现为合法性，但合法性与正当性概念不可混淆，更不可互相代替。"[①] 可以说，合法性与正当性的冲突与整合是法哲学中重要的论题。特别是"在今天，以规范主义的方式虚构一个完整的合法性体系，就与一个现实存在的合法意志的正当性发生了显著的、无法消解的对立"[②]。

借助尚在探索中的制度规范所构建的高校教师职务评聘权的合法性体系，始终体现的是一种自上而下的权力意志，一定程度上消解了高校在教师职务评聘上的主体性。理性的有限性与信息的不对称性加速了制度规范内的冲突与困境，如本书绪论中谈到的高校人事自主权与教师职业保障权的冲突、高校教师权利救济的实践困境、高校教师职务"评"与"聘"上的失衡等问题。要解决这些冲突与困境，我们不仅要从现实角度考察高校教师职务评聘权的合法性依据，更要从理想语境追问高校教师职务评聘权的正当性基础。

"正当性是在经验和理性两个维度上寻求最高的'合法性'。就经验层面，正当性表现为得到社会的普遍认同和尊重；就理性层面，正当性是经过道德哲学论证而取得的合理性。"[③] 从经验层面来看，现代大学从中世纪的"就职礼"与"执教权"开始，评聘教师就一直作为大学自治的一项基本内容，[④] 得到社会的普遍认同与尊重。从理性层面而言，不管是教师聘任还是职称评审，在本质上都涉及教师学术专业能力的判断。学术专业判断只有交由学术专业人员行使，才能作出科学合理的结论。这属于大学的"四项基本自由"之一即"谁来教"[⑤] 的学术自治问题。

尽管，学术自治遭遇前所未有的挑战。姚荣博士认为当今美国大学已

---

① 刘杨：《正当性与合法性概念辨析》，载《法制与社会发展（双月刊）》2008 年第 3 期。

② ［德］施米特：《政治的概念》，刘宗坤等译，上海人民出版社 2003 年版，第 250 页。

③ 刘杨：《正当性与合法性概念辨析》，载《法制与社会发展》2008 年第 3 期。

④ 具体内容，可参见本书绪论第一节第二点。

⑤ 美国联邦最高法院法官兰克福特和哈蓝，在 Sweezy v. New Hampshire 判决的协同意见书中提出了大学的"四项基本自由"，即在学术的基础上自己决定谁来教？教什么？如何教？以及谁来学？（the four essential freedoms of a university——to determine for itself on academic grounds who may teach，what may be taught，how it shall be taught，and who may he admitted to study.）

告别自治，走向合规时代。“20 世纪后半叶，在学术界和法律界之间关系发生革命性转变的背景下，基于开支权、税收权、贸易权以及公民权利执行权四种与教育相关的明示或默示的联邦宪法权力形态，联邦政府开始积极介入大学治理。至此，美国大学治理进入合规时代。联邦高等教育规制的强化在促进师生权利保障、增进公共利益的同时，也不可避免地滋生了‘合规恐慌’与教师权利危机。”①

实际上，这种合规时代的治理危机，可能与美国大学在 20 世纪 60 年代规模扩张化、组织科层官僚化所带来的对大学理念与精神的消解，紧密相连。在这种背景下，“现代大学的精神变成‘适者生存’的思想，在其中，学术责任更多的是一种忍受，而不是享受。发表成果仅仅是为了满足高等教育委员会的评估要求，指导学生是为了完成任务——所有这一切让人身心疲惫，削弱了教育使命，与学术道德不符。”② 关于这一情景的描述联系当下中国大陆高校现状而言，有着很强的代入感。同样地，中国高校教师的学术使命感、学术责任感与学术道德感在以绩效考核为目标的类企业化的管理下也一定程度被解构与异化。

大学内部环境的恶化召唤着恺撒——外部的国家权力的介入。但“政府是傲慢的——它们什么时候不傲慢？——并且它们在不断扩大着他们的权限”③。无疑，外部国家权力的介入并未改善大学内部治理环境，甚至进一步恶化了环境。这彻底变成了一场恶性循环。这也就是美国当今大学合规时代的危机之根源。

不管当今的大学是“想象中的共同体”④，还是“废墟化的机构”⑤，要真正化解这场危机，我们只有按照大学自身内在逻辑，回归学术自治的

① 姚荣：《告别自治：合规时代的美国大学治理》，载《华东师范大学学报》（教育科学版）2021 年第 2 期。

② ［英］韦伯斯特主编：《后现代大学来临?》，侯定凯等译，北京大学出版社 2010 年版，第 7—8 页。

③ ［美］爱德华·希尔斯：《学术的秩序——当代大学论文集》，李家永译，商务印书馆 2007 年版，第 385 页。

④ ［英］韦伯斯特主编：《后现代大学来临?》，侯定凯等译，北京大学出版社 2010 年版，第 1 页。

⑤ ［加拿大］比尔·雷丁斯：《废墟中的大学》，郭军等译，北京大学出版社 2008 年版，第 162 页。

理念、精神与传统。“对于学术自治的理解，要立足于大学是学术性组织这一基本认识。”①

论及大学的组织形态，人们都会习惯性将此追溯到中世纪的“行会”，因为当时的大学就是一种行会组织。“按‘大学’一词的原意，只不过是为了互助和保护的目的，仿照手艺人行会的方式组成的教师或学生的团体，……大学就是一个学者的社团。”② 西欧中世纪的行会（gild）是在自治城市出现的背景下产生的。那些会聚到城市的手工业者、商人们为了维护自身的权益而自行组成行会这种互助团体，不断地向市政部门、教会及其他权力主体争取更多的自由与权利。因为“只有联合起来，形成持久的社团，强大到足以要求得到尊重的地步，他们才能成功确保自己得到存在下去的合法权利”③。中世纪的大学也正是借助这种行会组织形式，而逐渐成长、成型和成熟。

据考察，中世纪大学主要有两种行会组织形态。一种是以波伦亚大学为代表的学生大学，由学生主管校务，每个学生都有投票权，学生成立学生公会，从波伦亚市获得特许状，教师的选聘、学费的数额、学期的时限、学生寄宿房间的租金、每种课程所使用的材料、教授课程的时数、假期的长短以及书籍价格，均由学生决定，教授则处于从属地位。另一种是以巴黎大学为代表的教师大学，教授、学者组成行会，管理大学事务，制定教学大纲，选择学生，对学生进行考核等。在教师行会的领导下，巴黎大学先后从教会、国王等处获得不少特权和自治权。④ 可以说，“中世纪大学正是凭借这种组织优势，为学术探索创造了宁静、自由的场所，从而吸引众多的学者前来”⑤。

若是深入这种组织形态的本质，可以发现它是一种“以学科为依托自组织起来的行会大学，推行知识至上的精英主义管理模式”⑥。而这种

---

① 阎梦娇：《大学学术自治与科层制的冲突与平衡——基于中国大学治理结构的分析》，载《高教探索》2019 年第 8 期。

② ［英］博伊德·金：《西方教育史》，任室祥等译，人民教育出版社 1985 年版，第 137 页。

③ ［法］涂尔干：《教育思想的演进》，李康译，上海人民出版社 2003 年版，第 111 页。

④ ［法］涂尔干：《教育思想的演进》，李康译，上海人民出版社 2003 年版，第 103 页。

⑤ 茹宁：《国家与大学关系的哲学分析》，博士学位论文，南开大学，2007 年，第 42 页。

⑥ 茹宁：《国家与大学关系的哲学分析》，博士学位论文，南开大学，2007 年，第 50 页。

围绕学科和知识而形成的行会大学，正是借助学科知识的专业性和权威性，有效地排除了外部干涉，从而达致了自身的自由与自治。随着发展与演变，大学已经不再是单一的行会。很多大学甚至都是由国家来举办，其组织形态也愈加复杂与多元。

但大学仍是“一个由学者与学生组成的、致力于寻求真理之事业的共同体”，“人们出于寻求真理的唯一目的而群居于此”①。作为一种学术性组织体，对学术自治的需求则是一种本能。②

“任何一个补充教师的决定，都是大学的学术方向与质量的一个决定因素。每个晋升一位已经聘任的教师的决定，也同样是未来方向与质量的一个决定因素。对那些保证在未来几十年作为大学里从事教学与研究的学术成员的聘任或晋升决定，比任何的大学管理改革或任何的教学大纲与课程计划的修订，更能保证未来一代的学术质量。”③ 可见，教师的评聘直接决定着高校作为学术性组织的学术特质与品质。绪论中已论证了人事自主与职业保障是教师职务评聘的两大基础。这两大基础的核心要义就在于学术自治。高校人事自主是为了维护作为整体意义上的教师团体的学术自治，职业保障则是为了维护个体意义上的教师的学术自治。所以，不管是从经验层面，还是从理性层面，学术自治都是高校教师职务评聘权不可或缺的正当性基础。

学术自治作为高校教师职务评聘权的正当性基础，首先意味着高校是教师职务评聘权的当然主体。换言之，教师职务评聘权是高校固有的一项权力，而非来自国家机构的权力让渡。国家授权作为高校教师职务评聘权的合法性依据，并不意味着教师职务评聘权源于国家权力机构。1789 年法国《人权宣言》中指出：“一切政治结合的目的都在于保护人的天赋的和不可侵犯的权利；这些权利是：自由、财产、安全以及反抗压迫。”从政治哲学角度来说，国家机构权力最终来源是公民权利的让渡，目的是保障公民权利。

---

① ［德］雅斯贝尔斯：《大学的理念》，邱立波译，上海世纪出版集团 2007 年版，第 20 页。

② 本部分关于大学组织形态的论述转引自拙著《高校学位授予权研究》，中国社会科学出版社 2016 年版，第 113—114 页。

③ ［美］爱德华·希尔斯：《学术的秩序——当代大学论文集》，李家永译，商务印书馆 2007 年版，第 364 页。

同样，教师职务评聘权从本质上隶属于高校，但国家机构基于监督目的而成为该项权力的合法性来源。国家机构授权通过框定高校教师职务评聘权的合法性界限，其目的是防范高校权力滥用，保障教师权利。所以，国家机构与高校在教师职务评聘权上的主体地位不能颠倒。

这也就意味着，没有国家机构授权的高校教师职务评聘权并非必然违法。高校教师职务评聘权基于学术自治的正当性基础而享有一定的自主空间。国家机构权力对高校教师职务评聘权应给予必要尊重，不管是立法规范、行政监督还是司法审查，其介入应有一定限度。当高校教师职务评聘权遭遇合法性质疑时，我们还应当从正当性上对现有制度展开反思，并借此修复制度规范上的缺陷。

学术自治作为高校教师职务评聘权的正当性基础，还意味着高校学术权力在教师职务评聘权上的主导地位。高校学术权力与行政权力的分工合作已成为教师职务评聘工作的常态模式。在分工合作、相互制衡的理想模式中，学术权力的主导性应主要体现在对教师职务评聘中具有实质性事项的判断与决定。从现有的制度规范来说，学术权力的主导地位往往形式大于实质。

概言之，国家机构授权是高校教师职务评聘权的合法性依据，而学术自治则是高校教师职务评聘权不可或缺的正当性基础。国家机构授权解决的是高校教师职务评聘权是否符合法规范的权限、程序等形式法治问题，而学术自治则关注的是高校教师职务评聘权中的国家权力、高校权力与教师权利的冲突与平衡，涉及实质法治问题。

第二节　高校教师职务评聘权的具体内容

一　两面化：教师职称评审权与教师岗位聘任权

根据高校教师职务评聘的主要内涵，高校教师职务评聘权相应地可以分解为教师职称评审权与教师岗位聘任权两个面向。目前，学界对高校教师职务评聘权的称谓并不统一。比如刘永林博士认为：“一般而言，高校职称管理权包括岗位总量管理权、结构比例管理权、任职资格评审权、职务聘任权，其中高校教师职称评审权主要指的是‘任职资格评审权’和

‘职务聘任权’的总称。”[①] 可见，刘永林博士所称的高校教师职称评审权，实质上就是本书所言的高校教师职务评聘权，而所谓的“任职资格评审权”，则是本书所指的高校教师职称评审权；所谓的“职务聘任权”，则是本书所指的高校教师岗位聘任权。尽管，大家在称谓上存有差异，但对高校教师职务评聘权包含上述两项内容这一点上，在实质上还是一致的。

高校教师职务评聘权的两面化内涵立基于教师职称评审权与教师岗位聘任权在目标与功效上的差异。根据对前章内容的分析可知，高校教师职称评审包含着两层基本含义，即对高校教师专业素质能力的学术评价和官方权威认证。所以，高校教师职称评审权指对高校教师专业素质能力进行学术评价和官方权威认证的权力。从目标上来说，高校教师职称评审权借助学术权力展开学术评价，最终是为了国家对高校教师专业素质能力等级的权威评定。从功效上说，通过高校教师职称评审权来确定高校教师的职务身份角色，亦即在官方专业技术岗位等级中的级别。因此，高校教师职称评审权属于教师学术评价管理权范畴。

相对教师职称评审，高校教师岗位聘任要显得更为复杂。从实践层面来看，我国高校教师岗位聘任交叉着两套体系，一套是政府主导的岗位聘任体系，另一套是学校自主研发的岗位聘任体系。政府主导的岗位聘任主要是编制身份的确认与官方专业技术岗位的聘任。编制身份的确认一般在高校与新入职教师签订聘用合同后进行，关涉教师的正式公职身份及其相应福利。官方专业技术岗位的聘任往往与高校教师职称评审相挂钩。通过高校教师职称评审权而成功晋升的高校教师，其法定教师职务身份（助教、讲师、副教授、教授）的改变将带来官方专业技术岗位聘任的级别变动，比如一位被聘为官方专业技术岗位为七级的副教授一旦晋升为教授，其官方专业技术岗位将被改聘为四级。随着编制采取总量控制的方式，高校在新入职教师录用和教师职称评审上都有了更大的自主性，但官方主导的这一岗位聘任体系并未发生实质改变。

与此同时，多数高校除在官方主导的岗位聘任体系外，还建立了一套

---

① 刘永林：《法治视野下地方高校职称评审权下放及其规范研究》，载《中国教育法制评论》2017年第15辑。

学校内部的岗位聘任体系，用以鞭策教师，奖优惩劣，提高效益。目前，高校自设的岗位聘任体系没有统一模式。就一般情况而言，大多高校根据自身需求，设定岗位类别、名称与要求，并加大在校级薪酬待遇等方面的区分度。

这两套体系都涉及高校教师岗位聘任权的行使。所以，高校教师岗位聘任权首先指的就是高校在这两套教师岗位聘任体系中的权限。从当下情景来看，官方主导聘任体系所建立的基本岗位聘任规则，高校是无权改变的。虽然，学校自设体系一直尝试突破，但实际上并未动摇官方体系。比如“低职高聘”，“低职”，指的就是官方体系中认可的职务岗位级别；“高聘”，则是校方给予比官方高的岗位聘任。从实效来看，低职高聘仅仅涉及学校自设体系部分，对官方主导体系并不造成实质的影响。像一位高校教师若被“低职高聘”，实际影响的仅是其校内岗位和薪酬，而在官方体系中的岗位级别与基本工资等并没有改变。因“低职高聘”对于教师而言是一种授益性行为，自然不大会引起质疑与争议。但今后高校若也要推行“高职低聘”这种对当事教师而言具有直接损益性的行为，可能就会引发合法性的质疑与争议。

可以说，官方主导的教师岗位聘任体系较强调连续性和稳定性，而学校自主体系更强调灵活性和变动性。对于高校教师而言，官方主导的岗位聘任具有基本的预期性与保障性，而学校自主的岗位聘任则更具竞争性、挑战性与不确定性，若在行政主导、制度不健全的情况下，容易对教师职业安全与保障构成威胁。所以，从高校人事自主与教师职业保障的平衡角度来说，高校教师岗位聘任权的主要任务是如何在合法性与正当性之间协调与平衡这两套体系。

就字面而言，教师岗位聘任主要涉及初聘与续聘，但从实践逻辑和经验来说，新教师的录用与老教师的解聘也是其中的基本内容。所以，高校教师岗位聘任权具体指在高校教师录用以及岗位初聘、续聘、解聘中的权力。申言之，根据教师聘任的阶段性，高校教师岗位聘任权可以分为教师录用权、岗位初聘权、岗位续聘权和岗位解聘权。

如果说，高校教师职称评审权是对教师职务身份角色的认定，那么，高校教师岗位聘任权则是对教师职务身份关系的确定。从功效上说，通过高校教师岗位聘任权来确定或解除教师与高校、政府间的职业关系。因此，高校教师岗位聘任权属于教师学术职业管理权范畴。

二　三阶性：高校教师职务评聘条件设定权、资格评定权、结果确定权

鉴于目标与功效的差异，我们将高校教师职务评聘权分解为高校教师职称评审权与教师岗位聘任权两个面向。两面化的区分是必要的，特别在我国教师职称评审制度不够完善的情况下，对高校教师职称评审权独立性的强调，不仅有利于改善当下我国高校教师职务“评”与“聘”上的失衡与乱象，也有助于完善我国教师学术评价管理制度。

当然，高校教师职称评审权与教师岗位聘任权又紧密关联。高校“教师评聘制度是学术评价制度与人事制度的结合点，是现代大学制度及学术体制的重要抓手和支点”①。不管是作为教师学术评价管理权的高校教师职称评审权，还是作为教师学术职业管理权的高校教师岗位聘任权，都是学术评价权与人事管理权的结合，有着共同的以国家授权为合法性依据和以学术自治为正当性基础。同时，它们还有着共同的框架性内容。若要有效合理地行使高校教师职称评审权和教师岗位聘任权，都需要首先设定条件，然后再依照该条件进行具体评价，最后确认决定结果。自然，教师职称评审与岗位聘任的条件、评价及结果，在具体内容上肯定会存在差异，但作为一种框架性内容，则具有共通性。

因此，从阶段化的角度来看，高校教师职务评聘权应包括高校教师职务评聘条件设定权、高校教师职务评聘资格评定权和高校教师职务评聘结果确定权。

高校教师职务评聘条件设定权是指对高校教师职务评聘所需要达到的条件进行设定的权力。高校教师职务评聘条件一般包括学术性条件和非学术性条件。学术性条件主要是有关高校教师学术专业能力的衡量标准，而非学术性条件主要是有关高校教师的政治立场、师风师德等要求。其中，非学术性条件是前提与基础，而学术性条件则是关键与核心。从现实情况来看，高校教师职务评聘条件分为国家与高校两个层面。国家通过立法对

---

① 刘超、田正平：《中国近代大学教师评聘制度的历史考察——以国立名校为中心》，载《浙江大学学报》（人文社会科学版）2020 年第 1 期。

高校教师职务评聘条件进行原则性规定，或通过政策进行导引性规定。高校则通过制定具体文件对教师职务评聘条件进行详细而具体的规定。所以，从现有制度环境来看，国家与高校在教师职务评聘条件设定权上兼具主体的合法性。

同时，高校教师职务评聘条件不仅关涉教师学术评价与高校发展，也关联教师人事管理与国家教育事业，因此，国家与高校在教师职务评聘条件设定权上又兼具主体的正当性。当然，国家与高校两大主体在教师职务评聘条件设定权中的各自权限、应如何分工等问题需要作进一步探究。此外，诸如该如何选择与设定高校教师职务评聘条件（特别是学术性条件）、如何评估这些条件的合理性与科学性等问题，在高校教师职务评聘条件设定权的行使中也同样需要谨慎对待。

高校教师职务评聘资格评定权是指对高校教师和应聘者是否达到所规定条件作出评定的权力。非学术性条件作为高校教师职务评聘的基础与前提，一般采取“无否定情形即符合”规则。所以，高校教师职务评聘资格评定权主要是结合学术性条件对高校教师和应聘者的学术专业能力进行评定。“学术能力评定主要有两类：一类是门槛性评定，申请人达到相应学术标准或条件即可获得相应学术称号（等级或荣誉），典型的比如学位评定和学业成绩等级评定；另一类是竞争性评定，申请人达到相应学术标准或条件后还需比其他申请人更具优势才能获得相应学术称号（等级或荣誉）。”① 从实践来看，高校教师职务评聘中学术能力的评定，大多是竞争性的。

由于主要涉及学术专业能力的评定，因此，代表学术权力的有关学术性组织往往成为高校教师职务评聘资格评定权的适格主体。基于学术事务特点，这些主体在行使这一权力时，具有一定的自由裁量空间。若没有自由裁量空间，高校教师职务评聘资格评定权注定是机械、僵化的，但若这一自由裁量空间不受控，则必定导致荒诞和恣意。因此，高校教师职务评聘资格评定权中自由裁量的行使，特别需要认真对待。

高校教师职务评聘结果确定权是指以一定形式对高校教师职务评聘结果进行效力确认的权力。不管是高校教师职称评审晋升或撤销的结果决

---

① 周慧蕾：《大学学术权力的法律界限研究》，法律出版社 2019 年版，第 126 页。

定，还是高校教师岗位的初聘、续聘或解聘的决定结果，都需要借助一定形式载体对其效力进行确认。这种形式上的效力确认具有权威性，将产生一定的法律效果。比如高校教师职称晋升证书的颁发将不仅改变该教师职务的正式称号，而且意味着在官方专业技术岗位等级体系中得到正式升级及其相应福利待遇的提高。高校教师岗位聘任证书的颁发不仅在高校与教师之间产生具体的权利义务关系（可以依据学校与教师所签订的聘任合同），而且是对高校教师公职身份的正式认定（一般体现在教师编制身份的官方录入）。因此，高校教师职务评聘结果确定权的主体应当具有相应的法律上的资格与能力，代表一定的官方权威。

前文指出，国家机构授权是高校教师职务评聘权的合法性依据，学术自治是其正当性基础。如果说，高校教师职务评聘条件设定权因学术性条件和非学术性条件的双重考量，必须要兼顾国家机构授权与学术自治的平衡，那么，高校教师职务评聘资格评定权则主要倾向于学术自治，高校教师职务评聘结果确定权则更侧重国家机构授权。当然，对一个完整的高校教师职务评聘权概念而言，这三项内容具有不可或缺性。

综上可知，高校教师职务评聘权既可以分解为高校教师职称评审权和高校教师岗位聘任权两个面向，又可以将这两个面向一体化为三个阶段，即高校教师职务评聘条件设定权、高校教师职务评聘资格评定权和高校教师职务评聘结果确定权三项内容。换言之，不管是高校教师职称评审权，还是高校教师岗位聘任权，都包括了高校教师职务评聘条件设定权、高校教师职务评聘资格评定权和高校教师职务评聘结果确定权等三阶性内容。因此，对于高校教师职务评聘权而言，高校教师职称评审权和高校教师岗位聘任权是它的横向分类，高校教师职务评聘条件设定权、高校教师职务评聘资格评定权和高校教师职务评聘结果确定权则是它的纵向分类。

目前，实践中和理论上对高校教师职务评聘权的探讨，大都建基在横向分类上。鉴于此，本书也将主要根据横向分类，对高校教师职务评聘权的相关问题展开类型化思考与探讨。当然，这并不意味着纵向分类不重要。实际上，要深化对高校教师职务评聘权诸多问题的理解与把握，纵向分类上的分析是必不可少的。

第三节　高校教师职务评聘权的主体

高校教师职务评聘权的主体主要指享有并（或）行使高校教师职务评聘权的组织或个人。它不同于高校教师职务评聘权的法律主体。高校教师职务评聘权的法律主体是指在高校教师职务评聘权法律关系中享有权利和履行义务的组织或个人。教师是高校教师职务评聘权的法律主体之一，但并不是高校教师职务评聘权的主体。本节主要梳理分析高校教师职务评聘权的主体。

一　国家：价值意义上的元主体

国家是个复杂而充满争议的概念。正如凯尔森在《法与国家一般理论》中所指出的那样："'国家'的定义由于这一术语通常所指对象的多样化而弄得很难界定。这个词有时在很广的意义上用来指'社会'本身，或社会的某种特殊形式。但这个词也很经常在狭得多的意义上用来指社会的一个特殊机关，例如，政府，或政府的主体；'民族'，或其居住的领土。政治理论（它实质上是国家理论）之不能令人满意的情况，多半是由于不同作者以同一名义对待很不同的问题，甚至同一作者不自觉地在几个意义上使用着同一个词。"①

分析描述了国家的政治学与社会学概念上的这一混杂局面后，凯尔森提出了国家的法学概念。"国家是由国内的（不同于国际的）法律秩序创造的共同体。"② "国家作为秩序和作为秩序构成的共同体。……'共同体'一词所指的只是某些个人的相互行为为一个规范性秩序所调整这一事实。认为个人是共同体成员这一陈述，只是一个隐喻性说法、一个形象化的描绘，说明这些个人之间的各种特别的关系，即为规范性秩序所构成的关系。"③

---

① ［奥］凯尔森：《法与国家的一般理论》，沈宗灵译，商务印书馆 2013 年版，第 269 页。

② ［奥］凯尔森：《法与国家的一般理论》，沈宗灵译，商务印书馆 2013 年版，第 269 页。

③ ［奥］凯尔森：《法与国家的一般理论》，沈宗灵译，商务印书馆 2013 年版，第 270—271 页。

凯尔森纯粹法学上的国家概念对于理解与把握国家的本质与功能仍具有重要意义。凯尔森借助理性逻辑与形式规范演绎出法秩序意义上的国家概念，蕴含着对国家作为价值意义上的共同体之本质的深刻洞见，以及对国家通过法秩序的规范价值将个体间的差异与多元融合在共同体名义之下的功能的美好期许。

当然，这种作为价值意义上共同体之国家概念，并非凯尔森独创。古罗马法学家西塞罗有着类似的表达，认为国家“并不是随随便便一群人，不管以什么方式聚集起来的集合体，而是很多人依据一项关于正义的协议和一个为了共同利益的伙伴关系而联合起来的一个集合体”①。后来的霍布斯在《利维坦》中也强调：“国家的本质就存在于他身上。用一个定义来说，这就是一大群人相互订立信约、每人都对它的行为授权，以便使它能按其认为有利于大家的和平与共同防卫的方式运用全体的力量和手段的一个人格。”②

从政治学或社会学角度来说，国家的确包含诸多现实元素或基础，比如人民、领土、政权与主权。能将这些元素糅合成一个具有内在逻辑性与同一性的国家概念，需要仰赖价值意义上的共同体概念。如果说，西塞罗或霍布斯以及其他诸多社会契约论下的共同体概念侧重讲述国家产生之前的序曲，那么，凯尔森的共同体概念则更关注国家产生之后的正曲，更强调法秩序下的国家——共同体成员关系的规范性与统一性。这种法秩序价值意义上的共同体概念，不仅有利于涤清国家与国家机构（特别是政府）的权力关系，也有助于理解国家与个体（包括社会性组织）的权力关系。

本书在绪论中指出，教育与教师从本质上实为一体两面，密不可分离。教育与教师的这种合一性，随着公共教育与公立学校的发展逐渐相背离，但终将在作为价值意义上的国家概念下再度相契合。在私学到公学的发展中，经历了从血缘共同体到政治共同体的转变，但其中不变的是教育是启蒙人性、启迪心灵的价值共识。蕴含着这一价值共识的国家概念，超越了主体间的分离与割裂。教育是国家的教育，教师是国家的教师。只有这样，教育与教师才能最终回归本质上的合一性。

---

① ［古罗马］西塞罗：《国家篇、法律篇》，沈叔平等译，商务印书馆 1999 年版，第 35 页。

② ［英］霍布斯：《利维坦》，黎思复等译，商务印书馆 1985 年版，第 132 页。

同样，作为高校教师职务评聘的两大基础，即高校人事自主与教师职业保障的冲突与张力，也首先需要在价值意义上的国家概念下得到相协调与平衡。随着教育机构的组织化、规模化和官僚化与教师的职业化和专业化，高校与教师有着类似的合一到分离的过程。高校人事自主强调高校相对政府而言的独立自主性，其背后是对高校的学术组织特质的尊重与回归，其基本逻辑建立在高校与政府关系的分离基础上。教师职业保障强调教师相对高校而言的职业自由与安全，其背后既有对高校教师的学术自由的尊重与回归，也有对教师在高校中的价值和与地位异化的客观反映，其基本逻辑则建立在强化政府对高校的监督与制约关系上。不管是分离还是强化，是回归还是异化，国家机构（特别是政府）、高校与教师间的复杂关系，只有在法秩序价值意义上的国家概念下才能得到统一与简化。

根据我国《宪法》第 19 条的规定可知，国家是发展教育事业、举办教育机构的权力主体。可以说，政府管理高校、高校自主评聘教师、教师的职业自由与保障，都是为了更好地实现国家高等教育的人才培养与真理探索的价值追求。申言之，以建基在宪法规范之上的法秩序来看，国家是一切教育管理事务的终极主体。从这个角度来说，高校教师职务评聘权的元主体就是作为价值共同体意义上的国家。

明确国家是高校教师职务评聘权的元主体，或曰价值意义上的抽象主体，将有助于更好地理解与处理高校教师职务评聘权的合法性依据与正当性基础间的关系。根据前文分析可知，国家机构授权与学术自治是高校教师职务评聘权的合法性依据与正当性基础。国家机构授权解决的是高校教师职务评聘权的合法性问题，学术自治关注的是高校教师职务评聘权的正当性问题。实践中，高校教师职务评聘权时常遭遇合法性与正当性的冲突现象，出现诸如“合法而不正当”或“正当而不合法”的争议。

这种困境的产生，关键缘于对高校教师职务评聘权元主体的降维或具化，即将抽象意义上的国家降维为具体意义上的国家机构。作为法秩序的国家概念，只能在抽象层面上才能统领价值共同体下的诸元素。一旦把国家降维或具化为国家机构时，这种统领性就缺失了正当性。国家需要国家机构，但作为价值共同体的国家不能被国家机构所替代。在价值纷扰的时代，抽象意义上的国家概念具有重要的整合性功能。正如德沃金所言：“当我们对被当成道德主体的国家或社群，提出相同要求时，当我们坚持国家必须依照单一融贯的一组原则来行动时，整全性就变成政治理想，纵使公民们对‘正确的正义与公平原则实际上是什么’意见分歧。”① 所以，在价值共同体意义上的国家概念下，合法性融合在了正当性中，从而彻底消解“合法而不正当”或“正当而不合法”等冲突的可能性。

就国家的这一元主体而言，高校教师职务评聘权的正当性与合法性都深植于高等教育的人才培养与真理探索的价值目标之中。在高等教育的人才培养与真理探索的秩序构建中，学术自由应处在最高价值序列。因此，不管是作为高校教师职务评聘权合法性依据的国家机构授权，还是作为高校教师职务评聘权正当性基础的学术自治，都应当接受学术自由这一标准的检验。

二 高校：功能意义上的固有主体

教师之于高校的意义与价值，如同水之于江、湖、海。没有水的江湖海，便不再是江湖海。没有教师的高校，自然无以为高校。水源与水质决定着一条江、一座湖、一片海的生命力与活力。同样，教师的专业素养与品质决定着一所高校的生命力与活力。如果说，水源与水质很大程度取决于环境的偶然与天然因素，那么，教师的质量则关键在于高校教师职务评聘权的行使。可以说，高校教师职务评聘权决定着高校的“水源与水质”。

国家作为抽象意义上的元主体，能够将高校教师职务评聘权的正当性与合法性融合在高等教育的人才培养与真理探索的统一价值目标中。但是，从高校教师职务评聘权所具有的遴选与评价教师的基本功能来看，高校则是其固有主体。“一所大学拥有一个或多个有关它但是怎样和应当怎样的形象。这一整体的自我形象的核心是对真理的兴趣；大学的首要使命是传播和发现关于重大问题的真理。这些形象包含着或暗示着大学成员的行为规范、他们对彼此所肩负的使命以及他们对社会所负的责任。”② 高校之所以为高校，就是因为它有一群以探索真理、传授真知为使命的教

① ［美］德沃金：《法律帝国》，李冠宜译，台北时英出版社2002年，第175页。

② ［美］爱德华·希尔斯：《学术的秩序——当代大学论文集》，李家永译，商务印刷馆2007年版，第276页。

师。而高校的这一学术特质与品位，主要通过高校教师职务评聘权来实现。

高校作为高校教师职务评聘权的固有主体，意味着其主体性根源于学术世界的“自生自发秩序”。哈耶克在反思理性有限性的基础上，从进化论视角提出一种自我生成或源于内部的秩序，即“自生自发秩序”。在哈耶克看来，这种“自生自发秩序”是人类社会必不可少的一种秩序状态。“自生自发的社会秩序是由个人和组织构成的，在任何一个规模较大的群体中，人们之间的合作都始终是以自生自发的秩序和刻意建构的组织为基础的。”①

以追求真理为终极目标的学术世界，“与所有的社会世界没什么两样，也是争斗的场所；学者们彼此争夺对学术世界和一般社会世界的真理的掌握权”②。在学术的争斗场中，最终形成了以高校（特别是大学）为支配地位的学术秩序。美国学者爱德华·希尔斯在《学术的秩序》中指出学术世界的秩序发展，首先是以学术为志业的学者从业余学者和科学家到学术机构成员的历史转变。“成果颇丰的美国学者和科学家愈来愈多地成为学术机构的成员。他们的工作不再依赖自己的家财、利用自己的书籍和工具，也不再是在家中或个人实验室抑或私人学术社团的实验室中从事研究。”③ 而在诸多的学术机构中，高校（大学）则凭借其综合性、基础性、专门性等优势脱颖而出。

在笔者看来，高校（大学）这类具有刻意建构的组织，之所以最终能成为学术世界的中心，最为关键的是其所提供与保障的自由的学术研究环境。“它们的工作不受必须具有实用性的限制”，“大学没有可以为它们指定实用或常规研究的事主”④。可以说，高校（大学）在学术世界中的支配地位或主体地位，正是借助学术自由的力量而生成的一种“自生自

---

①［英］哈耶克：《法律、立法与自由》（第1卷），邓正来等译，中国大百科全书出版社2000年版，第67页。

②［法］布迪厄等：《实践与反思——反思社会学导引》，李猛等译，中央编译出版社2004年版，第103页。

③［美］爱德华·希尔斯：《学术的秩序——当代大学论文集》，李家永译，商务印刷馆2007年版，第2页。

④［美］爱德华·希尔斯：《学术的秩序——当代大学论文集》，李家永译，商务印刷馆2007年版，第12、15页。

发秩序”。

公立高校虽由国家举办，承载着一定国家意志与利益，但并不能由此消解其作为学术性组织的本质特性。高校教师虽是国家公职人员，但也并不能由此消解其作为学术研究的专业人员的本质特性。同样，高校教师职务评聘权虽掺杂着国家制度的理性建构秩序，但并不能由此消解其遵循学术世界的自生自发秩序的本质特性。因此，高校作为高校教师职务评聘权的固有主体，其背后呈现着学术自由的基本逻辑，既是学术世界自生自发秩序的结果，也是对这一自生自发秩序的一种诚实地尊重。

同时，基于学术世界的自生自发秩序所确认的主体性，高校在高校教师职务评聘权的行使中应当具有实践地位的主导性。所谓主导，即指“决定并引导事务向某方面发展”①。若要科学合理决定并引导事务向良善方面发展，应当充分知晓并遵循事务本质与发展规律。高校教师职务评聘权从本质上隶属于高校，从功能上服务于高校。所以，高校与教师职务评聘权有着天然的密切关系。由高校主导教师职务评聘权的行使，最符合这一事务的本质要求与发展规律。

在高校教师职务评聘权的行使中，高校的主导性主要体现在内外部关系两大层面上。外部关系主要指高校与高校教师职务评聘权的其他主体（主要是政府）的关系。从我国实践来看，随着政府权力不断下放，高校人事自主空间不断扩大。高校在教师职务评聘权的行使上显得更有积极性、主动性和创造性。但是，总体来说，目前我国政府实际上处于主导地位。也许正因此，出现诸如高校教师“聘”与“评”的失衡等问题。所以，在高校教师职务评聘权的行使中高校与政府的基本关系需要反思与重新厘定。当然，要厘定两者的基本关系，首先需要对政府在高校教师职务评聘权中的主体角色进行合理定位。所以，本节将在下文对该论题展开专门探讨。此处先按下不表。

在内部关系上，高校的主导性则应体现在高校内部的行政管理机构与学术权力机构在教师职务评聘权上的分工合作关系。本书在绪论中已分析指出，目前我国实践中，虽已形成学术权力与行政权力的分工合作模式，

---

① 中国社会科学院语言研究所词典编辑室编：《现代汉语词典（第7版）》，商务印书馆2016年版，第1710页。

但与理想的制度设计模式仍有一定距离。一方面，由于高校存在所谓的“双肩挑”。“双肩挑”主要是指获聘教学科研系列专业技术职务的同时，又在教学科研单位、校部机关等管理岗位上担任处级及以上党政领导职务的教师。“双肩挑”容易使学术权力依附于行政权力；另一方面，高校学术权力的行使模式有点类似于行政权力的科层制式，强调层级越高，权力越大。但是，对于学术事项来说，这种模式或程序设计并非恰当，容易导致“外行决定内行”。

高校内部较为理想的分工合作模式可以这样构想。首先，应由高校学术权力机构主导行使高校教师职务评聘权。因为，从根本上来说，评聘教师属于学术专业能力的判断。专业判断只有交由专业人员行使，才能作出科学合理的结论。其次，应通过程序规范对高校学术权力机构进行合理规制。由学术权力机构主导行使高校教师职务评聘权，有可能出现学术寡头、学术权力腐败、决策效率低下、与学校总体发展冲突等问题。最后，以校长为代表的高校行政管理机构应当在教师评聘的程序方面进行监督与完善，从而对学术权力机构的高校教师职务评聘权形成一定制衡作用。

三　国家机构：制度意义上的监督主体

“国家”“政府”“国家机构”三个概念时常被等同使用。如认为“国家是现代世界中最为重要的统治机构”[①]。这容易导致混乱。国家需要政府和国家机构，但政府和国家机构并不等同于，也不能替代国家。将“国家”等同于“政府”或“国家机构”，是对作为价值意义上之共同体的国家概念的降维简化，也是对工具意义上的“政府”或“国家机构”概念的不当提升。所以，国家是高校教师职务评聘权价值意义上的元主体，但并不代表政府或国家机构也能成为高校教师职务评聘权的元主体。

政府在政治学上往往等同于国家机构。在我国法律制度上，政府，即人民政府，则特指国家行政机关，隶属于国家机构的一部分。本书也将在这种法律规范层面狭义地使用政府概念。若依据我国现行宪法，国家机构的类型主要包括国家最高权力机关最高人民代表大会及其常务委员会，国

① 段德敏：《名词、概念与理论——西方政治思想中的“国家”》，载《北大政治学评论》2019 年第 2 期。

家主席，国家最高行政机关国务院，中央军事委员会，地方各级人民代表大会和地方各级人民政府、民族自治地方的自治机关、监察委员会、人民法院和人民检察院。当然，这种从法规范层面对国家机构的列举规定，无法替代国家机构的类型化内涵。学界已逐渐认识到宪法教义学意义上的国家机构概念的研究尚需深入。[①] 而在国家机构的内涵中，国家权力则是其支撑的基点。

国家机构应如何进行权力配置成为学界关注的焦点问题。不少学者对民主集中制的这一国家机构权力配置原则进行理论反思与规范重构。[②] 也有学者对我国国家机构是分权，还是权力分工，展开分析与探讨。“我国国家权力配置坚决反对西方的分权原则，而是在人民代表大会制之下进行权力分工。属性论、职能论和过程论是权力分工的三种基本方式，我国国家机构之间的权力分工综合使用了这三种权力分工方式。我国并不是根据权力分工的类型化创设国家机构，而是根据国家职能来设置国家机构，进而确定国家机构的性质及其权力分工状况。”[③]

但不管是依权力分工，还是依国家职能来创设国家机构，传统的国家三权理论仍是学者们分析解决问题的基础。“每个国家包含三种权力，人民的普遍联合意志，在一种政治的‘三合体’中人格化。它们就是立法权、执行权和司法权”[④] 显然，我国政权组织并非建立在三权分立理论基础上，但并不排斥立法权、行政权、司法权作为国家权力的三种基本形态的观点。“从法学视角来看，立法、行政与司法的三分构成了各国宪法划分国家职能的基础模板。社会主义宪法也接受了立法、行政与司法的基本概念，但祛除了其背后的权力制衡内核，仅将其视为一种普通的职能分工形式。而且，社会主义宪法在社会主义的政治理念下对立法、行政与司法

---

① 张翔:《中国国家机构教义学的展开》，载《中国法律评论》2018 年第 1 期。

② 可参见林彦《国家权力的横向配置结构》，载《法学家》2018 年第 5 期；张翔《我国国家权力配置原则的功能主义解释》，载《中外法学》2018 年第 2 期；王旭《作为国家机构原则的民主集中制》，载《中国社会科学》2019 年第 8 期；杜强强《议行合一与我国国家权力配置的原则》，载《法学家》2019 年第 1 期。

③ 陈明辉:《论我国国家机构的权力分工：概念、方式及结构》，载《法商研究》2020 年第 2 期。

④ ［德］康德:《法的形而上学原理——权利的科学》，沈叔平译，商务印书馆 1991 年版，第 138—139 页。

的内涵及其相互关系加以改造，在法律实践中形成了一套按照职能进行权力分工的逻辑。”①

因此，依国家三种基本权力形态，国家机构相应的类型化为立法机构、行政机构和司法机构。国家机构是国家意志得以贯彻与共同体价值得以实现的基本工具。换言之，抽象意义上国家的权力，需要仰赖与借助具体主体得以实践化。从这一意义上来说，高校与国家机构都是国家这一元主体具化后的高校教师职务评聘权主体。申言之，高校教师职务评聘权的权力来源于国家，而在高校教师职务评聘权的使用上，高校与国家机构是分工关系，而非授权关系。上文已明确，高校是高校教师职务评聘权的固有主体，这也进一步意味着高校是行使高校教师职务评聘权的实践主体。

高校教师职务评聘权的行使，不仅关涉高校学术自治与人事自主，也关系着教师的学术自由与职业保障。不管是基于理论逻辑，还是实践经验，高校在行使高校教师职务评聘权时有意或无意地侵损到教师的合法权益。为了防范高校滥用权力，保障教师权利，必须要通过制度规范对其进行外部的系统性监督。而国家机构正是高校教师职务评聘权这一制度意义上的监督主体。当然，这里所言的国家机构对高校教师职务评聘权的监督，是一种广义的监督，既涉及政府的行政监督，也包括立法机构的一般规范和司法机构的个案审查。

国家机构作为高校教师职务评聘权的监督主体，首先意味着高校教师职务评聘权并非来源于国家机构。不管是学理上，还是实务中，往往把国家机构，特别是政府，视为高校教师职务评聘权的权力来源，从而把政府在高校教师职务评聘制度改革中的放权等同于赋权。正是基于赋权逻辑，比如《高校教师职称评审监管暂行办法》规定，对整改无明显改善或逾期不予整改的高校，监管部门可以收回评审权。只有本属于自己的，才有收回的道理。高校才是教师职务评聘权的固有主体，而国家机构只是监督主体。国家机构基于监督目的收回教师职称评审权，在逻辑上是不自洽的。可以说，“收回评审权”的措辞背后，凸显了国家机构与高校在教师职务评聘权上的主体错位。

---

① 陈明辉：《论我国国家机构的权力分工：概念、方式及结构》，载《法商研究》2020 年第 2 期。

这种错位，一方面导致国家机构在高校教师职务评聘制度中权力过大与不受限制，容易随意与恣意，不重视高校的主体需求与高校教师职务评聘权的学术特性；另一方面消解了高校在高校教师职务评聘权中的主体觉悟和自觉性以及由此而来的责任意识，在“要”权的过程中，同样容易滋生随意与恣意，过度关注外部权力环境，而忽视自身发展规律。高校教师职务评聘中“一放就乱，一收就死”的现象，关键就在于这种错位。

同时，国家机构作为高校教师职务评聘权的监督主体，还意味着其任务的双重性，即规制高校权力和保障教师权利。前文所谈及的有关国家机构授权作为高校教师职务评聘权合法性依据的论点，正是基于这种监督任务。因此，为了规制高校教师职务评聘权和保障教师权利，国家机构必须采取相应措施以达致其监督任务。这些措施应与其监督任务相契合，符合比例原则。另外，高校教师职务评聘权的核心是教师学术评价，关键在于学术权力与学术自治。因此，国家机构的监督应当是低密度与合法性监督，而非高强度与专业监督。当然，对于国家机构对高校教师职务评聘权监督的具体制度与规则构建等问题，本书将在后续章节展开专门探讨。

第四章

高校教师职务评聘权的法律性质

在第三章中，本书从目标与功效视角对高校教师职务评聘权进行了初步定性，指出高校教师职称评审权主要是对教师职务身份角色的认定，属于教师学术评价管理权范畴；高校教师岗位聘任权则主要是对教师职务身份关系的确定，属于教师学术职业管理权范畴。不管是属于教师学术评价管理权，还是属于教师学术职业管理权，都揭示了高校教师职务评聘权兼具学术性与管理性的特性。把握这种特性有助于深化理解高校教师职务评聘权的本质内涵。当然，这种学术性与管理性的双重基因，也使高校教师职务评聘权在动态运行中变得复杂，特别是在涉及相关法律性质的识别时。

所谓法律性质的识别，主要指在特定法律体系框架内运用一定的法律观念与概念，对某一法律现象作出定性或分类。实践中，对高校教师职务评聘权法律性质的探讨，主要是在其行使过程中所遭遇的具体法律问题中展开。当前，高校教师职称评审权法律性质的思考主要围绕高校教师职称评审行为的可诉性这一法律问题，而高校教师岗位评聘权法律性质的争议则主要围绕高校与教师的聘任关系及聘任合同的属性这一法律问题。

第一节　高校教师职称评审权的法律性质争议

一　司法实务中的分歧：高校教师职称评审行为的可诉性

高校教师职称评审权法律性质的争议与探讨，首先缘起于司法案件中对教师职称评审行为是否属于具体行政行为、具有可诉性的认定。到目前为止，法院总体上倾向于否定立场。

2017 年改革之前，我国高校教师职称评审实行的是“双轨制”，即部分高校的自主评审与省级教育行政主管部门的统一评审。“1986 年，国家颁定《高等学校教师职务试行条例》，对高校教师职称评审作出了具体规定，并开始将教师高级职称评审权下放给少数国家重点高校，后逐步扩大到省属重点高校。截至 2012 年年底，全国具有教授、副教授职称评审权的高校分别为 175 所和 123 所，其余高校的教师高级职称评审权仍在省级教育行政主管部门。”① 在这种双轨制下，针对评审主体的不同，法院在裁判理由上也存在差异。

在具有代表性的 2003 年王某案中，某大学享有自主评审权。在该案中，法院的否定理由是：“根据《高等教育法》的规定，评聘教师职称资格及其他专业技术人员职务是高等学校的自主权，该高校技术职务评聘委员会任职资格的评审和授予行为属于高等学校行使自主权的范畴，因而评聘委员会审定不符合副教授任职资格的行为并非具体行政行为。”② 此后，同类案件的法院沿袭了如下论证逻辑：高校教师职称评审行为属于高校自主权范畴下的行为，并非具体行政行为，不在行政诉讼的受案范围。在这一论证逻辑里隐含着两点基本看法，一是高校教师职称评审权属于高校自主权范畴；二是行使高校自主权的行为不是行使行政职权的行政行为。

针对省级教育行政主管部门统一评审而引发的争议诉讼案件，法院在否定理由上则有所不同。如在 2016 年某大学教师曾某诉湖南省教育厅案中，曾某两次参加高校教师职称评审，均未获通过。一审法院认为“对曾某的论文资格审查和学术评价均为专家组作出的行为，论文资格审查也属于专家组学术评价的范围”，从而驳回曾某的诉讼请求。③ 该案二审法院认为将论文不予评审行为定性为学术评价行为不当，但判决结

① 屈振辉：《我国高校教师职称评审改革评析》，载《大学教育科学》2019 年第 1 期。

② 基本案情可见本书绪论第一节第三小节，亦可参见孙笑侠《大学制度的特别法理》，光明日报出版社 2020 年版，第 124—125 页；石书伟《高校教师职称评审行为可诉性个案分析》，载《律师世界》2003 年第 11 期；那日苏《职称评审未通过，走上公堂讨说法》，载《法制日报》，2003 年 6 月 19 日。

③ 具体案情请参见湖南省长沙市芙蓉区人民法院行政判决书（2016）湘 0102 行初 133 号。

果正确。[①] 至于高校教师职称评审行为属于何种性质的法律行为，二审法院并未说明。

高校教师职称评审由省级教育行政主管部门统一评审的方式，与中小学教师职称评审类似，都是由相关行政主管部门为主体开展评审工作。中小学教师职称评审纠纷案件，不少法院也是将教师职称评审定性为学术评价行为，排除在司法审查范围之外。比如 2016 年薛某诉某市人民政府案中，一审法院认为："职称评审是一种专业性、学术性很强的行为，其评审委员会作出的评审结果仅是决定取得中学教师职称的其中一项内容。"[②] 二审法院进一步肯定地指出："教师职称评审是一种专业性、学术性很强的行为，评审行为不产生直接的法律效果，只产生间接的法律效果，属于预备性、中间性或程序性行为。并且，对学术能力的评价不同于其他行政行为，涉及高度属人性的判断，通常具有不可代替性，应当承认和尊重教师职称评审委员会对于学术行为享有独立判断的权力。薛应光向毕节市人民政府申请行政复议的纳入不属于《中华人民共和国行政复议法》第六条规定的受理范围，毕节市人民政府作出不予受理决定并无不当。"[③]

虽然，上述两案的法院对教师职称评审属于学术性评价行为有共识，但在教师职称评审的法律效果上则有分歧。曾某案中，法院支持被告湖南省教育厅的观点，认为高校教师职称评审行为是由教师职务评审委员会作出的，具有独立的法律效果的行为。"高校教师职称评审是由'教师职务评审委员会组织同行专家进行评审'，具体是指由具有较高专业学术水平或担任较高专业技术职务、作风正派、办事公道的专家、学者组成的评审委员会评议、审定专业技术人员是否符合相应专业技术职务任职条件的过程。高校职称评审的核心属于专家、学者的学术评价行为，而不是行政机关作出的具体行政行为。" "评审委员会确定的评审结果即为最终结果，行政机关不能改变。"[④] 而在薛应光案中，法院则强调教师职务评审委员会的评审行为不具有独立的法律效果，属于预备

---

① 湖南省长沙市中级人民法院行政判决书（2016）湘 01 行终 752 号。

② 贵州省毕节市中级人民法院行政判决书（2016）黔 05 行初 71 号。

③ 贵州省高级人民法院行政判决书（2016）黔行终 1143 号。

④ 湖南省长沙市中级人民法院行政判决书（2016）湘 01 行终 752 号

性、中间性或程序性行为。①

也有一些法院承认省级教育行政主管部门统一开展的高校教师职称评审属于行政行为的范畴，但将其定性为教育行政部门基于人事管理职权的内部行政行为，不属于行政诉讼受案范围内。比如2019年张某诉中共某学校（贵州行政学院）案、贵州省人力资源和社会保障厅案中，二审法院认为："省人社厅、贵某学院未审核通过张某正高级讲师职称的申报，属于行政机关对于其直接管理的事业单位的人事事项的行政审批，此种行政审批行为是内部行政行为，上诉人要求被上诉人履行法定职责即对张某符合正高级讲师专业技术职务任职资格条件予以下文确认并颁发正高级讲师任职资格证书，不属于被上诉人履行行政法意义上的法定职责，而系人事管理职责，该履职行为并不属于行政诉讼受案范围。"②

法治关注与强调行为背后的权利（或权力）根据。行为的性质凸显了其背后权利（或权力）的性质。可以说，高校教师职称评审行为的定性实质上也是对该行为的权利（或权力）根据，即高校教师职称评审权的定性。从我国司法实务对高校教师职称评审行为认识的概况中可以发现，法院对高校教师职称评审权法律性质有三种观点，即高校自主权、学术评价权与人事管理权。

比较吊诡的是，虽然对高校教师职称评审权的定性不同，法院却能殊途同归，最终都将高校教师职称评审行为排除在行政诉讼的受案范围之外。高校自主权下的职称评审行为不是具体行政行为、学术评价权中的职称评审行为不是具体行政行为、人事管理权上的职称评审行为不是具体行政行为。显然，法院借用具体行政行为这一法律概念将高校自主权行为、学术评价权行为、人事管理权行为一一排除在司法审查外。但是，高校教师职称评审权缘何为高校自主权或学术评价权或人事管理权，同时，何谓高校自主权、学术评价权、人事管理权，以及为何排除行使高校自主权、学术评价权、人事管理权等行为的司法审查，法院并没有展开必要的解释与论证。

① 参见贵州省高级人民法院行政判决书（2016）黔行终1143号。

② 参见贵州省贵阳市中级人民法院行政裁定书（2019）黔01行终275号。

二　学理上的论争：国家行政权，抑或高校自主权

相较法院对高校教师职称评审行为的消极审查态度，学界则从保障教师救济权利角度出发，纷纷通过对高校教师职称评审权的定性，来论证或呼吁高校教师职称评审行为的可诉性。“职称评审权作为公权力的一种，涉及教师人身及财产两项基本权利，当宪法要求对公权力和公众的事务的管理进行司法控制的时候，司法对大学的介入就是一个必然的结果。”①

尽管，学界对高校教师职称评审行为的司法审查持共识性的肯定观点，但学者们对于高校教师职称评审权的法律性质也有着不同的看法。

有些学者基于司法审查制度现状，以一种现实主义或实用主义情怀将高校教师职称评审行为定位为行政行为，或将高校教师职称评审权归入行政权范畴。较早的有叶必丰、周佑勇两位教授，他们认为“高校教师职称评审是一种经授权的行政行为”②。之后，曹慧丽、才凤敏进一步论证道：“职称的评审权本是专属于教育部的行政权力，为方便评审工作，教育部将本属于自己的行政权通过法律明文规定的授权方式赋予部分高校，而那些未获批准的学校，其职称评审仍然只能由学校上报材料，由教育行政主管部委审批；可见，职称评审并非学校固有的自主管理权，而是被授予的行政职权。”③ 郭庆菊也认为：“职称评审权的法律性质应为行政权，高校依据法律法规授权取得相应权力并加以实施，该行为应定性为具体行政行为，而非高校内部管理行为，具有可诉性，司法审查是必然选择。”④章志远教授同样持类似观点：“职称评审权的行使直接源自《教师法》《高等教育法》特别是《高等学校教师职务试行条例》的授予，属于一种典型的行政权力。……就法律属性而言，高校教师职称评审行为属于行政确认性的具体行政行为，具有可诉性。”⑤

---

① 程雁雷：《论司法审查对大学自治的有限介入》，载《行政法学研究》2000 年第 2 期。

② 叶必丰、周佑勇：《论教师职称授予行为的法律性质》，载《江西社会科学》1998 年第 12 期。

③ 曹慧丽、才凤敏：《高校教师职称评审行为纳入行政诉讼案范围的可行性研究》，载《江西社会科学》2007 年第 7 期。

④ 郭庆菊：《高校教师职称评审行为之司法审查》，载《学术交流》2011 年第 3 期。

⑤ 章志远：《论公立高校职称评审行为的司法审查》，载《福建江夏学院学报》2012 年第 5 期。

应该说，持上述观点的学者，在论证逻辑上无疑受到了当时大学生诉讼案件的启发。1997 年田某案、1999 年刘某案，法院通过将学籍管理权、学位授予权等定性为行政权，从而将高校学籍管理纠纷、学位授予纠纷纳入行政诉讼的受案范围。在这之前，学生与大学之间因教育管理纠纷除了申诉，很难获得司法救济。针对退学、开除学籍等严重处分行为，学生也只能在私法救济框架下以民事权利，如隐私权、名誉权等受侵害为由提起民事诉讼，但也较难获得法院支持，更别提对受教育权的救济。要对学生受教育权进行有效救济，行政诉讼是较佳选择。但当时《行政诉讼法》受案范围的规定又给学生救济带来难度。虽然，后来大家共识性地认为可以从兜底条款“认为行政机关侵犯其他人身权、财产权等合法权益的”中的“等”字作出扩大解释，从而把受教育权涵括进去。但若仅从文义角度而言，可以说学生受教育权司法救济存在制度缺失。

面对制度缺失，田某案一审法官事后写道：“笔者认为，在法无明文禁止的前提下，我们应当将高等学校在对学生的学籍管理、学历证书、学位证书的颁发方面其履行的职责理解为学校在对学生行使国家公权力，所履行的是国家法律法规授予的权力，是行政法意义上的职责，符合《行政诉讼法》的立法精神，属于《行政诉讼法》所调整的范畴。”① 不管如何评判这种司法能动主义，都不应忽视其背后闪动着对学生权利救济的决心。通过这一解释路径，田某案后，越来越多的学生与大学教育管理纠纷纳入行政诉讼领域。②

显然，学者们期盼法院在高校教师职称评审纠纷案件中能延续这种司法能动主义。“司法机关介入高校教师职称评审纠纷的正当性，既源于职称评审自身的具体行政行为属性和现实教育申诉及复议救济的乏力，也有司法审查高校与学生纠纷的有益经验可资借鉴。对于职称评审行为，司法机关应坚守谦抑立场并秉承合法性审查原则。就职称评审行为具体的审查标准而言，通过援引行政法一般原则所形成的实体审查和通过运用正当法

① 饶亚东：《从审判角度谈受教育权的保护与法官责任》，载《行政法论丛》第 3 卷。

② 周慧蕾：《再论大学自治权与学生权利的平衡》，载《法治研究》2018 年第 6 期。

律程序精神而形成的程序审查的有机结合是最佳模式。"①

但是，实践中法院并未沿袭大学生司法诉讼的扩张路径。鉴于此，有学者还曾向最高人民法院呼吁，应改变这一现状。"华东政法大学法律学院教授蒋德海给最高人民法院副院长曹建明写了一封信。信中称，最近全国有三起职称诉讼均被法院以'不符合《行政诉讼法》的规定'而驳回或遭败诉（注：这三起为本报曾报道过的武汉大学讲师诉教育部行政不作为；上文中的孙某状告所在大学职称评审违法；山东省某女教师状告当地教委职称评审不作为案）。我们认为各地法院以职称诉讼不符合《行政诉讼法》的规定不予以受理或驳回，不仅违背了最高人民法院的司法解释，而且与《行政诉讼法》第11条、第12条的立法精神不符。蒋德海说，职称诉讼从行政法的角度是完全可以成立的。但由于理解上的原因，法院一直将职称评审行为理解为内部行政行为。这完全是一个误解。从概念说，行政行为是行政主体行使行政权力，为实现管理的目标而实施的具有法律效力的行为。高校作为法律法规授权的行政主体，为实施教育行政管理，根据法律法规制定的职称评审规定，属于抽象行政行为。而其根据职称评审规定实施的评审行为，则属于具体行政行为。高校的职称评审不仅符合行政行为的主体要素，而且符合行政行为的职能要素和法律要素。"②

此外，我国台湾地区也将高校教师职称评审行为定位为可诉的行政行为。比如在我国台湾地区"大法官"释字第462号中就明确指出："各大学校、院、系（所）及专科学校教师评审委员会关于教师升等之评审，系属法律授权范围内为公权力之行使，其对教师之资格等身份上之权益有重大影响，均为各该大学、院、校所为之行政处分。"

较为遗憾的是，高校教师职称评审行为至今尚未被我国法院纳入司法审查范围。鉴于现有法律制度规定不明，也有学者建议直接通过立法进行完善。如马怀德教授在《中华人民共和国学校法（草案）》（专家建议稿）第108条中就建议："高等学校设置教师职称评定委员会行使教师职称评定职权。教师职称评定委员会的组成和评审程序依据学校章程确定。教师对于高等学校职称评定结果不服的，有权向高等学校学术委员会申

① 章志远：《论公立高校职称评审行为的司法审查》，载《福建江夏学院学报》2012年第5期。

② 闵元：《职称评审官司难过法律门槛》，载《中国商报》2003年8月5日。

诉。高等学校学术委员会应当接到申请后，重新组织评议一次。教师对重新评议的结果仍然不服的，有权向人民法院提起行政诉讼。”①

与此同时，随着对高校教师职称评审权本质与内涵的理解深入，以及大学自治、学术自由等理念的影响，有学者开始反思上述观点与论证逻辑。如姚荣博士认为：“当前，我国公立高校教师职称评审权的规范与保障存在两种误区。这两种误区的产生，根植于对公立高校教师职称评审权法律性质的不同研判。一方面，在司法实务中，法院倾向于将高校教师职称评审行为视为‘内部管理行为’，进而将其排除在行政诉讼的受案范围之外；另一方面，一些学者为了破解公立高校职称评审权的司法救济问题，将其简单地等同于行政权，忽视其作为学术自治权的应然属性。这两种误区，都具有各自的弊病。前者使得教师权利难以受到有效的救济与保障；后者在逻辑上难以自圆其说，在实践中也常常引起人们的认识混乱。”②

据前一小节所述可知，司法实务中对高校教师职称评审权法律性质的研判与可能存在的误区要更为复杂。但是，将高校教师职称评审权简单地定位为行政权，的确会遭遇制度与逻辑上的困境。比如，从法律制度上来说，特别就《高等学校教师职务试行条例》规定来看，高校是否为教师职称评审权的主体，就存有争议。有的学者就认为：“高校教师的职务评定是由经法规授权的‘评审委员会’作出，具有公法上的权利义务内容，对特定当事人作出，应当视为一种行政处分。但其行为主体，并非申请者所在的高校，而应当是《试行条例》所授权的‘省、自治区、直辖市成立的高等学校教师职务评审委员会’和‘国务院有关部委设立的高等学校教师职务评审委员会’。”③ 再如，从逻辑上讲，高校教师职称评审权的核心是对高校教师学术素养的评价与确认，但学术评价规则是难以与行政权规则相契合的，也忽视了高校必要的学术自主空间。

鉴于此，一些学者指出高校教师职称评审权应属于高校自主权或大学自治权范畴，并主要从高校学术自治与教师权利保障的平衡角度来构建高

① 参见马怀德主编《学校法律制度研究》，北京大学出版社 2007 年版，第 82 页。

② 姚荣：《论我国公立高校教师职称评审权的公法规制》，载《高校教育管理》2017 年第 4 期。

③ 成协中：《高校信息公开义务的展开与个案解读——以复旦大学教师职称评审案为例》，载《行政法学研究》2013 年第 3 期。

校教师职称评审权的司法审查模式。“公立高校教师职称评审权作为一种学术自治权，指涉作为团体的学术机构对其成员即教师的学术资格和能力进行同行评审的权力，是一种特殊的社会公权力。”① “高校教师职称评审结果直接影响着教师的特定权利和义务，教师以司法审查维护自己的合法权益体现了教师诉权有限抵抗高校自主权的功能。由高校主持职称评定引发的争议，显然不是地位平等的民事关系，而是授权行政主体在行使其行政管理权时与相对人发生的行政争议，因此应纳入行政诉讼受案范围。这类案件争议的权利主要还是人身权、财产权的内容。当然，教师与学校或者行政机关就资格授予、职称评定所发生的纠纷，涉及对教师资历、能力的认定，往往也涉及学术领域的问题。对此，司法应主要关注程序性审查，以体现对高校自主权的尊重。”②

三　小结与反思

不管是实务中，还是理论上，对高校教师职称评审权法律性质的思考与定位，基本上都是以司法审查为逻辑起点，并聚焦于高校教师职称评审行为的可诉性。细究而言，当前对高校教师职称评审权的法律性质的认定，主要有以下几种观点：一是认为属于高校自主权，但有的认为是高校内部人事管理意义上的高校自主权，不具有可诉性；有的则认为是学术自治意义上的高校自主权，并且具有可诉性；二是认为属于独立的专家学术评价权，不具有可诉性；三是认为属于行政权，但有的认为是政府的内部人事管理权，不具有可诉性，有的则认为属于法律法规授权高校为行使主体的行政权，并且具有可诉性。

这种观点纷呈、立场对立的局面，首先，缘于高校教师职称评审制度的变动与行政诉讼制度与理念的发展。比如关于高校自主权与行政管理权的不同定位，实际上与高校教师职称评审制度原来实行的双轨制有关。随着 2017 年高校教师职称评审改革，由省级教育行政部门统一评审的方式

---

① 姚荣：《论我国公立高校教师职称评审权的公法规制》，载《高校教育管理》2017 年第 4 期。

② 洪建娣、陈峰：《论高校教师职称评审纠纷的司法介入——以化解高校自主权与教师诉权冲突为视角》，载《苏州大学学报》（哲学社会科学版）2010 年第 5 期。

将不复存在。今后，有关高校教师职称评审的纠纷与争议将主要发生在高校自主评审这一层面。对内部人事管理权的定位及不可诉性的立场，则与我国行政诉讼法学中内部行政行为与外部行政行为的区分及特别权力关系理论有关。随着司法实践对行政诉讼的扩张，以及学界对特别权力关系理论的反思与修正、无漏洞救济原则理念的引入，内部人事管理权不可诉性的立场将会不断受到质疑与挑战。

其次，根源于高校教师职称评审权基本内涵的丰富性。笔者在本书第二章第三节中分析过，因职称与职务间的概念纠缠、高校教师职称评审制度的独立性缺失，导致现实中高校教师职称评审与高校教师岗位聘任资格评定混同，或被简化为高校教师职称资格评定。这种混淆与简化的思路一定程度影响着实务部门与学界对高校教师职称评审权基本内涵的准确认识。

高校教师职称评审权不同于高校教师岗位聘任资格评定权。从其目标与功效上来说，高校教师职称评审权主要是通过对高校教师专业素质能力的学术评价，达致对高校教师专业素质能力等级的权威认证。高校教师岗位聘任资格评审权则主要是对高校教师及应聘者专业素质能力是否符合聘任岗位资格要求，进行学术评价，为高校教师的岗位聘任结果提供依据。所以，高校教师职称评审权涉及高校教师专业素质能力的学术评价和官方权威认证，在内容上既有学术评价权，也包含结果的官方权威认证权。高校教师岗位聘任资格评定权则是高校教师岗位聘任权的一个环节，主要涉及学术评价权。同理，高校教师职称资格评定权也只是高校教师职称评审权的一个环节，主要涉及学术评价权。

将高校教师职称评审权定性为专家学术评价权，极可能是与高校教师岗位聘任资格评定权混同，或将其简化成了高校教师职称资格评定权。这种观点往往聚焦于高校教师职称评审权中学术评价的面向，却忽视了官方权威认证的面向。同样，将高校教师职称评审权定性为行政权的观点，则更多地聚焦于高校教师职称评审权的官方权威认证的面向，而忽视了其学术评价的面向。可以说，学术评价是高校教师职称评审权的实质内容，官方权威认证是其必不可少的形式要件。

最后，深陷于基本概念的理解偏差中。高校教师职称评审权属于高校自主权抑或国家行政权，实际上是以主体为参照视角展开的定性。从第三章内容可知，高校是高校教师职称评审权的固有主体，政府则是高校教师职称评审权的监督主体。在高校教师职称评审权中高校与政府是一种分工合作关系，有着相应的权利义务或职权职责。所以，从主体视角而言，高校教师职称评审权既是高校自主权，也是国家行政权。

之所以会出现非此即彼的争议，一方面凸显对高校教师职称评审权基本内涵的认识模糊，另一方面显示对诸如高校自主权这一基本概念的理解偏差。从上文对司法实务状况的梳理可知，法院将高校自主权完全排除在司法审查之外。这不仅是对高校自主权的误解，也是对国家机构监督的不当定位。

高校自主权，主要指高校以办学自主权为逻辑起点，以法定自主权为初始内容，在以学术自由为核心，学术自治为原则的前提下，所享有的对自身事务不受外部干涉地进行自我决定、自我执行、自我负责的资格与能力。从内容上看，高校自主权涉及的核心内容就是学术性事务，而学术性事务中特别是学术自由问题，它不仅是一个关涉个人利益的问题，更是一个关涉国家与社会发展的公共利益。从关系上看，高校自主权包含两层关系，一是与国家之间形成的外部关系，二是与内部成员之间形成的内部关系。可以看到，不管是在哪一层关系上，两个主体之间并不处于平等关系。比如基于高校自主权而形成内部关系，高校与其成员是处于管理与被管理地位。从法律效果上看，不管是依高校自主权而形成的规则，还是针对高校自主权的规则，都不依个人意志而改变，而强调其规范性、普遍性和平等性。所以，高校自主权具有公法性与公权利性（或曰私权力性）的法律特征，虽然不同于国家行政权，但国家机构对其仍有监督的必要性与正当性。①

第二节　高校教师岗位聘任权的法律性质争议

一　高校教师岗位聘任权的法律性质：隐含在“聘任关系”的争议中

由于高校教师职称评审制度经历了一场自上而下的放权改革，高校教

---

①　笔者对高校自主权的具体论述，请参见拙著《高校学位授予权研究》，中国社会科学出版社 2016 年版，第 94—124 页。

师职称评审模式由教育行政机关主导的双轨制转向高校自主开展的单轨制。在这一过程中，高校教师职称评审行为到底是国家行政行为还是高校自主行为，或者高校教师职称评审权到底是国家行政权还是高校自主权，可以说是具有一定历史语境的争议。相较而言，高校教师岗位聘任权是国家行政权还是高校自主权，则并未引起过多的争议。

自国家提出实行高校教师聘任制以来，高校教师岗位聘任始终由高校主导。早在1982年《高等学校教师职务试行条例》第17条中就明确规定："高等学校教师职务聘任及任命工作由校（院）长负责。校（院）长可以根据工作需要，主持设立一个临时性组织，做好教师职务聘任或任命工作。有条件的学校也可以实行分级聘任或任命的办法。"在这一制度架构与逻辑背景下，高校教师岗位聘任行为从一开始就被预设为高校自主行为。所以，不管实务中，还是学理上，实际上隐含着一种基本共识，即高校教师岗位聘任权属于高校自主权范畴。

尽管，少了"高校自主权，抑或国家行政权"这一维度的争议，但由于对高校自主权性质的不同认识，关于高校教师岗位聘任权的法律性质的认定主要转向了"公权力，抑或私权利"的争议。

有的学者认为："公立高校的教师聘任权具有公权力属性，公立高校在合同中是公法人身份；教师聘任合同目的的公益性；教师聘任合同主体地位的不平等性和权利义务的不平衡性。"① 有的学者则认为，高校教师岗位聘任权是一种私权利。"从法律规定来看，高校是拥有充分自主的聘任权利的主体，具有高校教师资格的公民则是享有自主受聘权利的劳动主体。双方就聘任问题充分协商，基于意见一致或相互同意而建立聘任关系。在聘任过程中，作为聘任人的高等学校和作为受聘人的具有高校教师资格的公民在权利与义务方面是对等的，应该遵循公正、公平的原则，不能把单方面的意愿强加给另一方。"②

也有学者认为，高校教师岗位聘任权兼具公权力与私权利的特征。

---

① 李保中：《公立高校教师聘任合同之法律属性探讨》，硕士学位论文，中国政法大学，2009年，摘要。

② 陈鹏：《我国公立高等学校与教师法律关系之研究》，载《中国教育法制评论》2006年第4辑。

"高校与教师法律关系的'主体阶段性'特征：在聘前阶段，高校作为学校法人，具有民事主体地位，高校与教师在平等自愿基础上，按照合同约定确认双方各自的权利和义务，高校与教师之间具有民事法律关系的特征。……聘后阶段，在高校对教师实施管理的过程中，特别是教师职务任职资格评审工作中，高校作为学校法人，具有行政主体地位，享有法律法规授予的行政权力，高校与教师之间具有行政法律关系的特征。"①

可以发现，学者们对高校教师岗位聘任权法律性质的思考，往往隐含在"高校与教师聘任关系的法律性质"的探讨中，并遵循着"公权力—不平等关系（行政管理关系或人事关系）—行政合同"与"私权利—平等关系（民事关系或劳动关系）—民事合同或劳动合同"的基本逻辑。

二　高校与教师的聘任关系：概念、实质与成立要件

（一）"教师的法律地位或法律身份"与"高校与教师的法律关系"之辨析

可以说，在很长一段时间里，我国高校与教师的法律关系都不是一个受关注的议题。在计划经济时代，高校作为政府的附属机构，教师作为国家工作人员，高校与教师的关系，恰如国家机关与公务员的关系，都被视为特殊的权力关系而排斥在法律调整范围之外。自实施聘任制后，特别是随着相关纠纷的增多，我国高校与教师的法律关系才逐渐受到重视。

目前，对"高校与教师的法律关系"的有关思考与探讨，往往与"教师的法律身份"或"教师的法律地位"等主题相挂钩。② "由于法律身份的不同，教师与相关主体的法律关系也不相同，法律关系中的权利义务也有差异。"③ "教师的法律地位是教师立法乃至教育立法的核心领域，

---

① 阎峻：《法治视角下的中国高校人事制度改革研究——以高校与教师的法律关系为核心》，博士学位论文，华中科技大学，2018 年，第 107 页。

② 目前学界对"教师的法律身份"与"教师的法律地位"两个概念尚未有共识性的界定，在概念使用上则基本不作区分。在笔者看来，身份更注重一般性，地位更强调特殊性。因此，对教师法律身份的界定，应更侧重教师身份上的统一性，而对教师法律地位的认定，则更关注教师身份间的差异性。具体可参见本书第二章相关内容。

③ 余雅风、王祈然：《教师的法律地位研究》，载《华东师范大学学报》（教育科学版）2021 年第 1 期。

其法律地位的明确将直接决定教师的权利和义务范畴，决定教师与学校、学生等教育主体的法律关系及权利救济形式，更决定着国家及学校针对教师的管理范式。”①

在不少学者看来，教师的法律身份或法律地位决定着高校与教师的法律关系。沿着这一思路，若教师是公务员或准公务员，那么，高校与教师之间形成的是一种管理与被管理的公法关系；若教师是普通劳动者或一般雇员，那么，高校与教师之间形成的则是一种平等的私法关系；若教师是兼具劳动者和公务人员双重身份的特殊劳动者或教育雇员，那么，高校与教师之间形成的则是公私法混合关系。目前，教师的法律身份或法律地位仍存在诸多争议。② 这些纷争，自然而然地延展到高校与教师的法律关系这一主题的探讨中。

在笔者看来，“教师的法律地位或法律身份”与“高校与教师的法律关系”之间，虽有关联，但不应简单捆绑。“教师的法律地位或法律身份”关注的是作为特定职业角色的教师所具有的一般性的权利能力与行为能力问题。而“高校与教师的法律关系”则关注的是双方在特定事项上所形成的权利义务关系。申言之，作为法律关系主体之一的教师，其所具有的一般性的法律地位或法律身份，并不能完全决定高校与教师的法律关系。

法律关系是一种动态的法秩序或生动的法实践。“在所有既定情形中，法律关系这种生机勃勃的结构都是法实践的精神要素，并将法实践的高贵使命与外行人在法实践中看到的单纯的机械主义区分开来。”③ 作为一种生机勃勃的结构，法律关系包含着主体、客体与内容等多种元素。只有这些元素综合在一起，才形成法律关系。虽然，“法律主体作为法律关系的能动性要素，往往决定着法律关系的形成与变动”④，但是，法律主体只是法律关系的要素之一，并不能完全决定法律关系的内容和性质。

---

① 陈鹏、李莹：《国家特殊公职人员：公办中小学教师法律地位的新定位》，载《教育研究》2020 年第 12 期。

② 具体内容可参见本书第二章第二节。

③ ［德］萨维尼：《当代罗马法体系Ⅰ：法律渊源·制定法解释·法律关系》，朱虎译，中国法制出版社 2010 年版，第 258—259 页。

④ 张文显主编：《法理学（第五版）》，高等教育出版社 2018 年版，第 152 页。

实际上，法律主体所享有的权利义务，很大程度取决于其所处的法律关系。正如萨维尼所言："每一种法律关系的'中心'应该是在该法律关系中享有权利和利益的当事人，当事人本身的法律地位应该首先予以明确。这种法律地位表现为当事人在法律关系中具有享有某种权利的资格（权利能力）以及当事人在法律关系中能够以自己的行为取得某种利益的资格（行为能力）。"① 所以，若离开具体的法律关系去谈有关法律主体的法律地位，容易陷于空洞，造成不必要的纷争。

正是基于这一立场，笔者在本书第二章中指出，公立高校教师应是国家公职人员，这也意味着其职业关系的国家性与多样性。高校教师作为国家公职人员，首先表明高校教师与国家间形成了一种抽象意义上的宪法关系。在此种意义上，高校教师代表着国家，行使高等教育阶段的教育权力，履行高等教育阶段的国家基本义务。但是，当将视野从高校教师与国家间的抽象性宪法关系转向与高校间的具体性法律关系时，这种职业关系上的国家性就转化为多样性。高校与教师间形成的是私法关系（民事关系），还是公法关系（行政关系）？或者，它们之间哪些属于私法关系（民事关系），哪些属于公法关系（行政关系）？它们之间应具有哪些权利义务？以及有哪些法律解纷机制？等等，这些问题则需要通过具体事项进行具体分析，不可一概而论。

（二）聘任关系：高校与教师的基础法律关系

高校与教师在诸多事项上，比如人身财产（教师住房、子女就学、薪酬待遇等）、教学科研（教学与学术自由等）、教育管理（教师资格认定、教师职称评审、学术不端惩戒等）、教育安全责任等方面，都会形成一定的权利义务关系。随着教师聘任制的深化，高校与教师之所以能在这些事项上形成一定的权利义务关系，首先取决于双方聘任关系的确立。

本书第二章已简述了新中国高校教师聘任制发展的基本历程。1982年6月8日原国家教育委员会发布的《高等学校教师职务试行条例》中明确提出聘任制。1985年4月15日教育部发布的《关于当前高等学校教

① ［德］萨维尼：《法律冲突与法律规则的地域和时间范围》，李双元等译，法律出版社1999年版，第66页。

师工作量问题的意见》的规范性文件中，明确指出高校教师工作量“这方面的工作，随着教师聘任制的逐步推行和工资制度的改革，必将进行相应的改进和改革”。1986 年 3 月 3 日中央职称改革工作领导小组再次发布了《高等学校教师职务试行条例》。1993 年 10 月 31 日颁布的《教师法》第 17 条中明确规定：“学校和其他教育机构应当逐步实行教师聘任制。”1995 年 3 月 18 日颁布的《教育法》第 34 条中规定：“国家实行教师资格、职务、聘任制度。”1998 年 8 月 29 日颁布的《高等教育法》第 48 条中进一步明确规定：“高等学校实行教师聘任制。教师经评定具备任职条件的，由高等学校按照教师职务的职责、条件和任期聘任。高等学校的教师的聘任，应当遵循双方平等自愿的原则，由高等学校校长与受聘教师签订聘任合同。”

同样在第二章，本书对高校教师聘任制的制度愿景与规范内涵作了初步解读。从制度愿景来说，高校教师聘任制是为解决“能上能下、能进能出”“打破铁饭碗”的问题。为了赋予高校更大的用人自主权，政府采取总量控制的编制改革，借此实现由微观具体的“身份管理”转向宏观抽象的“岗位管理”。

从政策意见到法律规定，从理念建构到实践推进，聘任关系已然成为我国高校与教师的基础法律关系。作为基础法律关系，聘任关系是我国高校与教师建立其他法律关系的前提与基础。由此，高校与教师间形成聘任关系，也成为探讨或解决其他相关问题的关键。

（三）高校与教师聘任关系：实质与成立要件

那么，高校与教师聘任关系的实质是什么？高校与教师的聘任关系需要哪些成立要件？如何判断高校与教师的聘任关系是否合法有效？

“法律关系是以法律规范为基础形成的、以法律权利和法律义务为内容的社会关系。”[①] 作为一种法律关系，高校与教师的聘任关系同样是以相应法律规范为基础而形成。就我国现有法律体系而言，《高等教育法》第 48 条是高校与教师聘任关系的法律规范的主要载体。

《高等教育法》第 48 条中规定：“教师经评定具备任职条件的，由高等学校按照教师职务的职责、条件和任期聘任。高等学校的教师的聘任，

① 张文显主编：《法理学（第五版）》，高等教育出版社 2018 年版，第 152 页。

应当遵循双方平等自愿的原则，由高等学校校长与受聘教师签订聘任合同。”依据该条法律规定，高校与教师的聘任关系的成立需要具备以下四个法律要件：一是受聘教师应经评定具备任职条件，二是高校要按照教师职务的职责、条件和任期进行聘任，三是聘任要遵循双方平等自愿的原则，四是高校校长与受聘教师要签订聘任合同。

“受聘教师应经评定具备任职条件”，这是对聘任关系中受聘教师的主体资格的基本要求。根据法律规定，我国实行教师资格制度。教师资格的取得是成为法律意义上“教师”的必要而非充分条件。因此，从逻辑上而言，受聘教师首先应当具备教师资格，即取得教师资格证书。在此基础上，受聘教师应当经评定具备相应的任职条件。在这里需要探究的是，这里的“评定”到底是由哪个组织或机构进行？“任职条件”具体又指什么，是学校自设的，还是法定的？若仅从该语句来看，显然语焉不详，难以得出确切的结论。但结合下一句，也就是高校与教师的聘任关系成立的第二个要件，即高校要按照教师职务的职责、条件和任期进行聘任，可以回溯性地确定前一句中鉴于立法简洁性要求而省略掉的有关内容。

“高校要按照教师职务的职责、条件和任期进行聘任”中教师职务指的就是《高等教育法》第 47 条中所指的“助教、讲师、副教授、教授”等教师职务。对于教师取得这些职务任职的基本条件，该条文作了进一步的规定：“（一）取得高等学校教师资格；（二）系统地掌握本学科的基础理论；（三）具备相应职务的教育教学能力和科学研究能力；（四）承担相应职务的课程和规定课时的教学任务。教授、副教授除应当具备以上基本任职条件外，还应当对本学科具有系统而坚实的基础理论和比较丰富的教学、科学研究经验，教学成绩显著，论文或者著作达到较高水平或者有突出的教学、科学研究成果。”针对这些原则性条件，《高等学校教师职务试行条例》对相应教师职务的职责、条件和任期都作出更为明确的具体化规定。由此，高校主要就是按照《高等学校教师职务试行条例》中有关规定聘任具备相应职务任职条件的教师。

与此相对应，“受聘教师应经评定具备任职条件”指的也就是根据《高等学校教师职务试行条例》的相关规定，经法定组织评定其具备相应教师职务任职条件。这实质上涉及高校教师职称评审。简言之，受聘教师应当经过法定的教师职称评审程序获得相应的教师职称，这是受聘教师成为主体资格的法定要件。另外，双方平等自愿与签订聘任合同这两个成立要件，本书在第二章中已有较多讨论，此处不再赘述。

从这四大法律要件来看，前两个成立要件涉及聘任关系的实质性内容，后两个则涉及聘任关系的形式性内容。从前两个成立要件来看，高校与教师的聘任主要是高校教师职称上的。换言之，双方聘任关系的实质是教师职业管理（这里主要是教师职称管理）意义上的聘任关系。这种教师职业管理意义上的聘任关系，有着较浓厚的法定性与管理性，往往与官方岗位聘任系统相连，受聘教师与高校在其中都没有太多自由决定的空间。

当然，这种教师职业管理意义上的聘任关系，定然是以双方职业关系已形成确定为前提。根据我国现有制度规范，只有在与高校形成确定职业关系后，教师才能申报和获评相关教师职称。换言之，我国《高等教育法》中所规定的高校教师聘任制，主要聚焦在教师与高校已确定职业关系后的岗位聘任制度。这与教师聘任制出台的改革愿景有关。为了改变铁饭碗式的固化职业关系，决策者期冀通过教师聘任制构建相对灵活的高校与教师的聘任关系。所以，1995 年《教育法》和 1998 年《高等教育法》出台时，立法者更多考量的应该是如何在已形成的教师与高校职业关系基础上进行职业管理方式的有效改变。正是基于这一考量，才有了之后《高等教育法》第 48 条的语句表达与规范内涵。

由此可知，教育法律制度上的聘任关系较为狭隘，跟民事法律制度中的雇佣关系或劳动法律制度中的劳动关系，是存在差异的。因为，不管是雇佣关系还是劳动关系，都是以双方职业（服务或劳动）关系的形成确定为首要目标。这种职业关系形成意义上的雇佣关系或劳动关系，双方主体在职业（服务或劳动）关系是否形成上，都具有较大的自主空间。平等自愿与合同签订，对双方关系的形成具有实质性意义。但是，在教师职业管理意义上的聘任关系中，要求高校与教师遵循平等自愿原则，其实没有多少现实基础；要求双方签订聘任合同，也没有多大实质意义。

有的学者认为："聘任制就是聘任合同制，聘任关系就是合同关系，合同关系是高等学校与教师法律关系的基础。”[①] 虽然，从形式要件来看，这种逻辑没有问题。但是，将聘任关系等同于合同关系，既是对聘任关系的过度简化，也不大符合现实情况。实践中，不少高校往往采用聘任证书或聘任文件的方式以确认与受聘教师的聘任关系。

所以，笔者认为判断高校与教师的聘任关系是否成立，关键看前两个实质性法律条件是否符合，即受聘教师是否经评定具备任职条件，高校是否按照教师职务的职责、条件和任期进行聘任。依这两大成立要件来看，教师与学校签订聘用合同，并不能当然地视为双方聘任关系的成立，或者教师与学校没有签订聘任合同，也不能当然地视为双方不存在聘任关系，而要视具体情况而定。比如受聘教师（特别是新入职教师），在与高校签订聘用合同时，[②] 若还没有取得教师资格，或未经评定具备任职条件，或者高校没有按照教师职务的职责、条件和任期进行聘任，那么，就不能认为双方聘任关系已有效成立。

三　高校与教师聘任关系法律性质的主要论争

（一）基本概况

聘任关系作为高校与教师的基础法律关系，其法律性质必然影响甚至决定着双方权利义务的实现方式与解纷机制。但是，高校与教师的聘任关系到底属于何种性质，至今众说纷纭。

综合来看，对高校与教师聘任关系性质的探讨，主要经历了从民行单一说到民行复合说，再到具体关系说。民行单一说，即主张高校与教师聘任关系性质要么属于民事法律关系，要么属于行政法律关系。一个比较有趣的现象是，持不同观点的学者与其学科背景有着较大关系。民法学者往往倾向于民事法律关系说，比如王利明教授等认为，高校与教师之间的法律关系本质上是雇佣关系，双方签订的聘用合同是雇佣合同。[③] 行政法学

---

① 陈鹏：《我国公立高等学校与教师法律关系之研究》，载《中国教育法制评论》2006 年第 4 辑。

② 实践中高校与教师签订的聘任（用）合同的名称较为多样，比如有的称为“人才引进协议”。

③ 王利明等：《中国民法典学者建议稿及立法理由（债法总则编）》，法律出版社 2005 年版，第 466 页。

者则倾向于行政法律关系说，比如杨建顺教授就直言："我比较倾向于将教师作为教育公务员来定位，将教师和高等学校缔结的聘任合同视为公法合同。"① 再如李训民博士认为："教师与学校间之法律关系自始系建立于聘任关系之上，而该聘任合同不仅系职务（岗位）之确立，亦为嗣后职称评等之基础，难谓非公法上之契约，仍受行政法所调整。"②

从司法实务来看，行政法律关系说一直没被采纳。早在2000年林某诉西北大学案中，西安市碑林区人民法院审理认为，高等学校教师的聘任是高等学校与受聘教师在平等自愿的原则下进行的，不是行政法律关系调整的范围，故林某的起诉理由不成立，遂驳回林某的起诉。③ 但是，针对高校与教师聘任关系的实然状况，单纯的民事法律关系说显然也没有得到更多的支持。"在我国目前的制度环境下，公立高校公法人地位的培育还需要一个过程，教师专业自由权利的取得也不可能一蹴而就。因此，教师与公立高校之间还不可能建立起完全平等的契约关系。并且，在当前的教师聘任制改革中，教师处于明显的弱势地位。"④ 在类似质疑与担忧下，民行复合说即主张高校与教师聘任关系兼具民事法律关系与行政法律关系特点，率先出圈。"高校作为事业单位，与教师之间建立的绝不是简单的劳动雇佣关系，而是兼有民事属性和行政属性的复合法律关系。"⑤

的确，将高校与教师的聘任关系简化为单纯的民事法律关系，显然与事实不符，也难以契合高校作为公益性事业单位和教师作为专业人员的基本定位。但是，在现有的民行诉讼二元制度框架下，带有折衷意味的民行复合说对于高校与教师聘任法律纠纷的有效解决，并无多大实质意义。随着对权利救济的关注，一些学者在公私法的基本框架下对聘任关系的特殊

① 杨建顺：《教师聘任制与教师的地位——以高等学校教师为中心》，载《中国教育法制评论》2002年第1辑。

② 李训民：《高校教师升等评审管制之司法审查》，载《行政法学研究》2010年第1期。

③ 笔者没有找到该案裁决书原文，上述法院观点表述引自陈鹏、祁占勇：《高校教师职务评聘中的法律问题探析——对一起诉讼案的法理学思考》，《高等教育研究》2004年第2期。

④ 刘香菊：《聘任制度下公立高校与教师的法律关系研究》，硕士学位论文，华中科技大学，2005年，摘要。

⑤ 关于学校与教师法律关系的性质，主要有行政关系、民事关系和行政关系与民事关系交错的复合法律关系说三种观点。详见孙霄兵、马雷军《教育法理学》，教育科学出版社2017年版，第400—404页。

性进行新的思考，提出了各种具体关系说。具体关系说主要有人事关系说、特殊劳动关系说和行政契约关系说三种观点。

（二）人事关系说

持这一观点的学者，较早的如申素平教授，她认为："随着高等教育体制和教师人事制度改革的深入，公立高等学校与教师之间原有的行政隶属关系逐渐被打破，教师通过与高等学校签订聘任合同，与之构成受法律保护的人事关系。这一关系是一种特殊的行政法律关系。"① 在我国，人事关系主要指事业单位与其工作人员之间形成的，涉及录用、培养、考核、奖惩、工资、福利、保险、档案及流动调配等，并基于人事法律法规而形成的权利义务关系。所以，作为特殊的行政法律关系，人事关系主要指向的是内部行政关系。

在特别权力关系理论中，内部行政关系的主体权利往往被排除在司法救济之外。随着时代的发展，特别权力关系理论已被突破，内部行政关系的主体权利被逐渐纳入司法救济中。比如，在我国从退学处分到学位授予、撤销等诸多争议，大学生都可以对学校提起行政诉讼，寻求权利救济。在这种背景下，高校与教师的有关人事纠纷也逐渐被纳入司法程序中。

2007 年《人事争议处理规定》第 3 条规定："人事争议发生后，当事人可以协商解决；不愿协商或者协商不成的，可以向主管部门申请调解，其中军队聘用单位与文职人员的人事争议，可以向聘用单位的上一级单位申请调解；不愿调解或调解不成的，可以向人事争议仲裁委员会申请仲裁。当事人也可以直接向人事争议仲裁委员会申请仲裁。当事人对仲裁裁决不服的，可以向人民法院提起诉讼。"2014 年《事业单位人事管理条例》第 37 条明确规定："事业单位工作人员与所在单位发生人事争议的，依照《中华人民共和国劳动争议调解仲裁法》等有关规定处理。"在此之前，最高人民法院就发布有关的文件，如《关于人民法院审理事业单位人事争议案件若干问题的规定》（法释〔2003〕13 号）、最高人民法院《关于事业单位人事争议案件适用法律等问题的答复》（法函〔2004〕30

---

① 申素平：《论我国公立高等学校与教师的法律关系》，载《高等教育研究》2003 年第 1 期。

号），已将高校等事业单位人事争议纳入“劳动人事仲裁—民事诉讼”的处理程序中。

“劳动人事仲裁—民事诉讼”制度的建立，使得劳动关系与人事关系作为二元对立范畴被纳入同一诉讼程序框架下。对于人事关系与劳动关系的差异，有学者认为：“在劳动关系中，劳动者与用人单位（通常是企业和个体经济组织）之间兼有意思自治与国家干预双重属性的关系。例如用人单位可以自行招录员工，员工的工资和其他劳动条件由双方协商确定，国家则从保护劳动者弱势群体的角度出发，规定劳动基准或禁止性、义务性条款，强令用人单位和劳动者双方遵行，以彰显实质公平和社会正义。而人事关系从建立之初就带有强烈的公法性质，人事政策法规对其采用以国家干预为主的调整方法，原则上排除当事人的意思自治。”①

人事关系具有公法性质，而劳动关系则兼具公私法（或社会法）性质，因此，“人事关系与劳动关系的法律属性是不同的”②。但是，劳动人事争议走的是民事诉讼程序，所以，在法律实践中，人事关系并不被视为一种特殊的行政法律关系，而是作为区别于劳动关系的法律关系，其意义主要在于实体法适用上的确定。换言之，支持高校与教师的聘任关系是人事关系而非劳动关系，则意味着双方的实体权利义务适用人事法规政策，而排除适用《劳动法》中的相关规定。可以说，当前高校与教师的聘任关系是人事关系说的支持声音，更多来自实务界，特别是在教师辞职类争议案件中。③

（三）特殊的劳动关系说

尽管，高校教师聘任制改革不断推进，但由于政策制度层面上人事关系与劳动关系相分离的二元结构，高校教师聘任制并没有达致预设的效果，甚至流于形式。加之，教师聘任制（包括事业单位的聘用制）内部机理没有厘清，实践中各种矛盾冲突层出不穷，最终可能消解改革的

---

① 张冬梅：《浅谈劳动争议与人事争议的合理界分》，载《北京市工会干部学院学报》2013 年第 2 期。

② 游中川：《居委会成员的人事关系认定》，载《人民司法（案例）》2020 年第 17 期。

③ 可参见李军锋主编《转型背景下高校人事、劳动争议判解研究》，法律出版社 2011 年版；姚荣《公立高校教师聘用合同的法律性质重审——基于控权论的立场》，载《复旦教育论坛》2020 年第 5 期。

初愿。

2000 年 6 月，中共中央组织部、人事部、教育部共同印发了《关于深化高等学校人事制度改革的实施意见》。同年 7 月，国家人事部发布了《关于在事业单位试行人员聘用制度的意见》。可以说，这是高校教师聘任制推行中两个非常关键的政策文件。但这两个政策本身就存在矛盾之处："一方面，两个意见要求教师聘任基于劳动力市场的资源配置原则，追求效率优先。教师作为人力资源，其与学校形成一种市场化的劳动合同关系。另一方面，两个意见在引人市场竞争机制的同时，强化了对聘任制改革的行政控制，导致政策目标中出现市场机制与政府行政控制的冲突和矛盾。如两个意见提出要求引人竞争机制，同时又规定要遵从政府的'总量控制'；既提出要形成'人才合理流动的机制'，同时却又要求保持'相对稳定'，对落聘、待聘人员'采取校内转岗聘任'的校内消化模式。"①

这些相互矛盾的规定，"使高校与教师的劳动关系变得错综复杂，既要建立聘任制度下的劳动合同关系，又不能脱离行政主导模式。实际上，我国公立高等学校在聘任制的实施中，高校的权力在急剧上升，教师的权力在急剧下降，权力的严重失衡使教师的权益受到侵犯变得不可避免。这种劳动关系的形式平等与实质上不平等的矛盾是当前教师聘任制难以推行的关键所在"②。

面对现状，一些学者呼吁将事业单位的人事关系纳入劳动关系中，统一适用劳动关系。"统一适用劳动关系有助于改变我国事业单位准政府职能部门的地位，有利于事业单位的健康发展。同时，在法律关系选择的制度设计与适用中，我们应该注重平衡统一适用劳动关系中事业单位工作人员的劳动权益与公共利益、市场机制运营与提供公共产品的利益冲突。"③

---

① 周光礼、彭静雯：《从身份授予到契约管理——我国公立高校教师劳动制度变迁的法律透视》，载《高等教育研究》2007 年第 10 期。

② 周光礼、彭静雯：《从身份授予到契约管理——我国公立高校教师劳动制度变迁的法律透视》，载《高等教育研究》2007 年第 10 期。

③ 何平：《顺流而上还是急流勇退：我国事业单位人事关系法律定位的选择》，载《现代法学》2012 年第 3 期。

但是，劳动关系说似乎受到了实务界与学术界的双重质疑。如审理我国高校“非升即走”第一案[①]的张朴田法官认为：“劳动关系与人事聘用关系显然不同，从事业单位人事改革历程来看，我国事业单位的人事关系远没有按照理想的模式划分清楚，对于进入‘编制’人员的身份缺乏有力的法律定位。总体而言，《人事条例》确立的管理模式更接近于公务员管理模式，与劳动合同管理模式差异较大。……高校与教师的关系更趋平等：从缔约能力来看，高校与教师都有更多的选择权，教师缔约的自由度远高于普通劳动者，日常工作中的劳动基准、福利待遇、工作条件等都能通过体制的自行运转得到保障，不需要教师特别争取或作出妥协。一般而言，高校对教师的日常管理比较松散，教师拥有比企业从业人员更多的自主性和灵活性。据此可知，高校教师的地位高于普通劳动者，劳动立法倾斜保护的迫切性不明显，在处理人事纠纷时，双方合意应该受到更多尊重和保护。”[②]

简言之，在张朴田法官看来，高校与教师聘任关系之所以不应被视为劳动关系，一方面因为对教师的管理模式接近公务员管理模式，更具公法上的强制性；另一方面高校教师的法律地位高于普通劳动者，不需要像弱者一样被立法保护，更有私法上的自由度。不过，张朴田法官在论证中似乎犯了一个逻辑错误，即违反了同一律。主体的法律地位是在特定法律关系中形成与确定的。以高校教师所具有的缔约能力、日常管理与普通劳动者的不同，便得出高校教师的法律地位高于普通劳动者的结论，显然不当。高校教师的法律地位不同于普通劳动者，但不能说高于普通劳动者，因为他们不在同一法律关系中。高校教师的法律地位高还是低，是与其形成相应法律关系的另一主体高校及政府，相较而言的。高校教师面对的是高校以及政府，普通劳动者面对的是企业与私人雇主，那么，谁更强大，谁更弱小?!

学者中反对劳动关系说的，也主要是认为高校教师与普通劳动者在工作属性、时间、内容、方式等方面存在差异性。“一旦将教师纳入《劳动

---

① 该案详情将在本书第六章第二节详细介绍。

② 张朴田：《“非升即走”制度在高校聘用合同中的效力认定——以郭某诉江南大学人事争议案为例》，载《法律适用》2018 年第 10 期。

法》的适用范围，则无疑是对教师地位的贬低。暂且不论教师工作内容的复杂性，仅就其工作时间的特殊性而言，也不适合受《劳动法》规范。高等学校教师常常是昼夜不分，若像一般劳动者那样，每天只工作八小时，必将严重地影响其学术研究水准。大学教师的研究及备课行为并非在校方指定的时间与地点下进行，也不是'从属性劳动'，可以自行决定开始与结束的时间，不受校方的监督。因此，这些工作及劳动，无法归类于劳动法上所定义的工作时间。也就是说，大学教师所从事的研究与工作的大部分不属于劳动法上所规定的劳动或工作范畴。换言之，大学教师登上讲台所从事的在校方指定时间、地点的工作，只是其劳动、工作时间的一小部分。鉴于大学教师的工作时间具有极大的弹性这一事实，不宜将大学教师等同于一般劳动者而适用《劳动法》等有关法律、法规。"①

比较可以发现，实务界人士认为高校与教师聘任关系不应视为劳动关系，是因为教师比普通劳动者更强大，没必要借助《劳动法》作倾向性保护；学者之所以反对将高校与教师聘任关系视为劳动关系，虽然也认为贬低了高校教师地位，但认为适用《劳动法》不利于教师的权利保护。姑且不论，适用《劳动法》到底是对教师权利的过度保护还是不利保护，在反对者们看来，劳动关系说都缺乏对教师职业特殊性的应有关注。

于是，一些学者提出了特殊的劳动关系说，以期兼顾教师职业的一般性与特殊性。"公立高校与教师之间的聘任关系，本质上是一种特殊的劳动关系。"② 显然，特殊的劳动关系说仍是建立在高校与教师的聘任关系是劳动关系这一基础之上，只是强调相比一般的劳动关系，其具有更多的特殊性。这种特殊性主要体现在教师的工作时间、地点与内容等方面，具有更大的自主性与灵活性。"基于此，既保障教师作为劳动者所应享有的合法权益，又能够基于学术职业的特殊性，进一步保障公立高校教师的学术自由基本权利。"③

---

① 杨建顺：《教师聘任制与教师的地位——以高等学校教师为中心》，载《中国教育法制评论》2002 年第 1 辑。

② 高延坤：《公立高校人事争议"仲裁——诉讼"机制研究》，博士学位论文，上海交通大学，2017 年，第 26—27 页。

③ 姚荣：《公立高校教师聘用合同的法律性质重审——基于控权论的立场》，载《复旦教育论坛》2020 年第 5 期。

（四）行政契约关系说

行政契约说主张高校与教师的聘任关系属于行政契约法律关系。因此，该观点的核心在于行政契约这一概念。

从概念称谓上来看，行政契约与行政合同、行政协议这两个概念经常被等同使用。当然，有一些学者尝试厘定这三个概念间的区别。“一方面，行政契约系纯粹的学术用语，但其范围并不当然就涵盖行政合同，二者为对统一问题的不同用语阐述，在理论和实务的发展中，行政合同替代行政契约的说法变得更为流行。另一方面，行政合同和行政协议的提法在法律文件和司法实务的使用中需要统一规范，这一点需要统一的立法来回应，以保持法律用语的严谨性。”[①] 也有学者认为，行政契约应当是建基在“意思相反而达成的合意”之上；若建基在“共同合意（共同意志”）之上的行政协议或行政合同，比如行政机关相互间为履行职责创设的区域合作协议，则不是行政契约。[②]

尽管如此，在制度层面上，行政契约与行政合同、行政协议这三个概念还是某种程度地被等同使用着。比如在我国台湾地区，行政契约就不仅是学术用语，也是个法律概念；而在我国大陆，法律制度层面则主要使用行政协议这一概念。尽管最高院司法解释将“行政机关之间因公务协助等事由而订立的协议”和“行政机关与其工作人员订立的劳动人事协议”排除在行政诉讼受案范围。但是，这也反过来说明了作为法律概念的行政协议，也指行政契约或行政合同。

在笔者看来，相比“合同”“协议”，“契约”一词不仅可以实指，指涉具体的契约文书与内容；也可以虚指，指涉蕴含着自由与合意的契约精神。鉴于此，本书还是倾向于使用“行政契约”这一概念。当然，对行政契约、行政合同与行政协议这三个概念在内涵上则不作过度区分，等同使用。

从概念内涵上来说，行政契约是指两个以上法律主体，以设定、变更

---

① 张雨：《行政契约、行政合同、行政协议用语的厘清》，载《现代交际》2019 年第 12 期。

② 于立深：《台湾地区行政契约理论之梳理》，载《中外法学》2018 年第 5 期。

或消灭行政法律关系为目的，互为意思表示而合致成立的法律行为。[①] 它一方面类似于私法契约，强调法律关系主体的意思表示与合意，但另一方面又不同于私法契约，更强调以发生行政法上法律效果为目的。因此，契约双方形成的不是私法关系，而是公法关系。虽然，行政契约具有公法上的意义，但又不能似公法行为般具有强制执行力。“行政契约不属于传统行政行为范畴，行政行为效力理论不及于其，以契约本身作为执行根据不合乎行政法治理念。依法成立的民事契约也不具有强制执行力，行政契约的强制执行亦无普遍的契约法理基础。为有效解决行政契约履行争议，除恢复行政机关的契约诉讼原告资格和诉权之外，契约当事人的自我约定强制执行制度、与行政优益权相匹配的其他法定处理权等，可以作为破局的尝试。但是，这些制度设计也可能消解行政契约的合意性、平等性，不仅应该使其法定化而且力求慎用。”[②]

在我国，相比人事关系说或劳动关系说，行政契约关系说主要还是一种理论上的呼声。“公立学校教师虽然不属于国家公务员，但仍应具有国家工作人员身份。教师聘任合同既不是受《合同法》调整的民事合同，也不是受《劳动法》调整的劳动合同，而更多地具有行政合同的特征。”[③] 虽然，2014 年修订的《中华人民共和国行政诉讼法》将行政协议列入受案范围。但是，“在行政契约履行纠纷的诉权设计上，具有片面性，带来了新的诉讼问题。即为了维持‘民告官’的原被告诉讼角色恒定性之预设理念，行政诉讼法只确认了行政契约的一方当事人——行政相对人的原告资格和相应诉权，它可以原告身份向法院请求解决行政契约争议。具体的诉之利益包括：行政机关不依法履行契约、未按照约定履行契约、单方变更契约、单方解除契约等。产生行政契约履行纠纷时，行政机关没有原告资格，这是法院在行政契约列入行政诉讼受案范围后所面临的新的司法难题。”[④] 加之，2019 年 12 月最高院发布的《关于审理行政协议案件若干

① 陈敏：《行政法总论（第 7 版）》，新学林出版社有限公司 2011 年版，第 554 页。

② 于立深：《行政契约履行争议适用〈行政诉讼法〉第 97 条之探讨》，载《中国法学》2019 年第 4 期。

③ 申素平：《论我国公立高等学校与教师的法律关系》，载《高等教育研究》2003 年第 1 期。

④ 于立深：《行政契约履行争议适用〈行政诉讼法〉第 97 条之探讨》，载《中国法学》2019 年第 4 期。

问题的规定》中明确了行政机关内部劳动人事合同不属于行政协议的范畴。

可以说，我国现有制度的设计与选择，基本上封掉了将高校与教师的聘任关系定性为行政契约关系的理论构想与制度建构之路。但是，在我国台湾地区，大学与教师的聘任关系是行政契约关系的观点，不管是在学理上，还是在实务中，都已形成基本共识。

在我国台湾地区，学界与实务界较一致地认为，用行政契约关系来界定公立大学与教师的聘任关系，既能保障双方的意思合意与自由，又可制约双方（特别是校方）的恣意。对此，我国台湾地区“大法官”释字第308号有着较为清晰的说明：“公立学校聘任之教师系基于聘约关系，担任教学工作，与文武职公务员执行法令所定职务，服从长官监督之情形有所不同，教师与公立学校间之法律关系属于行政法契约关系，既属契约关系，教师与公立学校间，彼此之法律地位应属平等关系，两者关于教师聘任契约关系应如何建立、契约关系之具体内容，应得由双方基于契约自由之原则，由双方协商约定。惟既然属于行政契约，则‘行政程序法’第5条至第10条规定之一般行政法原理原则当然适用于行政契约，因此行政契约必须受到法律及一般法律原则之拘束。‘教师法’亦属于‘行政程序法’第5条规定之法律，因此‘教师法’有关教师权利义务之规定，包括解聘、停聘、不续聘相关事由之规定，当然具有拘束教师与公立学校所签订行政契约之效力。”

有学者也进一步解释道：“‘教师法’就学校对教师予以解聘、停聘或不续聘相关事由之规定，采取负面表列方式，其目的即在保障教师之工作权与讲学自由，限制学校任意行使终止聘任契约，并非赋予学校监督权之行使，亦非得容许学校基于单方意思优越之地位，以单方行为即可形成、变更或消灭其与教师间之法律关系。”[①] 同时，大家认为将高校与教师聘任关系定性为行政契约，更能凸显教师角色的公职性，说明他们不是单纯的雇员，而是为实现教育任务的人员。“教育为国家社会发展之根基，教师肩负为国家造育人才之任务，其执行教育工作之良窳，攸关教育

① 引自台湾“大法官”释字第702号叶百修大法官协同意见书。

成败至巨，并间接影响人民之受教权。”① 所以，当其职业相关利益受到侵害时，教师不仅可以从生存权、财产权、工作权等方面，还可以从服公职权等方面，作为请求权基础寻求司法救济。

可见，我国台湾地区主要还是偏重于从教师权利的保障与救济立场出发，对学校与教师的聘任关系属于行政契约关系展开理论阐述与制度构建。

四　小结与反思

高校与教师聘任关系的法律性质，从民行单一说，到民行复合说，再到如今的人事关系说、特殊劳动关系说、行政契约关系说等各种具体关系说，一方面缘于高校教师聘任制的理论构想与实践推进上的罅隙，另一方面则源于对聘任关系的内涵及其本质、成立要件等方面的解读不够精准。

从制度愿景来说，高校教师聘任制是为了解决“能上能下、能进能出”“打破铁饭碗”的问题，使高校的用人制度更为合理和灵活。为此在实践推进中，也主要将重心放在了如何赋予高校更大的用人自主权这一问题上。可以说，我国高校教师聘任制主要是对高校教师职业管理方式的一种改变，并不会改变高校教师职业管理的本质。高校教师职业管理中的不平等性与隶属性，仍然客观存在。但是，一些人忽视了这一点，构想一种建基在平等自愿基础上的高校教师聘任制，混淆了高校教师职业管理阶段的聘任关系与高校教师职业形成阶段的聘用关系。而将高校与教师职业关系形成阶段的双方平等自愿原则杂糅到高校教师职业管理阶段，定然会带来理论与实践之间的罅隙。正是这种罅隙的存在，一方面说明我国高校教师聘任制的应然与实然为什么会存在如此大的差异，另一方面造成了对高校与教师聘任关系解读得不够精准。

教育法律制度上的聘任关系是一种狭义上的概念，指高校与作为法律意义上的教师在任职条件、职责和任期等为主要内容而形成的教师职业管理关系。本书第二章中曾指出，从实践层面来看，我国高校教师岗位聘任交叉着两套体系，一套是政府主导的岗位聘任体系，另一套是学校自主研发的岗位聘任体系。政府主导的岗位聘任主要是编制身份的确认与官方专

---

① 引自台湾“大法官”释字第 707 号理由书。

业技术岗位的聘任，往往与高校教师职称评审相挂钩。虽然，随着编制采取总量控制的方式，高校在新入职教师岗位聘任和教师职称评审上都有了更大的自主性，但官方主导的这一岗位聘任体系并未发生实质改变。学校自主研发的岗位聘任体系，则是高校在官方主导的岗位聘任体系外，建立了一套学校内部岗位聘任体系，用以鞭策教师，奖优惩劣，提高效益。尽管，高校自设的岗位聘任体系可以根据自身需求，设定岗位类别、名称与要求，并加大在校级薪酬待遇等方面的区分度。但是，官方主导的聘任体系所建立的基本岗位聘任规则，高校是无权改变的，而学校自主研发的岗位聘任体系也一定程度上与官方主导的聘任体系相勾连。

不管是政府主导的岗位聘任体系下，还是学校自主研发的岗位聘任体系下，只要受聘教师经评定具备任职条件、高校按照教师职务的职责、条件和任期进行聘任，那么，两者间形成的就是教育法律制度上的聘任关系。

值得注意的是，在我国高校教师人事制度改革中，有着从“聘任”到“聘用”的话语转换。在教师聘任制改革之初，官方文件以及法律文本上都使用的是“聘任”一词，后来1993年《教师法》、1995年《教育法》、1998年《高等教育法》也都沿用该词。随着2002年国家人事部发布《关于在事业单位试行人员聘用制度的意见》后，“聘用”一词逐渐取代“聘任”一词。比如2007年人事部、教育部印发的《高等学校等教育事业单位岗位设置管理的指导意见》中提出：“高等学校应区别不同类型、不同层次的受聘人员，积极探索短期、中期、长期合同相结合的聘用合同管理办法。高等学校与受聘人员应当在平等自愿、协商一致的基础上签订聘用合同，明确受聘岗位职责要求、工作条件、工资福利待遇、岗位纪律、聘用合同变更、解除和终止的条件以及聘用合同期限等方面的内容。高等学校和聘用人员签订聘用合同，可以按规定约定试用期。聘用合同期限内调整岗位的，应当对聘用合同的相关内容作出相应变更。聘用合同期满前，高等学校应按国家有关规定和受聘人员的履职情况认真考核，及时作出续聘、岗位调整或解聘的决定。”

在事业单位人事改革推进下，教师“聘用”“聘用合同”的讲法似乎已全面取代法律上的教师“聘任”及“聘任合同”。那么，教师“聘用”的内涵是否等同于法律上的教师“聘任”呢?

前文已指出，根据法律的规范内涵，教师“聘任”必须是指受聘教师经评定具备任职条件，高校按照教师职务的职责、条件和任期进行的。从官方文本来看，教师“聘用”有时就是指教师“聘任”。比如“2020年职称改革指导意见”中提出：“高校根据国家有关规定自主设置岗位，结合岗位空缺情况开展教师职称评审，并将通过评审的教师聘用到相应岗位，实现教师职称评审与岗位聘用有效衔接。”在该文件中，教师聘用、岗位聘用实际上指的就是将经评定具备任职条件的教师按照教师职务的职责、条件和任期进行的聘任。

但有时候，教师“聘用”又是指新教师的录用。比如2020年教育部等六部门发布的《关于加强新时代高校教师队伍建设改革的指导意见》（教师〔2020〕10号）中提出：“8. 完善高校教师聘用机制。充分落实高校用人自主权，政府各有关部门不统一组织高校人员聘用考试，简化进人程序。高校根据国家有关规定和办学实际需要，自主制定教师聘用条件，自主公开招聘教师。不得将毕业院校、出国（境）学习经历、学习方式和论文、专利等作为限制性条件。严把高校教师选拔聘用入口关，将思想政治素质和业务能力双重考察落到实处。建立新教师岗前培训与高校教师资格相衔接的制度。”

由上可知，教师“聘用”在内涵上要比教师“聘任”宽泛，也较为模糊。若仅从录用意义上使用“聘用”一词，那么，教师“聘用”与教师“聘任”间存在进阶关系，即先有教师聘用再有教师聘任。官方文本中之所以从强调教师“聘任”转向教师“聘用”，根源主要在于，最初的教师人事制度改革焦点在于对已有教师的职业关系管理方式的转变，而随着改革推进，重心已逐渐转向对新聘教师的职业关系管理转变上。

实际上，有的官方文本早已区分性地使用“聘用”针对新入职人员，而使用“聘任”针对已入职人员。比如2014年《事业单位人事管理条例》的第9、10条。其中，第9条明确规定新入职人员按照程序获聘后，应“订立聘用合同，办理聘用手续”①。第10条则规定已聘人员内部竞聘

---

① 《事业单位人事管理条例》第9条：“事业单位公开招聘工作人员按照下列程序进行：（一）制定公开招聘方案；（二）公布招聘岗位、资格条件等招聘信息；（三）审查应聘人员资格条件；（四）考试、考察；（五）体检；（六）公示拟聘人员名单；（七）订立聘用合同，办理聘用手续。”

上岗后，应办理“聘任手续”①。

无疑，“聘用”新入职人员与“聘任”已入职人员的这种概念差异尚未被严格地区分使用，这导致一定程度的混乱。若能以这种区分来理解两个概念的差异性，那么可以逻辑性得出如下观点：高校与教师的“聘任关系”不完全等同于“聘用关系”。这里的“聘用关系”应该指高校与作为一般意义上的法律主体的教师（或准教师）间基于录用而形成确定的职业关系。一旦聘用关系成立，就意味着高校与教师之间形成了职业固定关系。所以，聘用关系属于职业关系形成意义上，不同于职业管理意义上的聘任关系。一般情况下，聘用关系是聘任关系的前提，而聘任关系建基在聘用关系上。当然，也不排除有的情况下，即同时符合聘任关系成立要件时，聘用关系的成立也意味着聘任关系的成立。所以，不能将高校与教师聘任关系简单地等同于聘用关系。不管是雇佣关系说、劳动关系说还是特殊劳动关系说，实际上是将高校与教师的聘任关系，想当然而不精准地解读为了聘用关系。

人事关系说虽然抓住了聘任关系的本质是教师职业管理关系，但由于过度偏重管理与强制的面向，强化学校管理权力的地位，而忽视了教师职业的学术性特质，消解了教师在聘任关系中应有的主动性与能动性，有过度弱化教师权利的保障与救济之嫌。此外，人事关系与劳动关系这对概念，很大程度上是为了解决法律适用而采取的一种策略性区分，并不存在本质上的二元对立性。申言之，人事关系自身并不是一个内涵很明确的概念。

行政契约关系说试图寻求公法与私法、大学自治与教师权利保障的平衡，一方面仍将高校与教师的聘任关系定位在公法视域中，针对有关聘任纠纷可以提起行政诉讼；另一方面引入私法的契约精神赋予双方更大的自由自主空间，强调聘任事项不可以适用公法上的强制履行规则。相对而言，行政契约关系说在台湾地区从理论到实务都构建起一套比较成熟的体

---

① 《事业单位人事管理条例》第 10 条：“事业单位内部产生岗位人选，需要竞聘上岗的，按照下列程序进行：（一）制定竞聘上岗方案；（二）在本单位公布竞聘岗位、资格条件、聘期等信息；（三）审查竞聘人员资格条件；（四）考评；（五）在本单位公示拟聘人员名单；（六）办理聘任手续。”

系。行政契约关系说主要是从聘任合同的定性入手来定位聘任关系，故而，聘任合同是其核心要素。但正如前文所言，高校与教师的聘任关系是否成立，关键在于实质性法律条件是否符合，即受聘教师是否经评定具备任职条件，高校是否按照教师职务的职责、条件和任期进行聘任，而聘任合同是否签订并非必要条件，恰如劳动关系的成立也并非以劳动合同的书面签订为必要条件。所以，行政契约关系说姑且不论在我国大陆是否有现实的制度基础，主要从合同这一形式要件切入，似乎也并未抓住高校与教师的聘任关系的实质。

第三节　高校教师职务评聘权法律性质的厘定

一　学术权力：公私兼具的学术性管理权力

（一）高校学术权力的私权力性

“学术权力”一词最初是舶来词，译自英文 academic power，由美国学者伯顿·克拉克在 20 世纪 70 年代最早提出并使用。20 世纪 90 年代初，国内学者把这个范畴引入我国高等教育研究之中，使其与行政权力并列，成为解读当代中国高等教育管理体制的基本范式之一。随着理论研究的推进，官方制度文本中也逐渐启用“学术权力”这一概念。①

虽然，官方制度文本中启用了学术权力概念，但并未对其内涵作出明文界定。学界对学术权力概念则一直存有诸多分歧，而分歧的背后一定程度源于学科视角上的差异。在高等教育学、社会学、管理学等学科视域下，不仅研究正式的学术权力，也探讨非正式的学术权力；不仅关注集体性的学术权力，也强调个体化的学术权力；不仅重视显性宏观的学术权力，也观察隐性微观的学术权力。笔者在拙著《大学学术权力的法律界限研究》中指出，法学视域下要研讨的学术权力只能是那些正式制度性的宏观权力，并尝试对其内涵进行了界定。②

法学视域下的“学术权力”是指获得正式制度或组织授权或认可的学术主体对学术性管理事务所享有的权力，主要包括：学术标准的设定

① 周慧蕾：《大学学术权力的法律界限研究》，法律出版社 2019 年版，第 13—20 页。

② 周慧蕾：《大学学术权力的法律界限研究》，法律出版社 2019 年版，第 23 页。

权、学术能力的评定权、学术不端的裁决权以及学术结果的确定权。[①] 知识时代背景下，学术权力不仅存在于高等教育领域中，也遍及国家与社会的各级各类学术性管理事务中。需要注意的是，学术性管理事务不等同于学术事务。教学、科研本身是学术事务，但基于制度要求下对教学、科研等学术事务中相关事项进行管理时，才是学术性管理事务。比如教学是学术事务之一，教师在法律范围能依照学术自由开展自主活动，但教学后对学生的学业、学术能力进行成绩评定、学位授予，则属于学术性管理事务。比如成绩评定就不是教学活动的必然逻辑后果，而是基于教育管理制度的要求。

从法律性质上来说，学术权力是一种公私兼具的学术性管理权力。首先，它是一种私权力。私权力也是一种为了追求某种秩序的管理性权力，但不同于国家公权力。国家权力，包括授权给非国家机构的权力，这些权力统称为公权力，首先具有普遍公益性。国家公权力关注的公共利益通常是普通的公共利益，不同于特殊的公共利益。其次具有以暴力为后盾的强制性。最后具有终极性。而国家机构之外的非营利组织、营利组织所享有的权力，是基于自治性需要，只能在一定范围内行使，最终以国家公权力为后盾。“非国家公权力是我国宪法实践中的一个基本事实，其对公民权利的影响程度比国家公权力有过之而无不及。”[②] 这些非国家公权力也被称为私权力。

当然，非营利组织与营利组织间的私权力是存有差异的。非营利组织的私权力，其影响范围较广，不仅涉及组织内部管理事务，还会根据其服务领域与内容，涉及相应社会性管理事务。比如非营利组织不仅有权决定内部成员的赏罚惩戒问题，还有权控制外部人员的准入问题。所以，非营利组织的私权力不仅对应内部成员的权利问题，还对应外部公民的权利问题。而营利组织的私权力的影响范围一般仅限于内部管理事务，往往对应的仅是内部成员的权利问题。由于非营利组织提供公共服务产品，具有公

---

① 在拙著《大学学术权力的法律界限研究》中，笔者将学术权力的外延限定为“学术标准的设定权、学术能力的评定权、学术不端的裁决权”三项。此处在原有基础上增加一项，即学术结果的确定权。

② 李海平：《论作为我国宪法学基本范畴的非国家公权力》，载《江汉论坛》2014 年第 1 期。

益性，其私权力容易与公民的公权利发生冲突，在公私法二元化制度背景下，需要借助公法规则进行解决与适用；而营利组织的私权力一般仅与公民的私权利发生冲突，则可以借助私法规则进行解决与适用。①

作为非营利组织的公立高校以及其他学术性组织所享有的学术权力，就是一种典型的不同于国家公权力的私权力，是为了自身组织秩序而必然存在的一种权力形态。即使，法律上对大学所享有的这些私权力进行规定，也应视为确权，而非授权。②

（二）高校学术权力的公法性

学术权力虽然属于私权力而非公权力，但它是公法意义上的私权力。尽管，"'私法公法化''公法私法化'的泛公私二元化现象，在我国已经从观念突破到制度。"③ 但显然，公私法二元化仍是一种不容忽视的基础分析框架与基本制度架构。

公法与私法的划分最早由古罗马法学家乌尔比安（Ulpianus，170—228年）提出，他说："规定罗马指国事者为公法；规定私人利益者为私法。""公法的规范不得由个人之间的协议而变更"，而私法的原则是"对当事人来说，协议就是法律。"④ 而近现代公私法理论则发展于18—19世纪的大陆法系国家。"公、私法的划分不断演进和发展的历史，使这种划分产生了极大的权威，并与大陆法系各国的文化交融在一起，这样，法学家们在几个世纪中所创造和发展的公法、私法概念，就成为基本的、必要的和明确的概念了。"⑤

在公法与私法概念的发展中，两者划分的标准也被不断细化，出现了利益说、主体说、权力服从说等学说。利益说认为，旨在维护公共利益的法律属于公法，旨在维护私人利益的法律属于私法，而且这两种不同目的也是可以从法律规则的内容中加以识别的。主体说从法律关系主体出发来划分公法与私法的界限，即规定国家与国家间及国家与私人间的法律关系

① 周慧蕾：《大学学术权力的法律界限研究》，法律出版社2019年版，第28页。

② 周慧蕾：《大学学术权力的法律界限研究》，法律出版社2019年版，第29—32页。

③ 蒋红珍：《比例原则适用的范式转型》，载《中国社会科学》2021年第4期。

④ 郑玉波：《民法总则》，三民书局1979年版，第2页。转引自金自宁《公法/私法二元区分的反思》，北京大学出版社2007年版，第37页。

⑤ ［美］约翰·亨利·梅曼：《大陆法系》，顾培东等译，法律出版社2004年版，第97页。

为公法，规范私人与私人间的法律关系为私法。权力服从说认为，凡是法律所规定的内容与行使国家权力发生关联，即法律适用的主体彼此不是处于平等地位，而所规定的事项又涉及管理与服从关系的法律为公法，如行政法。若法律所规定的为私人之间关系的也即对等者、平权者间的关系为私法，如民法。① 虽然每种学说都存有自身的不足，但不可忽视这些学说对区分公法与私法所作出的贡献。因为从本质上说，“在公法与私法之间，并不能用刀子把它们精确无误地切割开，就像我们用刀子把一只苹果切成两半一样”②。

正是基于对公法与私法共通性的认识，在考究了区分标准上所涌现的诸多学说后，日本学者美浓部达吉认为两者在区分标准上应具有多元性，并强调：“若只以某单一的标准而企图区别两者，无论其所用的是何种标准，结果都必归于失败。”③ 抱着这种多元标准的观念，他提出公私法划分的基本标准：即从主体上，认为“公法所规律的法主体，最少有一方是国家或是由国家予以国家的公权者，反之，私法所规律的法主体，直接地都是个人或非‘国家公权的主体’的团体”。“详言之，在这种意义上，公法可以说以国家的组织，国家与其他国家或国内人民（包括个人及团体。又于本国人民外，并包括外国人）的关系为规律之直接对象的法；反之，私法是以个人（私团体准此）相互间的关系，私团体的组织或私团体与其团员的关系为规律之直接对象的法。”④

在此基本标准之上，美浓部达吉又增加了几项具有“指示大体的倾向”上的标准：一是从法成立的根据上，认为：“公法普遍都由国家自行制定，有不容个人的意思介入其中的倾向。反之，私法或为个人相互间的法，或为私团体的法，所以普遍都由为该法之主体的个人去相互缔结，或由私团体自行制定。”二是从法的规律性质上，认为：“公法最显著的特

---

① 孙国华、杨思斌：《公私法的划分与法的内在结构》，载《法制与社会发展》2004 年第 4 期。

② ［德］卡尔·拉伦兹：《德国民法通论》（上册），王晓晔等译，法律出版社 2003 年版，第 7 页。

③ ［日］美浓部达吉：《公法与私法》，黄冯明译，中国政法大学出版社 2003 年版，第 33 页。

④ ［日］美浓部达吉：《公法与私法》，黄冯明译，中国政法大学出版社 2003 年版，第 36—37 页。

色，在于其除国际法外概属团体法之点；至私法的特色，却在于其除公司法及其他私团体法外都是非团体的社会法之点。”三是从内容上，认为：“‘意思’方面的特质，在于公法为关于具有优越权力的意思，与只在该权力所承认之限度内发生力量的微弱意思相互交涉的规律。至‘利益’方面的特质，却在于公法为保护国家的利益或社会公共的利益为主眼的规律；私法为以保护个人的利益为主眼的规律。”①

综上可知，公私法的划分主要可以从以下四个方面着手：一是从主体上，一般来说，公法所针对的主体是以国家机构为主的公共机构，私法所针对则是个人或私人组织；二是从内容上，公法关涉的是主要公共利益，私法关涉的是个人利益；三是从关系上，公法主体间的关系一般是处于管理与被管理、命令与服从的关系，而私法主体间的关系则是平等关系；四是从法律效果上，公法不由个人意志而改变，私法则强调个人意思自治。

从公私法区分标准的四个方面来看，高校学术权力应属于公法领域。从主体上看，高校虽不属于国家机构，但它属于公共机构，具有公益性和公共性，而不同于私法中的私团体。从内容上看，高校学术权力涉及的核心内容就是学术性管理事务，而学术性管理事务中特别是学术自由等学术秩序问题，它不仅是一个关涉个人利益的问题，更是一个关涉国家与社会发展的公共利益。从关系上看，基于高校学术权力而形成的内部学术管理关系，高校学术组织与其成员是处于管理与被管理地位。从法律效果上看，不管是依高校学术权力而形成的规则，还是针对高校学术权力的规则，都不依个人意志而改变，而强调其规范性、普遍性和平等性。

认识到学术权力所具有的公法特征，将有助于选择适当的程序与规则来解决因学术权力所引起的纠纷。“公法与私法的区分后果，最容易被观察到的是司法管辖上的不同：私法案件由普通法院管辖，公法案件由行政法院或宪法法院管辖。”② 虽然我国没有针对公法案件专设行政法院或宪法法院，但是根据公私法的不同案件分别设计了不同的诉讼程序和审查规则，即行政诉讼法和民事诉讼法。因此，依据现有的制度安排，与学术权

---

① ［日］美浓部达吉：《公法与私法》，黄冯明译，中国政法大学出版社 2003 年版，第 37—39 页。

② 金自宁：《公法/私法二元区分的反思》，北京大学出版社 2007 年版，第 164 页。

力相关的纠纷案件理应以《行政诉讼法》来解决。

除纠纷解决机制上的不同之外，公法与私法的区分还凸显着一个重要的法治理念，即公法关注对国家公权力的约束与规范，遵循“法无授权即禁止”原则，而私法则强调对公民私权利的保障，遵循“法无禁止即自由”原则。那么，学术权力属于公法领域，是否意味着应遵循“法无授权即禁止”原则呢？并非如此。笔者认为学术权力虽然属于公法领域，但由于它在本质上属于私权力，因此并不受一般公权力法治原则约束。①

二 学术权力是高校教师职称评审权的法律底色

在前文中，笔者已阐明高校教师职称评审包括两个方面的内容，一方面是对高校教师专业素质能力的学术评价，另一方面是对高校教师专业素质能力的官方权威认证。对完整的高校教师职称评审而言，这两方面的内容都具有不可或缺性。对教师专业素质能力的学术评价本身是一项学术事务，但高校教师职称评审中的学术评价是为了评定高校教师职称，从而在确定高校教师的职务身份角色，亦即在官方专业技术岗位等级中的级别。所以，高校教师职称评审是一种学术性管理事务，而非单纯的学术事务。

高校教师职称评审作为一项学术性管理事务，其所包含两项内容，即学术评价与官方权威认证之间，可以说是内容与形式、实质与目的、过程与结果间的关系，不应将它们进行非黑即白般地割裂。而现实中，有的偏重于其学术评价的面向，强调学术自由与自治；有的则偏重于其权威认证的面向，强调政府规制与法治，认为“无论是‘审批式管理’抑或是‘监管式治理’，高校教师职称评审并非高校学术自治的‘固有事项’，而始终是国家的‘委办事项’”②。

然后，在“国家行政权，抑或高校自主权”的非此即彼的预设前提下，对高校教师职称评审权的法律性质进行定性。可见，厚此薄彼式地理解高校教师职称评审的内涵，是导致高校教师职称评审权法律性质诸多争议的概念性根源。一旦明确了高校教师职称评审的学术性管理事务特性，

---

① 周慧蕾：《大学学术权力的法律界限研究》，法律出版社 2019 年版，第 35—36 页。

② 刘永林等：《地方高校教师职称评审的政府监管：基本特征与行动取向》，载《当代教育论坛》2020 年第 5 期。

那么，高校教师职称评审权的法律性质也随之明朗。

高校教师职称评审权首先是一种管理权力。高校教师职称评审尽管评的是教师的专业能力问题，但它并不是单纯的学术事务，而是为了维护相应学术秩序而实施的有关学术管理。“从职称评审权的性质上看，该行为的内容是对教师职称进行评审和授予，目的在于对公立高校教师学术水平的一种确认，实质上是对高等学校教师进行的一种管理活动，是一种管理和被管理的关系，而不是平等主体之间的民事法律关系。”① 但是，高校教师职称评审权又不同于一般意义上的国家行政管理权力。它针对的是学术性管理事务，是以一定的学术自由与学术评价权为基础和前提。换言之，高校教师职称评审权的正当性建基在学术自由与学术评价权上。因此，高校教师职称评审权是一种学术性管理权力，不能完全依照国家行政管理权那套模式进行，而应尊重其学术性特征。

因概念模糊与观念固化而导致高校教师职称评审权中的学术评价权与官方权威认证权的内在撕裂，从而影响实践中的改革路径与效果。“当前，在高等教育领域‘放管服’改革逐步深化的宏观政策引导下，政府对公立高校教师职称评审的‘审批式管理’开始被‘质量导向’的‘监管式治理’取代。据此，公立高校教师职称评审权的行政规制，正在由‘显性’转向‘隐性’。然而，这并未改变公立高校教师的职称评审权作为行政权的现实窘境，政府依旧将公立高校教师职称评审视为国家‘委办事项’。”② 其实，高校教师职称评审权改革中的各种窘境背后是一种过度简化的思路，忽视构建学术评价权与官方权威认证权间的合作路径。

将高校教师职称评审权限全部下放至高校，由高校自主设定评审标准、自主开展评审程序、自主确定评审结果，直至自主颁发证书，就是将高校教师职称评审权完全简化为学术评价权。而国家与政府对高校教师职称评审权的完全放手，懈怠了对高校教师专业素质能力的官方认证义务，不仅使高校教师职称评审标准缺失同一性，而且容易引权力腐败。“要破

① 章志远：《论公立高校职称评审行为的司法审查》，载《福建江夏学院学报》2012 年第 5 期。

② 姚荣：《论我国公立高校教师职称评审权的公法规制》，载《高校教育管理》2017 年第 4 期。

解我国公立高校教师职称评审权规范与保障的一系列难题，必须走出将其界定为‘内部管理权’抑或‘行政权’的误区。从理想的状态而言，公立高校教师职称评审权应回归作为学术自治权的本质并被纳入公法规制的视野，进而形塑‘国家法’与‘大学法’良性互动的‘合作规制’结构。”①

而要真正走出“内部管理权”抑或“行政权”的误区，形塑“国家法”与“大学法”良性互动的“合作规制”结构，也许，我们首先需要把握高校教师职称评审权蕴含学术评价权与官方权威认证权的复合型内涵，明晰其作为学术权力的法律底色。

三 高校教师职称评审行为应纳入行政诉讼受案范围

高校教师职称评审行为是高校教师职称评审权从抽象理念转化为具体实践的主要载体，因此，它也承载着高校教师职称评审权作为学术权力的法律特质。作为一种学术性管理权力行为，高校教师职称评审行为不仅是权力行为，直接影响与决定着高校教师的相关权利，也是公法行为，受到有关公法规范的制约。

在上文对我国高校教师职称评审行为司法立场的梳理中发现，虽然对高校教师职称评审权的定性不同，法院却殊途同归，最终都将高校教师职称评审行为排除在行政诉讼的受案范围之外。这一现象背后，一方面说明了我国法院对高校事务的谨慎，似乎采取司法谦抑态度来践行类似的学术遵从原则；② 另一方面可以看到，我国法院基本上忽视，甚至无视高校教师权利的救济与保障，从而一定程度地消解了行政诉讼制度的应有功能。

虽然高校教师职称评审权不是国家行政权，但作为学术权力，它仍具有公法性特征。换言之，高校行使教师职称评审行为仍是一种公法上的行为，与教师之间形成的也是一种公法上的关系。学界在公法问题似乎存在盲点，往往只聚焦于如何对公权力进行监督与制约上，而忽视了对公权力

---

① 姚荣：《论我国公立高校教师职称评审权的公法规制》，载《高校教育管理》2017年第4期。

② 关于学术遵从原则，可参见刘金晶《法庭上的“自主高校”——论美国司法中的学术遵从原则》，载《环球法律评论》2011年第6期；马原、沈亚平《“学术遵从”原则的美国司法实践及其启示》，载《南开学报》（哲学社会科学版）2019年第2期。

制约的目的是保障公民权利。其实，公法的最原初的目标，是如何对公民权利进行保障。因为原先在国家—个人的二元分析框架下，国家权力是公民权利受到侵害与威胁的主因，所以，公法只把焦点聚集在公权力上。但是，随着社团性组织的不断扩大，其对公民生活的影响也不断增强，公民权利也不断地受到这些社团性组织的侵损。在此背景下，若公法仍固守在仅通过对国家权力的监督与制约来保障公民权利，显然无法达致目标。从切实保障公民权利的目标出发，必须要对社团性组织的行为，特别是与公民权利紧密相关的，进行公法上的必要监督与制约。正是清醒地认识到社团对公民权利的影响，最高人民法院石红心法官阐述道："社会固然是公民的个人结社，但其一旦成立并被法律赋予独立人格，它就有可能异化从而在它的内部造成对成员的压迫、不公平对待，甚至侵犯成员应有的成员权乃至基本公民权。法律不应无视这种状况，因为法治不允许由不公正的真空，当社团成员的权利被侵犯时，无论其成员资格是强制取得的，还是自愿取得的，他们除了依照社团章程规定的程序解决纠纷外，可以而且有权要求国家提供相应的救济，这就构成了司法救济介入的基础。"①

回过头来说，1989 年我国《行政诉讼法》的出台，也是为了救济公民权利。当时把聚焦点限定在国家行政权，也是基于国家—个人的二元分析框架。"行政诉讼法是在计划经济向市场经济转轨的'前夜'公布的，带有很深的历史烙印。"② 在计划体制下，国家完全是一个有组织的、高度行政化的上下统一的行政体系。除国家之外，不存在独立的社会空间。③ 可以说，国家行政权力渗透到社会各细胞。对公民权利而言，国家行政权力就是其最主要的侵害主体。如此情境下，我国出台《行政诉讼法》，并将其限定在行政行为，一方面说明对公民权利保障和对国家行政权制约的决心，另一方面反映了当时的社会现状。随着改革的不断深入，市场经济的发展和市民社会的逐步形成，社会的组织结构发生重大变化。

---

① 石红心：《权利需求与司法回应》，载罗豪才主编：《行政法论丛》（第 3 卷），法律出版社 2000 年版，第 478—479 页。

② 江必新：《完善行政诉讼制度的若干思考》，载《中国法学》2013 年第 1 期。

③ 石红心：《权利需求与司法回应》，载罗豪才主编：《行政法论丛》（第 3 卷），法律出版社 2000 年版，第 478—479 页，第 480 页。

除国家权力之外，涌现出许多团体性组织，或者很多组织从原先的国家权力机构中脱离出来。这些组织深刻地影响着，甚至改变了公民的生活。其间，公民与组织之间关系也呈现复杂形态，这些组织一方面可能是争取公民权利的主要力量，另一方面可能成为侵损公民权利的主要因素。

面对现状，我国行政诉讼法显得捉襟见肘。因为这些"'准公权力主体'每日、每月、每年要做出不计其数的涉及公民权利内容的决策，这些决策会直接或间接地影响着公民权利的实现。"① 但是公民又无法得到适当的司法救济。当然在制度的窘境下，是司法通过能动主义将行政诉讼法的适用空间进行了拓展。从现有的状况来看，司法的这种拓展性努力主要是通过对行政诉讼被告的扩展。对于这种拓展路径，前面分析过，它仍会遭遇到很多框定性障碍，因为它是通过论证这些非国家机构组织是在行使行政职权而获得被告的适格性，但为何这些组织所行使的就一定是行政职权，仍会遭到理论上的质疑和论证上的困难。而且，很多社团性组织所行使的权利，其特征将与国家行政职权差别越来越大。

本书认为司法应当顺应时代发展，从保障公民权利的角度去还原和论证行政诉讼法的救济功能，② 从而将高校这类组织的公法性行为纳入现有的行政诉讼法中去，这将是一种更为合理的进路，因为它顺应社会发展现状，回应公民权利救济的需求。③ 所以，像高校教师职称评审行为这类公法行为，虽然不是行政行为，但也纳入行政诉讼受案范围，接受司法审查与监督，从而保障高校教师的合法权利。

---

① 刘作翔：《法治社会中的权力和权利定位》，载《法学研究》1996 年第 4 期。

② 马怀德教授提出《行政诉讼法》修改中首先要确定行政诉讼目的，并指出保护公民、法人和其他组织的权益应成为行政诉讼的根本目的。参见马怀德《保护公民、法人和其他组织的权益应成为行政诉讼的根本目的》，载《行政法学研究》2012 年第 2 期。甚至有些学者建议把第三部门有关行为纳入行政复议程序中来，具体可参见管君、余凌云《第三部门作为被申请人的行政复议受理标准问题研究》，载《行政法学研究》2012 年第 2 期。方洁《从第三部门组织到行政诉讼被告——社会公务的司法监督路径》，载《行政法学研究》2007 年第 3 期。

③ 章剑生教授批判了我国"诉讼主体模式"的行政主体理论，认为应以"分权主体模式"来重构行政主体理论，并在此基础上提出："确认行政诉讼被告资格采用便宜主义，即从方便原告起诉和人民法院审理行政案件出发，确认行政诉讼被告资格，其基本规则是'谁作行为，谁做被告'。在这样的规则下，行政诉讼被告资格与行政主体资格适当分离，从而可以比较好地理顺行为与责任之间的基本关系。"详见章剑生《反思与超越：中国行政主体理论批判》，载《当代法学》2008 年第 6 期。

四　学术权力是高校教师岗位聘任权的法律本色

高校教师岗位聘任权缘于高校教师聘任制改革。高校教师聘任制改革主要是为了解决“能上能下、能进能出”“打破铁饭碗”的问题，使高校的用人制度更为合理和灵活。从根本上来说，我国高校教师聘任制主要是对高校教师职业管理方式的一种改变。尽管，给教师聘任制套上了平等自愿原则的聘任合同外衣，但并没有改变其作为高校教师职业管理制度的本质。

随着高校教师聘任制改革的推进，我国高校教师岗位聘任基本上形成了两套交叉性体系，即政府主导的岗位聘任体系与学校自主研发的岗位聘任体系。不管是政府主导的岗位聘任，还是学校主导的岗位聘任，其实质都是管理教师，对其进行定级定岗、定任务定薪酬，从而形成有序的教师职业秩序。所以，从目标与任务上来说，高校教师岗位聘任权无疑是一种管理权力，是针对高校教师职业的管理权力。

高校教师职业本质上属于学术职业。“学术职业是一种专业化程度很高的职业，具有专业性、探索性、自主性和学科性等特点。学术职业以学术活动作为自己物质和精神生活的双重追求，具有学术性和社会性。”① 针对学术职业的管理，必须要尊重与遵循相应的学术规范与学术标准。

“学术繁荣离不开学术自由。但是，学术的健康发展，却又离不开学术规范。”② 学术规范是学术管理的一个目标，也是学术管理的一种方式。“只有建立完善的学术规范，才能使学术自由在一定秩序中获得充分的实现。”③ 而学术规范主要通过建立学术标准来实现。学术标准是基于学术规范与管理的需要、追求一定学术品质，用于评价学术活动与能力的基本坐标与参照系。“我国学术成果质量不高的主要原因之一，是一直未能形

① 刘献君编著《中国高校教师聘任制研究：基于学术职业管理的视角》，科学出版社 2009 年版，第 1 页。

② 李晓燕：《学术自由、学术规范与学术秩序治理》，载《陕西师范大学学报》（哲学社会科学版）2010 年第 6 期。

③ 程春明：《高校学术自由与学术规范刍议》，载学术批评网，http：//www. chinaelections. org/newsinfo. asp？ newsid = 139439，最后访问日期：2018 年 11 月 9 日。

成良好的学术风气和建立起真正的学术标准”[①]，因此，建立真正的学术标准才能有效引导学术活动以及由此而生的学术职业健康发展，也只有建立真正的学术标准才能保障高校教师的基本质量。所以，在高校教师岗位聘任中，岗位的学术标准是其核心内容。由此可见，作为管理权力的高校教师岗位聘任权，其主要对象则是涉及教师岗位的学术标准设定这一学术性管理事务。因此，从法律性质上来说，高校教师岗位聘任权亦是一项学术权力。

理论上关于高校教师岗位聘任权是公权力还是私权利的争论，往往是在高校教师岗位聘任从官方控制到学校自主的改革过程中，基于不同的观察视角与立场而引发的。倾向于将高校教师岗位聘任权定位为公权力范畴的学者，可能关注的焦点主要是官方主导的岗位聘任体系，强调其作为管理权力的面向。而选择将高校教师岗位聘任权定位为私权利的学者，也许其关注的重心主要是学校主导的岗位聘任体系，强调其作为高校学术自主的面向。

但是，不管在官方主导的岗位聘任体系中，还是在学校自主的岗位聘任体系中，高校教师岗位聘任权都必然蕴含着“公”与“私”的两个向度、“管理”与“学术”的两个面向。官方主导的岗位聘任体系主要是教师编制身份的确认与官方专业技术岗位的聘任。其中，教师编制身份的确认，前提是学校对其用人关系的确认，而用人关系的确认又是以入职教师的学术专业能力为基础，所以，教师编制身份的确认不仅包含着官方的权威确认，也隐含着学校的学术评价。官方专业技术岗位的聘任是为了确认高校教师在官方专业技术岗位管理中的岗位级别，而这一级别的确认，是以高校教师职称评审结果为前提的。所以，同样地，在官方专业技术岗位的聘任中不仅包含着官方的权威确认，也隐含着学校的学术评价。

学校自主研发的岗位聘任体系，则是高校在官方主导的岗位聘任体系外，建立了一套学校内部岗位聘任体系。在这套岗位聘任体系中，“管理”与“学术”的两个面向以及学校的“私”这一向度都显而易见，关键在于如何把握其中官方的“公”这一向度。建基在官方主导聘任体系基础上，针对已入职并获编制教师的校内岗位聘任，主要仍以官方的权威

① 李伯重：《论学术与学术标准》，载《社会科学论坛》2005 年第 3 期。

确认为基础。比如“低职高聘”实际影响的仅是高校教师校内岗位和薪酬，而在官方体系中的编制身份、岗位级别与基本工资等并没有改变，还是受到官方权威确认的保障。

像当年校内岗位聘任改革步子迈得较大的清华大学、北京大学、浙江大学等高校，也不得不考虑已入职并获编制教师已获官方权威确认的职务身份与岗位级别。针对不符合岗位聘任要求的教师，主要采取分流转岗等体制内的方式处理或者较为温和地劝告其调出或辞职。比如浙江大学在2000年就完成了学校教学科研岗位的聘任工作，全校共3532位教学科研和实验人员聘任在教学科研岗位，751人聘任在学院管理岗位。对未聘任人员根据不同情况采取不同的政策。对那些因为岗位有限，学院又可安排工作的落聘人员，留在学院继续从事教学或安排临时工作，等下一年度竞争上岗；而那些工作量不满的，可上交校人才中心管理；那些主要精力不放在学校的，则劝其调出或办辞职手续。①

即使是备受争议的“非升即走”制度也往往采取“新人新办法、老人老办法”。比如最早推行“非升即走”的清华大学，在1994年最初出台的改革方案中规定：“讲师、副教授在规定时间内学术成果不足以提高职称，应自行走人，即‘非升即走’，后来调整为非升即转，对那些走不了的人进行分流，为此专门成立人才流动中心。”② 即便如此，清华大学的教师人事制度改革仍显得困难重重。直到2000年，才真正开始推行“有限聘用和长期聘用相结合的用人制度，对于新聘用的教师不再发放资格证，而代之以聘任书，聘期3年，在年终和聘期届满前都要经过严格的考核，对于不能履行岗位职责的，撤销其相应的技术职务；对首期合同期满和新聘用的中级以下职务人员，只实行有期限的合同聘任，每个聘期一般为3年；助教在2个聘期内，讲师最多在3个聘期内如果不能晋升到上一级职称，就不再续聘”③。

再如复旦大学，“在2002年10月1日起对新进校人员实行人事代理

---

① 赵雪珍、刘红：《浙江大学岗位聘任制的实践探索》，载《中国高教研究》2001年第6期。

② 施文荻等：《清华解聘教师引争议》，载《中国青年报》2014年7月28日。

③ 参见龚映杉《向旧的人事制度告别——清华大学实行岗位聘任和岗位津贴制纪实》，载《中国高等教育》2000年第2期。

制度，职务聘任采用合同制，在合同期满之前进行考核，在考核制度中引入公示制度和末位警示制度，对业绩较差的不仅要扣除绩效津贴，而且在下一轮的岗位聘任中降级聘任或者不予续聘；对教师的考核也由以往的学校考核下放到院系考核，聘任权真正落实到院系；但复旦大学的高级职务聘任方案的实施对象是针对每年新增岗位的老师，并未涉及原先已有的岗位。”[①] 同样地，北京大学2004年出台《教师聘任和职务晋升（暂行）规定》的初稿中也明确区分新聘与原职教师，分别设置不同的处理办法，原职教师择优分流，新入职教师不能在固定期限内晋升职称的，不再续聘。

因此，在针对已入职的编制教师的校内岗位聘任中，官方的权威确认以及由此彰显的“公”的向度，显而易见。2014年，教育部发布《深化教育领域综合改革实施方案》，在清华大学、北京大学试点全面实施教研系列教师岗位“准聘—长聘”制度。2018年，中共中央、国务院出台《关于全面深化新时代教师队伍建设改革的意见》，首次提出“准聘与长聘相结合”的高校人事改革方向。

“‘准聘—长聘’制度的核心是‘非升即走’机制和终身教职机制。如果新入职教师在准聘期能够按期晋升职称并表现良好，期满后将给予终身教职的待遇；如果教师不能按期晋升职称，高校在教师期满后将解除合同或者不予续聘，通常被称为‘非升即走’。”[②] 比如，2015年，上海交通大学在全校范围推行“准聘—长聘”教职制度改革，新入职教师在6年的“准聘期”内不能晋升长聘副教授的学校不再续聘。[③] 看来，“准聘—长聘”制度其实就是“非升即走”制度的一种更为完整的官方说法。如果说，“非升即走”制度只是一些高校的自主行为，那么，“准聘—长聘”制度将会是全国高校今后人事制度改革的主要方向。至于，“准聘与长聘相结合”的做法，具体如何实施，还有待进一步的官方意见。2018

---

① 参见陈骁《在制度的铺垫中变革——复旦大学人事制度改革纪实》，载《上海教育》2003年第22期。

② 蔡金花、邱小艳：《公立高等学校“准聘—长聘”制度的合法性研究》，载《高教探索》2020年第6期。

③ 黄文武：《大学教师“非升即走”制度安排的利弊分析》，载《江苏高教》2020年第6期。

年，江西省出台人事改革指导意见，计划在全省范围内的高校推行“准聘—长聘”制，对教授以下的实行“非升即走”，对教授岗位探索长聘制，该意见成为全国首个省级层面专门针对高校岗位动态管理改革的指导性文件。

尽管有官方的明文背书，“准聘—长聘”制度像“非升即走”制度一样，也遭遇到了合法性质疑。如有学者指出：“《高等教育法》《事业单位人事管理条例》等法律法规均未对‘准聘—长聘’制度作出相应规定，‘准聘—长聘’制度已经超出现行教育、人事立法的调整范围，难以依据现有的法律法规对其进行合法性判断。”① 当然，仅从已有法规范视角去质疑与评判一项改革措施的合法性，其批判力可能是不够的，毕竟很多改革的目的就是要突破已有制度规范，最终实现变法。姑且不论，“准聘—长聘”制度后期是否得到立法支撑，但其定然会带来高校教师人事制度的重大变革，某种程度将“非升即走”制度普及化。“准聘—长聘”将进一步扩大高校人事自主权限，赋予高校建立一套完全独立于官方岗位聘任体系的教师聘任体系。所以，关键的问题在于，如何认识与定位“准聘—长聘”制度下的高校教师岗位聘任权。

为了减少改革阻力，“准聘—长聘”制度的推进应该也会采取“新人新办法、老人老办法”的过渡方式。因此，对于已入职的编制教师的校内岗位聘任中，不管是“非升即走”制度下，还是今后的“准聘—长聘”制度中，官方的权威确认以及由此彰显的“公”的向度，显而易见。那么，剩下的焦点在于“非升即走”或准聘期下新教师的岗位聘任中，如何把握与理解高校教师岗位聘任权的“公”的向度。

准聘期或“非升即走”下的教师，一般不入编制，主要按照聘用合同管理，缺乏官方权威确认，似乎缺失“公”的向度。但是，不管是从高校的公益性和公共性来说，还是从高校教师的公职性来看，对新教师的录用及后续的聘任都是一种具有“公”向度的行为。若把准聘期或“非升即走”下的高校教师岗位聘任权完全“私”化，不仅会导致高校教师学术职业的过度市场化，也不利于高等教育公益性的实现。

---

① 蔡金花、邱小艳：《公立高等学校“准聘—长聘”制度的合法性研究》，载《高教探索》2020 年第 6 期。

五 高校与教师聘任关系是学术性行政关系

高校教师岗位聘任权的法律性质主要隐含在“聘任关系”的争议上，而高校与教师聘任关系的争议又往往深植于对高校教师岗位聘任权法律性质的不同认识中。因此，对高校与教师聘任关系的定位最终仰赖于高校教师岗位聘任权的定性。

高校教师岗位聘任权作为一种学术权力，具有“公”与“私”、“强制”与“平等”、“学术”与“行政”等多重面向。不管是雇佣关系说，还是劳动关系说和特殊劳动关系说，或是人事关系说和行政契约关系说，除了共识性地忽视高校教师岗位聘任权的学术性面向，还都存有仅偏执于高校教师岗位聘任权的某一特定面向来定位高校与教师的聘任关系之缺憾。

随着公私法的交融，“整体法学”观开始出现。“所谓‘整体法学’观，即当我们面对一个法律所要调整的社会关系时应当从民行刑多个视角切入作整体性思考，而不偏执于某一部门法，甚至画地为牢。”[①] 同样地，高校与教师聘任关系的定位，也应当建基在对高校教师岗位聘任权的多重面向作整体性思考之上。

“20 世纪以来，随着教育事务诉讼增多，我国行政法学界开始重视教育法特别是大学法的研究，对教育法研究起到重要的推动作用。然而，多数的教育行政法研究是从大学‘主体’角度、从实在法上划分大学法律关系，而较少基于大学‘事务’性质来划分大学‘法理关系’。”[②] 为此，孙笑侠教授将“大学事务按其复杂程度可大致区分为民事事务、行政事务与学术事务三种性质不同的事务”。根据三种不同性质的事务，“可以把大学制度中的基本关系，区分为民事关系、行政关系和学术关系。……比如，学生租用宿舍、大学校舍或运动设施管理不善造成学生受伤，这属于民事关系。大学运行经费的划拨、招生数量的政府审批或许可、师生违纪的处分，这是行政关系。唯独涉及学术的关系和活动比较复杂，容易导

---

① 章剑生：《作为介入和扩展私法自治领域的行政法》，载《当代法学》2021 年第 3 期。

② 孙笑侠：《论大学制度中学术性关系的法理》，载《师大法学》2019 年第 1 辑。

致大学、教师和学生权益受损害”[①]。而高校作为一种学术性特质的组织机构，实际上更多是这三种基本关系的混合型，特别是学术性民事关系和学术性行政关系这两种混合型关系。

学术性民事关系主要指的是高校的民事事务中因涉及学术因素而形成的混合性质的关系，比如教师劳动报酬分配要根据教师的学术水平来认定、大学在知识产权侵权事务上涉及学术判断。对于学术性民事关系，除要遵循平等、自愿等私法原则外，应尊重学术的特殊性与基本规律。

学术性行政关系主要指的就是高校的行政事务中因涉及学术因素或学术事务中因涉及行政（管理）因素而形成的混合性质的关系，比如在高校行政事务中的有关经费分配与预算管理中，涉及文科、理科、工科、医科、农科分别应该占据多少份额的时候，就涉及学术性；再如在高校学术事务中的有关学位授予与否的决定的时候，也会涉及行政管理问题。对于学术性行政关系，不能简单地依循管理与服从的行政逻辑，而应充分强调学术民主与尊重学术判断。

学术性民事关系与学术性行政关系的提出，有助于进一步涤清与把握高校与教师间的复杂关系。高校与教师在所涉及的诸多事项上，比如人身财产（教师住房、子女就学、薪酬待遇等）、教学科研（教学与学术自由等）、教育管理（教师资格认定、教师职称评审、学术不端惩戒等）、教育安全责任等方面，都会形成一定的权利义务关系。可以发现在这些关系中，有的是纯粹的学术关系，比如教学与科研；也有学术性民事关系，比如教师住房、薪酬待遇，更多的则是学术性行政关系，比如教师资格认定、教师职称评审、学术不端惩戒。当然，高校与教师之所以能在这些事项上形成特定的权利义务关系，首先取决于双方聘任关系的确立。

前文已指出，高校与教师的聘任关系就是高校按照教师职务的职责、条件和任期聘任经评定具备任职条件的教师而形成的职业管理关系。可以说，高校与教师的聘任关系就是一种典型的学术性行政关系。从实质上来看，高校与教师的聘任关系是教师职业管理（这里主要是教师职称管理）意义上的聘任关系。这种教师职业管理意义上的聘任关系，有着较浓厚的法定性与管理性，往往与官方岗位聘任系统相连，受聘教师与高校在其中

---

① 孙笑侠：《论大学制度中学术性关系的法理》，载《师大法学》2019 年第 1 辑。

都没有太多自由决定的空间。所以，它首先是以教师职业管理这一行政事务为基础而形成的行政关系。当然，它不同于纯粹的行政关系，而是一种学术性行政关系，因为不管是在教师职务职责的确定上，还是在任职条件的评定上，高校与教师聘任关系中都离不开学术判断。

以学术性行政关系来定位高校与教师聘任关系的法律性质，兼顾了其中“公”与“私”、“强制”与“平等”、“学术”与“行政”等多重面向，从而克服了雇佣关系说、劳动关系说或特殊劳动关系说、人事关系说、行政契约关系说等诸观点的偏狭以及对聘任关系中学术性面向的忽视。

高校与教师的聘任关系作为一种学术性行政关系，首先意味着高校与教师之间存在权力服从关系。这种权力服从关系，一方面使聘任关系中的高校与教师处于管理与被管理、命令与服从、监督与被监督等不平等地位；另一方面使双方的权利与义务具有强制性，既不能随意转让，也不能任意放弃。由此可推知，在诉讼双轨制背景下，高校与教师聘任关系中的法律纠纷应当选择行政诉讼的司法路径。

同时应当要注意，高校与教师的聘任关系是建基在学术权力之上的一种学术性服从关系。这意味着高校与教师的聘任关系建立在学术标准设定与学术能力评定等学术性判断关系的基础上。学术标准的选择与设定是高校学术权力的主要辐射范围之一。“大学作为学生和教师的行会组织，其基本功能就是设置行业门槛、行业标准，提供产品标准。与其他行业的区别在于，大学因为是知识传授的机构，所以享有知识本身固有的普世品格。大学所维系的产品标准，就是学术标准。”① 当然，在高校教师聘任的学术标准建构中，除高校基于自身需求而进行设定外，国家基于对教育与学术事业发展考量，和对教师权利的保障，定然也会将自己的意志体现在教师职业的学术标准规定之中。

学术能力评定则是学术权力主体借助相应学术标准对各类学术称号（等级或荣誉）申请者进行评审与认定。② 实践中，学术能力评定主要有

① 吴国盛：《什么是科学》，广东人民出版社 2016 年版，第 124 页。

② 下面有关学术能力评定的论述，参引自拙著《大学学术权力的法律界限研究》，法律出版社 2019 年版，第 126—128 页。

两类：一类是门槛性评定，申请人达到相应学术标准或条件即可获得相应学术称号（等级或荣誉），典型的比如学位评定和学业成绩等级评定；另一类是竞争性评定，申请人达到相应学术标准或条件后还需比其他申请人更具优势才能获得相应学术称号（等级或荣誉），这类评定一般也都是限额的，僧多粥少，目前典型的有各类学术性奖项评定、学者称号评定、教师职称评定等。不管是门槛类还是竞争类，学术能力评定都存在一定的自由裁量空间，或者说学术权力主体在行使学术能力评定权时享有一定的自由裁量权。

可见，不管是在学术标准的设定中，还是在学术能力的评定中，学术性判断关系都具有其特殊性。“学术性判断关系在多数情况下并不都有必要在法律上作出规定，因此它们中许多关系并不都是法律关系。这也是学术自由和大学自治原则的内在要求。然而，这并不说明它们不具有法理的支撑。学术性关系是一种十分特殊的关系，它本身不是财产权，但涉及人身权，行政权会触及它，一旦权力越界，则对它形成影响，学术的独立性会出现偏差。因此，学术关系中存在一些特殊的法理，需要特殊对待。”①

首先，应当提倡大学有特殊的制度。“除宪法相关规定可以通过宪法解释之外，主要是靠《教育法》《高等教育法》《学位法》以及部委规章等来规定必要的学术性关系，但在具体事务运行上，毕竟国法不能代替大学行规和校规。……应当在《教育法》《高等教育法》中确立一条原则或规则，允许大学联盟、专业（同业）协会和大学自身去完善大学制度，并允许大学制度中涉及教育和科研的学术性活动的权利义务内容与国法有差别对待的规则。”②

其次，应当承认一些必要的“特权”制度。“在法理上，必要的‘特权’具有实质上的合理性。我国现行制度中还部分保某种‘特权’。比如，教师的特殊工作决定了教师没有劳动时间 8 小时工作制的限制，从夏季和冬季的学习效果和规律上看，给予师生较长的暑假和寒假，它并没有在劳动法中予以规定，但这是现实制度给予师生的‘特权’。”③

---

① 孙笑侠：《论大学制度中学术性关系的法理》，载《师大法学》2019 年第 1 辑。

② 孙笑侠：《论大学制度中学术性关系的法理》，载《师大法学》2019 年第 1 辑。

③ 孙笑侠：《论大学制度中学术性关系的法理》，载《师大法学》2019 年第 1 辑。

再次，应当关注学术性程序的正当性建构。比如孙笑侠教授指出："一是有对立面设置，有不同利益和主张的双方多方构成程序的对立面，如同司法活动的控辩关系设置、举报人与被举报人之间的举证义务与辩解权利的对立面设置。二是有分化，即把决定者的权力分解给若干个角色分别行使，比如针对学术不端事件，把学术事件的调查者与决定者分开。三是通过形式化的程序，有意识地阻隔先入为主的结论，程序步骤不可逾越。比如，调查取证在先，决定在后，决定前要有质证和验证，验证必须是多名同行专家等。四是直观的公正，让受到不利决定的利益主体参与或直接了解决定的步骤；校务决策中的利害关系人应当有实体内容和程序的知情权，被处分的师生能够了解程序和处理结果。五是对等沟通和交涉，校务决策的利害相关人以及受处分当事人有为自己辩解的机会和权利。学术性程序可以是国法规定，也可以是校规，甚至是通行的不成文行规，比如从专家库中随机抽取多位专家进行匿名评审，就是学术性程序的行规之一。"①

最后，在学术性纠纷的司法解决中应当注意"学术遵从"和司法克制原则。"仅涉及大学内部学术性事务或理由的诉讼，司法可尊重大学的原决定。司法对学术的尊重由来已久，而'学术遵从'的司法原则产生于美国。唯因非学术性理由的诉讼，才可由司法作出最终审查判断。大学因学术性判断关系而发生诉讼的时候，对其的管辖属于行政诉讼还是民事诉讼呢？在我国，这涉及大学行使政府授权的行政权，虽然具有学术性判断的内容，但是它被确定属于行政诉讼的受案范围，在中国司法体制下，它应该是比较合理的。"②

建立在学术性判断关系之上的高校与教师的聘任关系，也应当重点关注上述的这些特殊法理，遵照学术特性与学术规律，尊重同行学术判断，遵循司法克制与学术遵从。

① 孙笑侠：《论大学制度中学术性关系的法理》，载《师大法学》2019 年第 1 辑。

② 孙笑侠：《论大学制度中学术性关系的法理》，载《师大法学》2019 年第 1 辑。

第五章

高校教师职务评聘权的运行规则

所谓运行规则，主要指高校教师职务评聘权在动态运行中应遵循的基本要求与规则。如果说，第四章对法律性质的界定，主要是鉴于理论分歧而从高校教师职务评聘权的两大面向，即高校教师职称评审权与教师岗位聘任权分别进行的，那么，本章对运行规则的确定，则主要鉴于实践需求而从高校教师职务评聘权的阶段性视角，即高校教师职务评聘条件设定权、高校教师职务评聘资格评定权和高校教师职务评聘结果确定权具体展开的。

第一节 高校教师职务评聘条件设定权运行的基本规则

高校教师职务评聘条件设定权是指对高校教师职务评聘所需要达到的条件进行设定的学术权力。哈佛大学原校长科南特说："大学的荣誉不在它的校舍和人数，而在它一代代教师和学生的质量。一个学校要站得住，教师一定要出色。"① 要保证高校教师质量，首先必须要正当、合理而科学地设定高校教师职务评聘条件。

一 国家机构引导、高校主导与教师参与相结合规则

高校教师质量不仅决定着高校的实力与竞争力，也关系着国家高等教

---

① 转引自刘超、田正平《中国近代大学教师评聘制度的历史考察——以国立名校为中心》，载《浙江大学学报》（人文社会科学版）2020 年第 1 期。

育事业的发展前景。高校教师的整体质量则很大程度取决于高校教师职务评聘条件的选择与设定。国家机构与高校在教师职务评聘条件设定上兼具主体上的正当性。同时，高校教师职务评聘条件的设定也影响着高校教师（以及准教师）的职业发展与权利保障。因此，在高校教师职务评聘条件设定权的运行中，首先要注意国家机构、高校以及以教师三大主体的角色分工与权限权能。

（一）国家机构的引导地位

在前面章节中，本书指出国家是高校教师职务评聘权在价值意义上的元主体，而国家机构与高校在高校教师职务评聘权上所拥有的权力，最终都来源于这一元主体。所以，国家机构与高校在高校教师职务评聘权上，具有实践意义上的分工关系。其中，国家机构主要扮演着监督角色。当然，这里所言的国家机构对高校教师职务评聘权的监督，是一种广义的监督，既涉及政府的行政监督，也包括立法机构的一般规范和司法机构的个案审查。

那么，在高校教师职务评聘条件设定权这一运行环节，国家机构主要通过立法或政策等途径对高校教师职务评聘条件进行引导性监督，一方面将国家统治阶级意志与社会所认可的主流价值予以确定化与具体化，另一方面对高校自主设定职务评聘条件进行规范与引导，从而保障教师职业自由与安全。

为了实现引导性监督，国家机构在高校教师职务评聘条件上，应设定国家统一的基本标准，从而保障高校教师的整体质量。教书育人与学术研究是高校教师的两项主要任务。为此，国家机构在设定统一的基本标准时，除政治素养与道德素养的要求外，还应结合社会发展与时代要求，注重构建高校教师专业素养的基本规范。虽然，高校教师科研与教学的专业素养评价是个非常复杂的问题，很难完全量化。但是，设定一些基本的量化标准，仍有合理之处，也有助于保障基本公平。因此，国家机构除对高校教师的学历学位以及工作年限设定基本要求外，也可以设定有关教学能力与科研能力的量化标准。当然，这些量化标准除了科学合理外，授益性条件应尽量采取低密度规范，即采取框架性与原则性的规定；损益性条件则应尽量明确化与具体化。

同时，为了实现对高校自主行为的规范性监督，国家机构还应对高校自主设定的职务评聘条件提出原则性要求，比如高校自主设定的职务评聘条件应具有科学性、合理性以及区分度，同时还应保持相对稳定性。在法治时代，为了有效地实现上述的引导性与规范性监督，国家机构应尽量采取立法方式，保持相关内容的权威性与确定性。

回观我国实践，国家机构在高校教师职务评聘条件设定权上的引导功能需要强化。我国《教育法》《高等教育法》《教师法》等都有条文明确授权国务院制定教师职务制度。不过，国务院至今未就教师职务制度（包括高校教师职务评聘制度）制定出台有关行政法规。

我国目前所建构的高校教师职务评聘条件的国家统一基本标准，首先是1986年的《高等学校教师职务试行条例》。1986年《高等学校教师职务试行条例》作为原国家教委制定的规范性文件，从立法层级来说，仅是部门规章，法效力不高。除了法效力层级不高，《高等学校教师职务试行条例》在内容上的滞后性、不合理性以及不完整性，也极大地影响了它的实效性。比如，随着学历学位教育的发展，博士学位已是高校教师入职的基本门槛。该条例中对助教、讲师的学位要求已不符现状与时代发展，明显地就有滞后性。再如，该条例规定教授的任职条件之一是“在教学管理或科学研究管理方面具有组织领导能力”。这将高校教师的专业素养与管理能力相挂钩，显然不科学、不合理。此外，该条例缺乏对损益性条件的规定，这也不利于高校教师的职业安全与保障。

“2020年职称改革指导意见”的附件《高等学校教师职称评价基本标准》对《高等学校教师职务试行条例》中的一些不合理标准作出了修改，并且结合现实需求，将副教授与教授分为教学科研型和教学为主型两类，分别提出不同的评价标准。① 但是，《高等学校教师职称评价基本标准》作为国务院下属部门的其他规范性文件中的附件，从法效力层级来说是不如《高等学校教师职务试行条例》高。

① 目前，我国高校大多实行教师职务分类（如教学型、研究型、教学研究型）评聘改革。对此，笔者认为在不同类型职务的评定标准中，对教师基本专业素养能力中的教学、科研与服务，可以有偏重，但不能偏废。比如在美国，教学型高校的晋升标准和考核要求会倾向于“教学有效性”的考察，而研究型高校的标准则会侧重研究成果，虽然各有侧重，但是晋升标准都要涵盖教学、科研和服务三个方面，缺一不可。参见艾军《美国高校终身教职运行机制的特点及争论探析——以东南密苏里州立大学为例》，载《外国教育研究》2020年第4期。

如果说，1986年由原国家教委制定出台的《高等学校教师职务试行条例》，与国家法制整体环境有关，符合时代背景，也发挥了其应有的功能。那么，如今随着我国法治进程的深入推进，同时也是为了更好地发挥引导与规范功能，国家机构则应以法律形式对高校教师职务评聘条件作出明确规定。笔者认为可以《教师法》修订为契机，在其中增加专门章节，对教师职务评聘制度（包括高校教师职务评聘条件）进行立法规定。

（二）高校的主导地位

如果说，国家机构介入高校教师职务评聘条件设定权的目的在于引导性监督，从而规范高校权力与保障教师权益，那么，高校作为功能意义上的高校教师职务评聘权固有主体，在高校教师职务评聘条件设定上理当主导，从而有效维护与保障法治意义上的学术自由与高校学术自治。

“学术在本质上必然是独立的自由的，不能独立自由的学术，根本不能算是学术。学术是一个自主的王国，它有它的大经大法，它有它神圣的使命，它有它特殊的广大的范围和领域，别人不能侵犯。”[①] 因为“为了给不可预见的和不可预测的事务提供发展空间，自由仍是必不可少的；我们之所以需要自由，乃是因为我们经由学习而知道，我们可以从中期望获致实现我们诸多目标的机会。正是因为每个人人知之甚少，而且也因为我们甚少知道我们当中何者知道的最多，我们才相信，众多人士经由独立的和竞争的努力，能促使那些我们见到便会需要的东西的出现”[②]。因此，可以说“学术自由其实保护的是，那些在现代世界中定义和制造专业知识的学科实践”[③]。

自19世纪德国学者洪堡创办柏林大学开始倡导践行，学术自由如今在大多数国家已然从理念理想变为制度现实。虽然，我国在法律上没有明文规定学术自由，但是《宪法》第47条作为学术自由的规范依据，已为

---

① 贺麟：《学术与政治》，载《当代评论（第1卷）》1941年第6期。转引自周光礼：《学术自由与社会干预——大学学术自由的制度分析》，华中科技大学出版社2003年版，第10页。

② ［英］哈耶克：《自由秩序原理》，邓正来译，生活·读书·新知三联书店1997年版，第28页。

③ 罗伯特·波斯特：《民主、专业知识与学术自由：现代国家的第一修正案理论》，左亦鲁译，中国政法大学出版社2014年版，第5页。

学界所共识。[①] 一般而言，学术自由至少包含研究自由、发表自由与教学自由三项内容。[②]

学术自由作为一项基本权利，虽有宪法基础，但仍须仰赖制度性保障。在德国和我国台湾地区，大学自治往往被视为学术自由的制度性保障。[③] 比如我国台湾地区司法院大法官会议释字第 380 号解释及其解释理由书中明确指出："学术自由的保障，应自大学组织及其他建制方面，加以确保，亦即为制度性之保障。为保障大学之学术自由，应承认大学自治之制度，对于研究、教学及学习活动，担保其不受不当干涉，使大学有组织经营之自治权能。"我国大陆学者也逐渐关注到了这一点："作为基本权利规范的学术自由，同时需要相关组织规范的协同与配合。"[④] 所以，不管是从制度性保障来说，还是就组织保障而言，学术自由与高校学术自治都密不可分。

作为学术性组织的高校，要实现教书育人的主要功能，自然离不开学术自由（特别是教学自由）与学术自治。高校教师职务评聘条件的选择与设定最终决定着高校中"谁来教"这一关键性问题，"谁来教"又进一步决定着"教什么"以及"如何教"。可见，高校要实现教学自由为核心的学术自由与学术自治，应当在教师职务评聘条件的设定与选择上，占据主导地位。换言之，高校在教师职务评聘条件设定权上的主导地位，根源于学术自由与学术自治。

高校教师职务评聘条件，在内容上可以区分为学术性条件与非学术性条件；从特性上，则可以区分为授益性条件与损益性条件。上文已指出，为了实现引导性监督，国家机构在高校教师职务评聘条件上，应设定国家统一的基本标准，对高校自主设定职务评聘条件进行规范与引导，从而保障教师职业自由与安全。国家机构对高校教师职务评聘的授益性学术条

---

① 参见王德志《论我国学术自由的宪法基础》，载《中国法学》2012 年第 5 期；湛中乐、黄宇骁《再论学术自由：规范依据、消极权利与积极义务》，载《法制与社会发展》2017 年第 4 期。

② 谢海定：《作为法律权利的学术自由权》，载《中国法学》2005 年第 6 期。

③ 参见李建良《论学术自由与大学自治之宪法保障》载《人文及社会科学集刊》1996 年第 6 期。

④ 张翔：《学术自由的组织保障——德国的实践与理论》，载《环球法律评论》2012 年第 4 期。

件，应尽量采取低密度规范，即采取框架性与原则性的规定；而对损益性学术条件与非学术条件，则应尽量明确化与具体化。

因此，高校的主导地位，首先意味着可以对引导性规范中的授益性学术条件，一方面进行细化与深化，另一方面进行一定程度的超越与创新。由于引导性规范中的授益性学术条件往往是框架性与原则性的，高校对其进行细化与深化，是为了使其更具实践操作性。同时，高校还可以基于自身对教师品质的高追求，对引导性规范中的授益性学术条件进行超越，从而自主设定创新性条件。超越是指提高或拔高引导性规范中的授益性学术条件，而不是突破底线。换言之，引导性规范中的授益性学术条件是国家机构所规定对高校教师品质的基本要求，高校不能降低这些条件，但可以提高。不过，对于引导性规范中的损益性学术条件与非学术条件，高校则不能超越与创新，因为这紧密关系着高校教师的职业安全与保障。

这也进一步意味着，对高校自主设定的教师职务评聘条件，不能简单地依据国家机构的引导性规范进行合法性评价。若仅是提高授益性学术条件，不应简单地质疑其合法性。但若放宽或降低授益性学术条件，或是提高损益性学术条件与非学术条件，则会出现合法性问题。在 2003 年某大学教师王某职称评审案中，王某曾质疑学校以主持或参加国家级课题作为副教授评聘资格条件的合法性，认为此“框框”没有依据，要求教育部撤销《某大学申报专业技术职务的条件》这一规定。对此教育部认为，某大学是经过国家批准具有评审副教授职称资格的高等学校，该校具有制定具体的评聘条件和程序，对王某的复议申请决定不予受理。[①] 比较遗憾的是，当时的教育部或法院都未对王某的这一质疑进行正面回应。

本书认为，某大学将主持或参加国家级课题作为副教授评聘资格条件，虽没有法律法规层面的依据，但也不能因此就认定其不具有合法性。因为，将主持或参加国家级课题作为副教授评聘资格条件，是一种授益性的学术条件，某大学有权力自主设定。当然，这一条件的设定是否合理，则另当别论，下文对此将进一步展开探讨。因此，高校的主导地位，实质上是指在授益性学术条件设定上的主导与主动。而要真正实现这一主导功能，高校在教师职务评聘条件设定权的内部运行中，则应保障学术权力主

---

① 那日苏：《职称评审未通过，走上公堂讨说法》，载《法制日报》2003 年 6 月 19 日。

体的主导地位。

尽管，学者们共识性地认为，建立现代大学制度的关键在于彰显学术权力。但实践中，高校内部行政权力的过度膨胀与学术权力的式微和异化，仍然不断加剧。在高校教师职务评聘条件设定上，高校行政权力与学术权力的失衡同样存在。“调查研究显示，行政力量既可能是高校教师学术评价的有力推动者，也可能是限制其发展的主要障碍。”① 比如曾引发网络热议的 2017 年《浙江大学优秀网络文化成果认定实施办法（试行）》，实际上就是行政力量为主导推动的一个结果。姑且不论该办法中所涉及的具体评价标准设定是否合理正当，仅以浙江大学党政为主体联合发文的方式，就足见浙江大学行政权力对学术权力的无视。

对此，《法制日报》记者陈东升明确表达了质疑：“我认为，在讨论可不可以将‘优秀网络文化成果’作为评奖评优评职称依据之前，首先需考察浙大这一新规是否合法合规。……浙大党委宣传部不具备主体资格、没有法定职责，却将‘优秀网络传播作品’纳入科研成果统计、晋升评聘和评奖评优范围；浙大党委不具备主体资格、没有法定职责，却党政联合发文印发这一办法，均属越俎代庖，在我看来，是越权行为。”②

似乎，高校行政权力越俎代庖的这种现象，并不是个例。像笔者所在单位温州大学在 2021 年颁布的《温州大学专业技术职务评聘标准》中，明确写明该文件，“2015 年 10 月 12 日党委会审议通过，2016 年 7 月 12 日温大行政〔2016〕166 号文件修订印发，2017 年 10 月 27 日第 19 次党委会修订通过，2021 年 4 月 13 日第 99 次校长办公会修订通过”。学校党委会和校长办公会，代表着高校内部的政治力量和行政力量。在专业技术职务评聘标准设定等这类学术性管理事务中，竟然连个学术权力的影子都没有，着实让人担忧。毕竟，2014 年教育部制定颁布了《高等学校学术委员会规程》，其中第 15 条已明确规定，学校教师职务聘任的学术标准与颁发，应当提交学术委员会审议，或者交由学术委员会审议并直接作出决定。

---

① 杜嫱、刘鑫桥：《高校教师离职倾向及学术权力感知的作用——基于“2016 年全国高校教师发展调查”的实证分析》，载《中国高教研究》2019 年第 9 期。

② 参见陈东升《建议对浙大新规作合法性审查》，载《法制日报》2017 年 9 月 21 日。

（三）高校教师的参与地位

无疑，除了国家机构与高校，高校教师在教师职务评聘条件设定上同样具有重要的利害关系。“只有利害相关人共同承担责任并共同参与，在个人自由与社会需求之间，才能有平衡的关系。”① 因此，要保障高校教师职务评聘条件设定权的正当行使，不仅需要国家机构的合理引导和高校的积极主导，同样不可或缺的是高校教师的有效参与。

“参与”是个内涵较为宽泛的概念。根据《现代汉语词典》的解释，参与即指“参加（事务计划）的讨论、处理”。若依这一解释，高校教师的参与即指参加对高校教师职务评聘条件设定的讨论与处理。从字面理解，参加讨论与处理，既可以是过程性或形式上的，也可以是结果性或实质上的。对此，本书认为高校教师的参与地位，应该既体现在过程中，也应对结果有实质性的影响。

此外，高校教师的参与指涉的是个体意义上的参与。若从组织意义上讲，以教师为主要代表的学术权力组织已以主要主体参与到高校教师职务评聘条件的设定中。在理想语境下，前面所提的高校主导，就是高校内部学术权力的主导。推言之，高校学术权力的主导主要是高校教师（学术人员）的主导参与。“对学术自由的组织保障，不限于学术人员参与资金分配的层面。在一切大学事务中，无论是人员聘任、研究计划拟订、课程设置，只要是与学术自由相关的，都应该通过组织途径来保证学术人员的参与。”②

所以，作为个体意义上的高校教师，是与高校（包括学术性组织）相对而言的独立主体。本书在分析教师聘任制的规范内涵时曾指出，不管是法律制度上的权力与权利，还是客观世界中的实力与势力，教师与学校都存在很大差距。在法律制度上，高校对教师享有评聘职务、调整津贴和工资待遇、实施奖励或处分等管理权力；在僧多粥少的客观世界里，高校比教师（以及寻求教职的人）有着更多的谈判资本和更大的自由选择空间。现实状况也验证了这一论断。“由于缺乏教师聘任制实施的具体办

① ［德］施密特·阿斯曼：《行政法总论作为秩序理念：行政法体系建构的基础与任务》，林明锵等译，元照出版有限公司 2009 年版，第 129 页。

② 张翔：《大学章程、大学组织与基本权利保障》，载《浙江社会科学》2014 年第 12 期。

法，各高等学校教师在制定聘任规则的过程中，很少征求教师的意见、建议，对聘任规则不进行广泛的讨论和听证，其中有争议的条款或模棱两可的条款一般也由学校负责解释。这样，在制定聘任条款过程中，学校会最大限度地将自己的意志渗透到聘任条款中，而最大限度地压缩教师的权利空间，从而牢牢地将聘任的主动权掌握在学校手中。教师面对这些有失公平的内部规则，他们的选择余地是非常有限的，甚至没有选择的余地。在这种藐视平等的聘任过程中，高校既是规则的制定者，又是规则的执行者和裁判者；既是运动员，也是裁判员。"①

因此，在遵循教师聘任中"双方平等""双方地位平等"的法律规定时，不能忽视双方在讨价还价的能力方面所存在的实质性的不平等的情况，应通过具体规则的设计让双方达致一种合理的现实平等。为此，本书提出两点基本建议，一是高校教师在聘任制改革中应有同等的话语权，二是双方在聘任制实行上应有对等的"权义责"。②

同等的话语权与对等的"权义责"，也是高校教师参与职务评聘条件设定的基准。如果说，平等原则是高校教师参与职务评聘条件设定的合法性依据，那么，学术自由则是高校教师参与职务评聘条件设定的正当性基础。从基本权利上来说，学术自由最终不是机构性的，而是个体性的。为了实现个体意义上的学术自由，落实同等的话语权与对等的"权义责"两大基准，保障高校教师参与的有效性与实效性，应注意参与程序的基本构建。

一方面，高校教师参与职务评聘条件的设定应该是自由的参与。所谓自由的参与，首先意味着高校教师参与的自愿，包括参与的自愿和不参与的自愿。其次意味着高校教师的参与，不仅包括同意和承认，也包括参与过程中的异议、反对和批评。

另一方面，应该是平等的参与。平等的参与首先意味着高校教师在高校教师职务评聘条件设定程序中的地位是平等的，具有在意见表达上享有同等的资格和机会，在决策过程中拥有平等的话语权和投票权。其次意味

① 陈鹏：《我国公立高等学校与教师法律关系之研究》，载《中国教育法制评论》2006 年第 4 辑。

② 具体请参见本书第二章第三节相关内容。

着高校教师的参与应该是公平的，这就不仅要求高校教师职务评聘条件设定的程序主导者应该维持中立地位，还应借助信息公开等制度使参与的教师能获得充分与对称的信息。此外，还应为处于不利地位的少数反对派，提供特别的程序设置，比如听证程序、意见反馈机制等。

二 学术性条件设定遵循法律最低限规则

高校教师职务评聘条件在内容上可以区分为学术性条件与非学术性条件。学术性条件是指与衡量高校教师教学能力、学术研究能力等专业学科素养直接相关的条件，比如学历、学位、教学科研成果（论文、课题）等；非学术性条件则指与教师专业学科素养没有直接相关的条件，比如工作年限、政治觉悟与立场、道德思想与个人品行等。

在第二章谈到高校教师的专业性时，本书指出，高校教师教书育人的主要任务，是与学术研究密不可分的。可以说，教书育人是目的，学术研究是手段，教书育人仰赖学术研究，学术研究服务教书育人。若没有以创新性与探究性学术研究为基础的高等教育教学，将只是基础教育的延长。为了实现高等教育目标，应当鼓励和保障高校教师的学术研究活动，尊重学术自由和学术规律。换言之，高校教师的学术能力一定程度决定着其教学效果。因此，作为遴选高校教师重要依据的高校教师职务评聘条件，不仅要考量高校教师的政治、道德等品行方面的综合素养，更要注重构建高校教师专业学科素养（特别是学术研究能力）的衡量评判标准。

为此，在高校教师职务评聘条件设定中，应当以能衡量高校教师专业学科素养的学术性条件为关键性核心内容。当然，高校教师应当具备怎样的专业学科素养，是个复杂的实践与理论问题。它不仅会随着时代发展而变化，而且会因视角、立场与价值观念等差异而有不同的认识与观点。所以，如何选择与设定高校教师职务评聘条件中的学术性条件，必然涉及对高校教师专业学科素养的学术评价标准的科学化与合理化等问题。

作为学术作品之一的学术论文，是高校教师呈现、提炼与分享其学术研究成果的基本形式，也是其专业学科素养的重要表现。一直以来，学术论文都是被用来衡量高校教师专业学科素养的基本标准。当然，学术论文的优劣，本身也涉及评价问题。在量化和标准化的思维主导下，对学术论文优劣的衡量，逐渐变成“唯数量、唯级别、唯奖项”。这显然背离了学术评价标准的科学化，对教师发展不利。

2017 年中共中央办公厅、国务院办公厅发布的《关于深化职称制度改革的意见》中明确提出要“坚持遵循规律、科学评价”“克服唯学历、唯资历、唯论文的倾向”。2020 年科技部、教育部等先后印发了《破除科技评价中“唯论文”不良导向的若干措施（试行）》《关于规范高等学校 SCI 论文相关指标使用，树立正确评价导向的若干意见》、“2020 年职称改革指导意见”等文件，进一步指出，要破除论文“SCI 至上”，推行代表作制度，重点考察研究成果和创作作品质量，淡化论文数量要求。

无疑，僵硬的量化与标准化的学术评价标准容易造就急进浮躁的科研氛围，引发学术不端与学术功利化。政府希望通过破除这些量化评价标准使学术评价变得科学合理。但是，“破易立难”。比如有学者对目前所力推的学术代表作提出了担忧。“以卓越为导向的学术代表作评价制，旨在克服科学计量评价制对数量的盲目追求，但在高校教师职称评审的应用中面临标准可量化和程序公平的双重挑战。”①

所以，我们首先必须承认人的理性不足以应对现实世界变化的无穷性，学术评价标准的理想与实践之间定然存在着永恒的矛盾。“无论是研究自由、教学自由或学习自由，其本质都是独立自我负责地从事研究、教学和学习工作，除学习的成果主要由教师进行评估之外，研究和教学本质上没有外在评鉴的问题，因为研究者和教学者是对真理和个人良心负最后的责任，除非研究工作和教学工作已经涉及他人的权利，……现行以商业管理逻辑下的‘绩效’来作为评鉴或评估标准，其实已经异化了研究和教学的本质，评鉴制度逼迫老师只能生产具有‘点数’的研究论文，或是将教师对学生的教学和服务，以称斤论两的方式计算，它让潜移默化无法量化的大师风范无法生存于现今的我国台湾地区的高等教育中，也让教师无法专心于需要长期时间累积和酝酿的基础研究而导致其无法生根，现行的教师评鉴，甚至是大学系所评鉴，其实早已严重戕害学术研究发展，评鉴不但干扰了教师自我研究生涯规划的自主空间，也侵入自我教学规划形成的空间，造成了一种单一性的标准，这其实是违反学术自由以多元方

① 李永刚：《高校教师职称评审中实施学术代表作评价制的挑战与构想》，载《大学教育科学》2021 年第 2 期。

式追求真理的本质，许多学术界的有识之士早已提出批判的声音。”[①] 的确，这种观点不无道理，但过于理想化。毕竟，仰赖公共资源的高校无法脱离这个讲究实用与功效的世界而独善其身。

虽说学术评价标准的科学合理是一个充满价值纷争的议题，但并不意味着学术评价标准内容的正当性就是一个无法企及的主题。有学者用学术评价的内在标准概念，来回答学术评价标准内容正当性的普适性要求。“所谓内在标准，也可说是学术研究领域内的通用标准，在学术评价中具有普适性，无论什么学科领域，无论哪种研究类型，均可用内在标准进行评价。我以为，能符合这一要求的主要有以下三个方面的标准，此即学术创造标准、学术规范标准和学术道德标准。”[②] 的确，学术研究应符合创新、规范与道德要求，但这种所谓学术评价的内在标准难以真正解决作为学术管理与规范的外在指向性的学术评价标准内容的正当确定。

笔者在拙著《大学学术权力的法律界限研究》中对学术评价标准内容的正当性作了一点思考。[③] 首先，学术评价标准内容确定过程中应具有程序上的正当性。学术评价标准因主要涉及对高校教师专业学科素养的衡量，不同于建筑质量标准、食品安全标准等这类的标准，它较主观化。因此，在学术评价标准的确立过程中应体现民主性，特别是学术共同体的民主性。同时，要注意避免行政管理主导的思维。其次，学术评价标准内容应具有一定的传统延续性。学术评价标准虽然是主观性的，但若从时间维度而言，又具有历史客观化。学术评价标准应符合学术历史发展中逐渐积累的经验性的普适性的要求。最后，学术评价标准内容应最终能服务于学术自由。学术只有在自由中才能真正发展与繁荣，所以学术评价标准内容的设定不应过于绝对与单一，而应体现学术自由中的多元化与宽容主义。

因此，在这些学术性条件的设定中，要遵循法律最低限规则。为了保障高校教师的整体质量，以及贯彻国家的相关政策，国家机构对高校教师职务评聘的学术性条件进行指引性规定具有正当性。但由于学术性条件最

---

① 吴明孝：《大学教师是否可能被大量解雇？——高等教育教师聘用问题之法律问题分析》，载《台湾社会研究季刊》2012 年第 89 期。

② 刘庆昌：《学术评价的内在标准》，载《山西大学学报》（哲学社会科学版）2017 年第 9 期。

③ 周慧蕾：《大学学术权力的法律界限研究》，法律出版社 2019 年版，第 104 页。

终关涉学术自由，因此国家机构应尽量制定低密度规范，以使高校有更大的空间去实现学术自治。而高校在设定自身的学术性条件时，应以国家机构所规定的标准为最低限，即不能降低国家机构对高校教师职务评聘学术性条件所设定的基本标准。

当然，在遵循法律最低限规则下，高校自主设定的学术性条件也不应随心所欲，而应注意比例原则和信赖保护原则。高校教师职务评聘条件的设定主要是为了遴选优秀教师，同时也与高校教师的职业利益紧密相关。为了防止高校权力滥用、保障教师权利，高校教师职务评聘条件首先应接受比例原则的审查。

源于德国公法的比例原则，作为规制公权力、保障私权利的一项法律原则，影响力不断扩大，已获得了共识性认同。“尽管合比例性分析存在过大的主观性与不确定性，但比例原则具有不可替代的损益权衡功能。”[①]正是比例原则的这一重要功能，如今“在辐射范围上，比例原则实现从国别、区域到全球的地域性影响，完成从公法、私法到其他部门法的渗透；在功能定位上，比例原则保留传统权利保障功能的基本定位，同时拓展到权力配置功能的复合形态；在适用形态上，比例原则作为法律原则的规范性命题伴随司法适用的推进得以进一步彰显，并且开始作为方法论成为‘目标—手段’理性构建的基准”[②]。

目前学界对比例原则存在“二阶”“三阶”甚至“四阶”等各种观点。在笔者看来，传统的“三阶理论”对于比例原则所要实现的功能来说，仍具有理论与实践的生命力。所谓的“三阶理论”，即适当性、必要性和狭义比例性。[③]

高校教师职务评聘条件首先应当具有适当性，即指所设定的条件必须能够达到所要追求的遴选优秀教师这一目标。换言之，所设定的条件必须能够实现目的，或者至少有助于目的的达成。其次，高校教师职务评聘条件应当具有必要性，即指在诸多同样可以达成所追求目的的条件中，必须

---

① 刘权：《比例原则适用的争议与反思》，载《比较法研究》2021 年第 5 期。

② 蒋红珍：《比例原则适用的范式转型》，载《中国社会科学》2021 年第 4 期。

③ 也有学者将狭义比例性称为法益相称性。参见蔡宗珍《公法上之比例原则初论——以德国法的发展为中心》，载《政大法学评论》1999 年第 62 期。

选择对教师权利侵害最小的一种。最后，高校教师职务评聘条件应符合狭义比例性，即指所设定的条件与所要实现的目的之间必须合比例或者相称。

除比例原则外，高校教师职务评聘条件的设定还应当注意信赖保护原则。高校教师职务评聘条件当然应该随时代要求与社会环境发展而改变，但在变化中应保持相对的稳定性，从而，一方面防范高校权力的恣意，另一方面保障高校教师的职业权利。不管是高校教师职称评审条件，还是高校教师岗位聘任条件，其背后不仅体现着国家机构与高校的相应意志，也承载着高校教师的合理预期与信赖利益。比如，一位需要晋升职称的高校教师要具备相应职称的评审条件，并不是一蹴而就的，而是需要经过较长时间（一般三年到五年）和心血精力去准备与积累。若职称评审条件变化过于频繁，将给高校教师的合理预期带来极大的不确定性；若评审条件变化幅度过大，定然冲击高校教师的信赖利益。

在全面推进依法治国大背景下，高校不仅应成为法治理论研究的主阵地，也应成为法治实践的主战场。高校学术自治是现代法治意义下的自由与自主。现代法治的核心则是规制权力，保障权利。在这一法治理念支撑下，源起于私法领域的信赖保护原则扩展到公法领域，“信赖诚实的原则乃至信赖保护原则是将在私人间使用的法原理适用于行政法关系的情况”,①，并如比例原则般，渐已成为“君临全法域之基本原则”②。

“信赖保护原则的基本含义是政府对自己作出的行为或承诺应守信用，不得随意变更，不得反复无常。”③ 高校对于自主设定的教师职务评聘条件，实质上也是一种承诺，同样地应当“不得随意变更，不得反复无常”。

三　损益性条件设定遵循不抵触国家法规则

作为完整意义上的高校教师职务评聘，逻辑上不仅包括高校教师职称评审与岗位聘任等授益行为，也包括高校教师职称撤销与岗位解聘等损益

---

① ［日］盐野宏：《行政法》，杨建顺译，法律出版社 1999 年版，第 59 页。

② 参见史尚宽《民法总论》，台湾正大印书馆 1980 年版，第 300 页。转引自姜明安《行政法》，北京大学出版社 2017 年版，第 123 页。

③ 姜明安：《行政法》，北京大学出版社 2017 年版，第 123—124 页。

行为。根据这两类不同性质的行为，高校教师职务评聘条件则可以相应地区分为授益性条件与损益性条件。从保障学术自由与高校学术自治的立场出发，针对高校教师职称评审与岗位聘任所设定的授益性条件，一般应以学术性条件为主，应遵循法律最低限规则，并辅以比例原则与信赖保护原则。而针对高校教师职称撤销与岗位解聘等所设定的损益性条件，本书认为则应从保障高校教师职业安全利益的角度出发，不管是其中的学术性条件还是非学术性条件，都应遵循不抵触国家法规则。

《宪法》第5条中规定："一切法律、行政法规和地方性法规都不得同宪法相抵触。"《立法法》第63条、第64条中规定，地方各级人大及其常委会"在不同宪法、法律、行政法规相抵触的前提下"有权针对"地方性事务"制定地方性法规。我国学界和实务部门一般都将上述条款的规定，概括为"不抵触"原则。

但是，对于如何理解"不抵触"原则，则有较大争议。有学者归纳总结指出："对于'不抵触'的理解，按照从宽到严的方向，理论界大致有以下三种观点：一是将'不抵触'理解为不与上位法的精神和基本原则相抵触。二是将'不抵触'理解为既不得与上位法的精神和基本原则相抵触，也不得与上位法的具体规定相抵触。三是将'不抵触'理解为必须有上位法作为立法依据。"① 显然，上述三种观点的重心都在于如何界定"不抵触"的对象范围。结合我国地方立法与实践："第一种观点失之宽泛，过于强调地方立法的自主性，从某种程度上讲，反而不利于地方立法的健康发展；第三种观点则过于强调地方立法的立法根据，条件过于严格，会束缚地方立法的手脚，无法充分发挥地方的主动性和积极性。"②第二种观点认为"所谓'不同宪法、法律、行政法规相抵触'，是指'不得与宪法、法律、行政法规相冲突、相违背'。一是不得与宪法、法律、行政法规的具体条文的内容相冲突、相违背（即直接抵触）；二是不得与宪法、法律、行政法规的精神实质、基本原则相冲突、相违背（即间接

---

① 孙波：《地方立法"不抵触"原则探析——兼论日本"法律先占"理论》，载《政治与法律》2013年第6期。

② 孙波：《地方立法"不抵触"原则探析——兼论日本"法律先占"理论》，载《政治与法律》2013年第6期。

抵触)”[①]。这种观点“直接抵触和间接抵触结合起来，同时强调了地方立法相比于中央立法的自主性和附属性，既弥补了第一种观点的宽泛，又不同于第三种观点的过于严格，笔者以为其更为准确”[②]。

本书认同孙波博士的判断，赞成周旺生教授的观点。这背后涉及对法的要素及其关系的基本认识。“我们只有承认法律包括法律规则也包括法律原则，才能解释我们对于法律的特别尊敬。”[③] 第一种观点和第三种观点实质上都人为地将法律规则与法律原则进行割裂，从而忽视了法律规范（包括法律规则与法律原则）的整体性。

高校教师职务评聘条件设定权具有类似的立法权功能，但在性质与来源等方面都与地方立法权不同。因为，地方立法权是在国家法制统一要求下对中央与地方的立法权限分配的结果，从本质上属于国家立法权的范畴。而高校职务评聘条件设定权并不源于国家立法权，其正当性基础在于学术自由与学术自治，属于学术权力的范畴。但是由于损益性条件增加高校教师义务的负担，所以在设定损益性条件时，高校教师职务评聘条件设定权也应如地方立法权一样，严格地遵循不抵触国家法原则。在法治大背景下，高校教师不管是作为国家公职性的专业人员，还是普通劳动者，都应享有法律上的职业安全保障。由此，高校自主设定的损益性条件也应如地方立法般，在对象范围上，既不能抵触国家法的相关精神与基本原则，也不能抵触国家法的具体规定。

当然，“不抵触”的判断标准还需要进一步明确。全国人大常委会法工委曾对“抵触”作了解释：1. 上位法有明确规定，与上位法的规定相反的；2. 虽然不是与上位法的规定相反，但旨在抵消上位法的规定的，即搞“上有政策，下有对策的”；3. 上位法没有明确规定，与上位法的立法目的和立法精神相反的；4. 违反了立法法关于立法权限的规定，越权立法的；5. 下位法超出上位法规定的处罚的种类和幅度的。[④]

---

① 周旺生主编：《立法学》，法律出版社 2000 年版，第 379 页。

② 孙波：《地方立法“不抵触”原则探析——兼论日本“法律先占”理论》，载《政治与法律》2013 年第 6 期。

③ ［美］罗纳德·德沃金：《认真对待权利》，信春鹰等译，中国大百科全书出版社 1998 年版，第 126 页。

④ 转引自田成有《何谓“不抵触”?》，载《时代主人》2019 年第 8 期。

2004 年最高人民法院发布的《关于审理行政案件适用法律规范问题的座谈会纪要》（法〔2004〕96 号）中，列举了下位法与上位法相抵触的 10 种具体情形：1. 下位法缩小上位法规定的权利主体范围，或者违反上位法立法目的扩大上位法规定的权利主体范围；2. 下位法限制或者剥夺上位法规定的权利，或者违反上位法立法目的扩大上位法规定的权利范围；3. 下位法扩大行政主体或其职权范围；4. 下位法延长上位法规定的履行法定职责期限；5. 下位法以参照、准用等方式扩大或者限缩上位法规定的义务或者义务主体的范围、性质或者条件；6. 下位法增设或者限缩违反上位法规定的适用条件；7. 下位法扩大或者限缩上位法规定的给予行政处罚的行为、种类和幅度的范围；8. 下位法改变上位法已规定的违法行为的性质；9. 下位法超出上位法规定的强制措施的适用范围、种类和方式，以及增设或者限缩其适用条件；10. 法规、规章或者其他规范文件设定不符合行政许可法规定的行政许可，或者增设违反上位法的行政许可条件。

根据上述官方解释，“不抵触”概括而言，主要包括“不能有相反规定”，“不能缩小，也不能扩大规定”，“不能改变规定”等基本情形。结合高校教师职务评聘条件设定权的内涵与法律性质，损益性条件设定不抵触国家法规则，首先意味着高校可以结合自身情况对国家法层面的规定具体细化；其次在具体规定层面则应强调高校自主设定的损益性条件不能扩大国家法所规定教师职称撤销或岗位解聘情形，不能降低国家法所规定的职称撤销或岗位解聘条件，更不能提高国家法所规定的职称撤销或岗位解聘的条件与处罚力度。

最后，这里的“国家法”是相对高校校规而言，泛指享有立法权限的国家机构所颁布的规范性法律文件，具体包括法律、行政法规、地方性法规以及部门规章等法源。需要注意的是，“国家法”不包括被视为非正式法源的政策。在我国，党与国家的政策在社会治理中起到了非常重要的指引作用。“新中国成立 70 年来，党和国家的建设、改革和发展在很大程度上取决于党的政策的科学指引。无论是新中国成立初期的社会主义建设，还是改革开放时期以经济建设为中心的转型，以及新时代全面依法治国方略的实施，都是在党的政策主导下的社会主义实践。”[①] 随着依法治国的推进，政策与法律的关系已从“政策本身就是法”的观念转变为“政策不能代替国家法律”的认识，再到“由政策到法律的规范转变”的务实探索。[②] 所以，在法治背景下，有关高校教师职业方面的政策性要求，应转换为法律规范后再实施。

从国家法层面来看，目前对高校教师职称撤销条件的规定主要集中在部门规章这一层级。2017 年教育部、人力资源和社会保障部发布的《高校教师职称评审监管暂行办法》中的第 15 条明确规定：“因弄虚作假、学术不端等通过评审聘任的教师，撤销其评审聘任结果。”2019 年人力资源和社会保障部发布的《职称评审管理暂行规定》中的第 39 条规定：“申报人通过提供虚假材料、剽窃他人作品和学术成果或者通过其他不正当手段取得职称的，由人力资源社会保障行政部门或者职称评审委员会组建单位撤销其职称，并记入职称评审诚信档案库，纳入全国信用信息共享平台，记录期限为 3 年。”

从上述两个文件内容可知，高校教师职称撤销的条件主要有“弄虚作假”“学术不端”“其他不正当手段”等情形。无疑，“弄虚作假”“学术不端”和“其他不正当手段”等概念，不管是内涵上，还是外延上，都有较大的解释空间。这实际上留给了高校在教师职称撤销的实践操作中，以较大的裁量空间。但不管如何，高校不应抵触这些规定，比如不能将教师职称撤销扩大到“弄虚作假”“学术不端”和“其他不正当手段”三种情形之外的情形，像将高校教师生活作风等品行不良行为作为职称撤销的事由，就是抵触了国家法层面的现有规定。

师德是教师素养的重要组成部分，国家也越来越重视教师师德建设。2012 年国务院发布的《关于加强教师队伍建设的意见》（国发〔2012〕41 号）中明确提出要：“把师德表现作为教师资格定期注册、业绩考核、职称评审、岗位聘用、评优奖励的首要内容，对教师实行师德表现一票否

---

① 周祖成、万方亮：《党的政策与国家法律 70 年关系的发展历程》，载《现代法学》2019 年第 6 期。

② 周祖成、万方亮：《党的政策与国家法律 70 年关系的发展历程》，载《现代法学》2019 年第 6 期。

决制。……对有严重失德行为、影响恶劣者按有关规定予以严肃处理直至撤销教师资格。”2018 年中共中央、国务院出台的《关于全面深化新时代教师队伍建设改革的意见》中指出要“深化高等学校教师人事制度改革，教师选聘时要实行思想政治素质和业务能力双重考察；深入推进高等学校教师考核评价制度改革，突出教育教学业绩和师德考核”。同年教育部发布的《新时代高校教师职业行为十项准则》中对高校教师的政治立场、理想信念、工作要求等作出了详细规定。2020 年中共中央、国务院印发的《深化新时代教育评价改革总体方案》中提出，要“坚持把师德作为第一标准，把师德表现作为教师资格定期注册、业绩考核、职称评聘、评优奖励的首要要求，强化教师思想政治素质考察，……建立师德失范行为通报警示制度。对出现严重师德问题的教师，探索实施教育全行业禁入制度”。

从上述政策性文件的具体内容来看，显然也都只是把师德作为教师职称评审的授益性条件，而没有明确将其规定为职称撤销的损益性条件。在教师职称是对高校教师专业素质能力的评价与认证的这一认识下，本书认为在没有国家法明确规定之下，不能扩大解释将个人生活作风等品行问题作为教师职称撤销的损益性条件。当然，师德评价还要注意法治化。“我国公立高校师德评价面临评价依据弱权威性、评价内涵宽泛而不确定、评价程序不够规范、评价结果可救济性欠佳等法律隐忧。……对高校师德评价权力的法治化规制，最终应实现‘行政权与相对方权利配置格局达到结构性平衡’，既不能纵容师德失范行为，又不能使师德评价处于无序状态甚至损害教师的权利，这正是高校师德评价法治化的应有之义。”①

目前，实践中就高校教师职称撤销的争议并不多。在北大法宝仅搜索到一个相关案例，即刘某与广东省人力资源和社会保障厅、广东财经大学教育行政管理（教育）一案行政诉讼案。该案原告诉称，其于 2017 年 11 月先后通过学科专家评议组和高评委的评审，获得研究员职称。被诉行政机关广东省人力资源和社会保障厅随后复核备案，并将职称资格证书下发广东财经大学。2018 年 8 月，原告接广东财经大学人力资源处领取职称证书通知，但多次领取职称证书均未果。2019 年 5 月 15 日，广东财经大

① 申素平、王子渊：《略论公立高校师德评价的法治化选择——兼评若干师德评价案例及有关争议》，载《高等教育研究》2021 年第 5 期。

学校长办公会议通过决议，称依据《关于做好 2016 年度职称评审工作的通知》（粤人社发〔2016〕86 号）和《广东财经大学专业技术职务评审办法（试行）》（粤财大〔2017〕122 号）相关规定，撤销原告所获研究员职称资格。原告认为自己并无《高校教师职称评审监管暂行办法》（教师〔2017〕12 号）规定的应当撤销职称的情形，被诉行政机关撤销起诉人职称资格的行为没有法律依据，后向法院提出行政诉讼。不过，该案被一审法院以不符合起诉条件为由而驳回。①

由于未进入实质审查环节，该案中很多细节不得而知，比如广东财经大学到底是以什么理由撤销原告的职称。若确实如原告所言，其并不存在《高校教师职称评审监管暂行办法》所规定的撤销情形，那么，广东财经大学的有关规定，就可能抵触国家法规，从而遭遇合法性质疑。

从法效力位阶上来看，高校教师职称撤销条件目前只有处于较低位阶的部门规章进行了规定。相较而言，高校教师岗位解聘的损益性条件则有高位阶的国家法规定。我国《教师法》第 37 条明确规定："教师有下列情形之一的，由所在学校、其他教育机构或者教育行政部门给予行政处分或者解聘：（一）故意不完成教育教学任务给教育教学工作造成损失的；（二）体罚学生，经教育不改的；（三）品行不良、侮辱学生，影响恶劣的。"

根据不抵触国家法规则，高校在自主设定高校教师岗位解聘的具体条件时，不能突破或违反上述三种法律规定情形。实践中，高校教师因言论不当、非升即走等原因而被解聘的事件不少。对此，笔者认为在现有法律规定下，这些做法值得商榷。当然，这并不意味着笔者赞成高校教师可以不注意言论限度，只是认为在现有法律规范没有明确规定的情况下，这样的做法显然与法治精神相背离。

2021 年 11 月 29 日教育部发布的《中华人民共和国教师法（修订草案）征求意见稿》中，增加了高校教师岗位解聘条件情形，主要包括："（一）公开发表违反宪法言论，损害党和国家声誉的；（二）利用职务便利谋取不正当利益或者滥用职权、徇私舞弊，严重损害教育公平的；（三）品行不良，严重损害教师形象的；（四）故意不完成教育教学任务，给教育教学工作造成严重损失，或者以此强制、诱导学生接受有偿补课

---

① 广州铁路运输中级法院行政裁定书（2019）粤 71 行初 954 号。

的；（五）严重侵害学生合法权益，体罚或者变相体罚学生造成人身伤害等严重后果的；（六）与学生发生不正当性关系的；（七）其他严重违反教师职业行为准则等师德规范情形的。”若是该条草案通过，那么，今后高校教师因违反宪法言论而遭解聘，其合法性应该没有问题。但像“非升即走”这类制度中的教师解聘，是否合理正当、是否符合法律规定，则仍存在不少问题，本书将在下一章对此作专节探讨。

第二节　高校教师职务评聘资格评定权运行的基本规则

高校教师职务评聘资格评定权是指对高校教师和应聘者是否达到所规定条件进行评价与认定的权力。由于主要涉及学术专业能力的评定，高校教师职务评聘资格评定权的运行不可避免地存在学术上的自由裁量空间。如何在尊重与规范之间确保学术上自由裁量权的正当行使，应是高校教师职务评聘资格评定权在运行中必须认真对待的主题。除遵守回避、程序公开等权力运行的一般规则外，作为学术权力的高校教师职务评聘资格评定权还应遵循同行专家评议与不弃权投票这两大基本运行规则。

一　同行专家评议规则

“专业的和学者的专门知识是一种至关重要和独特的权力形式，它授予某些人以某种方式支配他人的权力”，“这种权力的基础是学术，其行使基于行使人的学术水平和学术能力。它的合理性主要来源于专业和学术能力，而不是来源于职务和组织”。[①] 可见，高校教师学术专业能力的评定只能交给专家来完成。

高校教师职务评聘资格评定权不仅包括涉及高校教师职称评审、岗位定级等授益性评定，也包括涉及高校教师职称撤销、岗位降级或撤销等损益性评定。我国目前较注重授益性事项中的专家评定，而往往忽视损益性事项中专家评定制度的构建。美国学术自由与终身教职委员会曾提议，

① ［美］伯顿·R. 克拉克：《高等教育系统——学术组织的跨国研究》，王承绪等译，杭州大学出版社1994年版，第28页。

"每个大学或学院的教师（副教授或副教授以上职务）在被解聘或降级之前，都有权获得详细的书面指控材料，并且有权要求由教授会、理事会或多数教师选举成立的特别审查委员会或永久性的审查委员会对这些指控进行公正的审查。在审查的过程中，教师享有提供证据的权利，如果指控教师的教学公正能力，首先必须由其同事或大学的专业同行出示有关该教师工作能力的正式评价报告。如果被指控的教师愿意，也可以由主管当局聘请其他高校的同行专家委员会出示其工作能力的评价报告。"① 所以，不管是授益性评定，还是损益性评定，在涉及高校教师专业能力时都应当有同行专家的参与。

不过随着知识的精深化与学科的专业细化，再博学的人也难精通各门学科，专家已成为专业领域的权威代表。不管是社会公共议题，还是专业领域问题，同行专家的评议与参与已是标配。特别是涉及专业领域的评审事项，同行专家评议更是不可或缺。"同行评议活动最早出现在英国皇家学会期刊《哲学会刊》的论文评审中，这种评审方式被视为早期的同行评议活动。随后，美国开始将同行评议应用到科学研究项目的申报评审中，至此，同行评议活动开始逐渐走出编辑行业范畴，被普遍应用于科学基金的评审，并逐渐成为一种重要的学术评价方式。"②

为了保证评定的正当性与权威性，高校教师职务评聘资格评定权的运行过程中应当要有同行专家的参与。从制度层面来看，在高校教师职务评聘资格评定，特别是教师职称评审上，我国一直较为重视同行专家评议。比如 1986 年《高等学校教师职务试行条例》第 15 条就明确规定，各级职务任职资格，由相应的教师职务评审委员会组织同行专家进行评审。尽管如此，同行专家评议似乎并未完全发挥其应有功能，实践中出现了不少问题。"当下国内学术权力的扭曲和异化可以概括为八种形式：工分式评价、应付式评价、吹捧式评价、自说自话式评价、压制式评价、一刀切式评价、外在式评价以及身份式评价。"③ 这样不仅背离同行专家评议的初

① ［美］沃特·梅兹格：《美国大学时代的学术自由》，李子江、罗慧芳译，北京大学出版社 2010 年版，第 235 页。

② 刘丹、青珊：《国外同行评议专家研究综述》，载《南京工程学院学报》（社会科学版）2017 年第 2 期。

③ 杨兴林：《学术评价的内涵、异化及本真回归》，载《高教发展与评估》2016 年第 6 期。

衷与本质，也对学术世界的秩序和学术事业的发展产生严重的消极影响。

显然，政府部门也认识到同行专家评议机制亟须完善。“2020 年职称改革指导意见”明确指出要“完善同行专家评议机制，健全完善外部专家评审制度，探索引入第三方机构进行独立评价。给内、外部评审专家预留充足时间进行评鉴，引导评审专家负责任地提供客观公正的专业评议意见，提高职称评价的科学性、专业性、针对性。”像引入外部专家评审、建立第三方独立评价、预留充足时间等措施，的确会有助于同行专家评议机制的完善，但是，这些措施实际上都还流于形式。外部同行专家、第三方在充足时间内是否就能给出更为客观公正的专业评议意见，若没有科学合理的评议规则，仍是未知数。要确保同行专家评议的客观公正，本书认为更需要从实质内涵上对同行专家评议规则进行界定与完善。

同行专家评议规则，首先意味着同行专家的专业最接近化。实践中，专家比较容易确定，特别是普遍借助各种学术称号（等级或荣誉）为识别代码的这个时代。在我国，一般都是从学术职称上来确定专家资格，比如博士学位的评定专家基本上要求具有教授职称。但是否属于同行专家却会存在一定争议。因为同行有“大同行”“小同行”之分。比如从大同行角度来说，高校教授都是同行，都是属于教师行业，但若从小同行角度来看，他们未必是同行，各自从事的专业可能千差万别。“基础学科的发展越来越专业化，使所谓的‘同行’越来越少。”① 因此，在这种情形下，同行专家评议规则一定要遵循专家同行最接近化原则，以学科、专业、研究方向、问题域等为参照要素，按相近程度来遴选同行专家。

其次，同行专家评议规则还要求越接近领域的专家的意见越具决定性作用。像刘某案②备受诟病的就是，由各不相同领域顶尖专家组成的校学

① 田华等：《基础研究评估中的同行评议和专家评议》，载《中国基础科学》2005 年第 5 期。

② 刘某案简介：刘某是北京大学无线电电子学系 1992 级博士生。1996 年 1 月 24 日北大学位评定委员会审查刘某的博士论文时，认为该论文未达到博士论文水平，而以 6 票赞成，7 票反对，3 票弃权的票数决定不予通过该博士论文并拒绝授予刘某博士学位。1999 年 9 月 24 日刘某向北京市海淀区人民法院提起行政诉讼，将北大推上被告席。该案一审法院判决北大败诉，北大不服提起上诉，二审裁定发回重审。海淀区人民法院重新组成合议庭再审该案，最后以该案已过时效为由驳回起诉。刘某对该裁定不服，提起上诉，最终北京市中级人民法院维持再审一审的驳回起诉裁定。

位评定会否决了由同一专业领域专家组成的学位论文答辩委员会通过的一篇博士学位论文。在该案中原告代理人何兵认为这是一种外行决定内行的不合理体制，在其代理词中质疑道："专家永远只是行业的专家，学者也只能是专业的学者。跨越了所专的行业，专家就不是专家，学者就不是学者。让专家判断专业以外的问题实在是勉为其难。……问题就在于，一旦超越专业的领域，专家就失去了判断的能力，专家也要发晕。经济学家或者法学家对这一问题的判断能力与北大学五食堂的师傅是没有实质区别的。专家为此不得不依赖于其他人的判断或报告来判断。靠听汇报作结论的根本问题在于，听取的报告只是个人的报告，报告人的观点、态度、能力都会影响判断的真实性，其结果是学位评定委员会成了实现某个人或某一些人意志的工具。表面上是集体在进行判断，实际上只是集体中的某些人在判断。当外行的专家们对他们一无所知的领域的博士学位论文进行否决的时候，他们是否听到了被否决者无力的呻吟？是否意识到在他们的否决票下有可能产生多少冤魂怨鬼？"①

尽管，北京大学也采用了专家同行最接近化方式，遴选物理学专业领域教授组成学位论文答辩委员会来对一位物理学博士学位申请人的学术能力进行评审与认定，但关键是学位论文答辩委员会给出的评审意见应在多大程度上予以尊重，什么情况下才能否决，才是符合同行专家评议规则。实际上，还可能出现以下情况，实践中一篇博士学位论文在参加学位论文答辩之前，一般首先要通过外审（盲审）阶段的专家评审。从专家同行最接近化来看，外审阶段的专家应该是与该学位论文所涉领域最接近的专家来担任，那么假如学位论文答辩委员会与外审专家评审意见不一致的情况下，如何对待与处理外审专家的评审意见才是符合同行专家评议规则？

1998 年我国台湾地区曾发生一起大学教师职称评审争议案件，该案件将官司打到台湾地区"司法院"，最后"大法官"会议就该案作出了释字第 462 号。案情如下：台湾成功大学（以下简称成大）副教授简某参加该校教授评审（升等教授），经成大初审总成绩为 88 分，属于极力推

① 何兵：《刘某诉北京大学博士学位行政诉讼案代理词》，天涯论坛网，http://www.tianya.cn/publicforum/content/no01/1/95478.shtml，最后访问日期：2018 年 9 月 17 日。

荐的特优标准；复审总成绩为 82 分，属于特别推荐的优等标准；送请校外专家审查的代表著作，分别经三位专家审查结果全部通过（依规定以二人及以上通过即属及格），其中一位评分为 80 分，评语颇佳。但成功大学教师评审委员会最后以无记名且不具理由的投票方式作成未通过升等的决议。针对这一情况，释字第 462 号指出："教师升等资格评审程序既为维持学术研究与教学之质量所设，其决定之作成应基于客观专业知识与学术成就之考虑，此亦为宪法保障学术自由真谛之所在。是以各大学校、院、系（所）及专科学校教师评审委员会，本于专业评量之原则，应选任各该专业领域具有充分专业能力之学者专家先行审查，将其结果报请教师评审委员会评议。教师评审委员会除能提出具有专业学术依据之具体理由，动摇该专业审查之可信度与正确性，否则即应尊重其判断；评审过程中必要时应予申请人以书面或口头辩明之机会；由非相关专业人员所组成之委员会除就名额、年资、教学成果等因素予以斟酌外，不应对申请人专业学术能力以多数决作成决定。"

释字第 462 号的这一司法立场为同行专家评议规则提供了很好的说明。这说明，高校教师职务评聘资格评定应由"各该专业领域具有充分专业能力"学者专家先行审查。同时，对于专家意见，除非能提出更具有专业学术依据的具体理由从而动摇该专业审查的可信度和正确性，否则应予以尊重，更不能由非相关专业人员组成的委员会以多数决方式对其专业学术能力作出决定。"（台湾）于大学之三级教评会组织，基本上以系所为中心之教师，在学术专业领域上同构型较高，而越上级之教评会，理论上其同构型会越淡薄。因此，至少在有关对大学教师之解聘、不续聘之审议程序中，应该要尊重专业同构型较高之下级教评会的决定，方能符合大学自治的理念，也较符合 peer review 之原理。"①

最后，同行专家评议规则还意味着同行专家必须要以具名化的方式给出独立的专业意见及具体理由。"大学学术同行评议在本质上作为一种承担学术价值判断功能的评价活动，其开展的重要前提是评议专家的

① 李仁淼：《大学教师限期升等与违反聘约情节重大——最高行政法院 105 年度判字第 550 号评析》，载《月旦裁判时报》2018 年第 9 期。

人性问题。"[①] 但人性很复杂。面对利益问题时，不能仅仅仰赖人性的光辉，更要依靠制度的理性。既然同行专家享有如此关键重要的评定权力，为了防止权力的恣意与腐败，让学术权力运行在阳光下的办法之一，就是具名化地给出专家意见与理由。"英国高校职称评审基本都采用实名制，不论是投票还是打分都要写明具体原因并附上对该教师的客观评价。"[②] 只有这样，才能让专家在行使高校教师职务评聘资格评定权这类学术能力评定权时，更谨慎、更公正。

当然，同行专家评议规则并不否认在高校教师职务评聘资格评定权运行中存在一些非同行专家组织存在的必要性。比如教师岗位评聘往往会涉及利益与相关资源的限度和配置问题，有时需要考量一些更具综合性的因素，因此，从这一角度来说，非同行专家组织在这些问题上进行综合考量评议，作出最终的批准公布，仍有必要。

二　不弃权投票规则

高校教师职务评聘资格评定的对象主要是高校教师（包括应聘教师）的学术专业能力，因此，它在实质上是一个学术判断问题。一般而言，学术判断既包括有关对错的真理判断，也包括有关优劣的价值判断。在人类理性的有限性与价值的多元化这一基本事实之下，不管是真理判断，还是价值判断，都难以避免会出现不同观点。对高校教师学术专业能力的判断主要属于价值判断的范畴，最终是个仁者见仁、智者见智的问题。为了降低误判、错判的概率，也为了防止学术霸权与腐败，对学术能力的判断采取专家集体民主决议方式往往成为首选制度。

基于上述逻辑，现有制度一般都会在高校教师职务评聘资格评定权的运行程序中规定以无记名或实名投票方式进行多数决。比如《高等学校学术委员会规程》第 21 条规定："学术委员会议事决策实行少数服从多数的原则，重大事项应当以与会委员的 2/3 以上同意，方可通过。学术委

---

① 林培锦：《论大学学术同行评议专家及其利益冲突——以西方人性理论为视角》，载《浙江师范大学学报》（社会科学版）2017 年第 5 期。

② 杨广晖、胡惠迪：《英国伯明翰大学教师职称评审制度述评》，载《高教发展与评估》2019 年第 5 期。

员会会议审议决定或者评定的事项，一般应当以无记名投票方式作出决定；也可以根据事项性质，采取实名投票方式。”再如《高等学校教师职务评审组织章程》第 16 条规定：“教师职务评审委员会、评审组和学科评议组召开评审会议必须有全体成员的 2/3 以上（含 2/3）出席，其评审结果方为有效。”第 17 条规定：“学科评议组应以民主程序进行工作。对被评审人的评议意见，应在充分讨论的基础上，经无记名投票，赞成票数超过全体成员的 1/2 方为通过。教师职务评审委员会、评审组对学科评议组的评议意见进行评审。如有不同意见，可以按无记名投票方式表决，赞成票数超过全体成员的 1/2 方为通过。”

尽管，学术民主有着正当的逻辑基础与强健的制度实践，但是，也有其弊端与不足。“学术民主在存在着不同意见的情况下，使决策变得可能；但以大多数人的意见为基础的决策也可能是错误的。”① 学术民主管理过程中的确出现不少问题，类似于“西安某大学国家教学成果奖舞弊案”（学术与教学成果评审）、“湖南高校教师职称评审腐败案”（职称评审）、“某院士诈骗研究经费案”（学术项目评审）等事件时有发生。学者们也开始关注与反思民主管理中存在的负面问题。有些学者在区分学术民主正当与学术民主胜任理论的基础上提出要根据参与投票者的胜任力来建构投票规则。② 尽管从理论上来看，根据胜任力来分配投票比重具有一定可取之处，但如何科学合理地确定胜任力的标准以及投票比重将仍旧会充满争议，最终有可能导致学霸学阀的产生。虽然一人一票，会因各人能力、专业而在胜任力上存有差异，但作为以遵循同行专家评议规则之下大学学术能力评定权的决定规则仍有合理之处。

所以，在高校教师职务评聘资格评定权的决议规则中，关键的问题，不是少数服从多数的民主决票制，也不是一人一票制中的胜任力，而是每一位投票专家应如何认真对待自己手中的这一票。如何让学者们认真对待投票，除诉诸道德与自律外，还须借助制度理性。关于中国大学学术判断投票规则如何更加公正、合理，有学者提出：“在制度层面，首先对投票

---

① 俞吾金：《也谈学术规范、学术民主与学术自由》，载《学术界》2002 年第 3 期。

② 刘小芳等：《中国大学学术民主制度的胜任力反思与制度重构》，载《复旦教育论坛》2016 年第 1 期。

权力加以限定：实施学术民主代议制，落实学术投票人的任期制。其次是制定新的投票规则实行多数票规则下的双向票制、实名票制，改革弃权票制。最后是形成有效的监督和制约机制：建立学术问责制，必要情况下法律应介入学术事务。”①

像学术投票人的任期制、多数票规则下的双向票制、学术问责制等制度，自然有助于专家规范行使学术投票权，但是，这些制度治标不治本，无法从根源上防止学术权力主体的职权懈怠或权力滥用。要确保专家正当合理行使学术投票权，本书认为除实名制外，当前在高校教师职务评聘资格评定权行使中还应当要严格遵守不弃权投票规则。实际上，对于这一规则早在刘燕文案中就被提及，其委托代理人何海波在辩论意见中就曾质疑过：“学位评定委员会委员在表决时‘弃权’是否允许？虽然没有相关的条文规定委员可以或者不可以投弃权票。但是否允许弃权是依表决（决定）事项的性质而定的，对于在民主选举和议会表决中，由于决策的高度政治性和政策性，需要尊重参与者的自由选择，通常情形下法律允许弃权。校学位评定委员会的委员们是被遴选出来以解决学位这一特定问题的，法律赋予了他们神圣的权利，同时也意味着加给他们不可转让、不可抛弃的重大职责。委员们投赞成票还是反对票，应由他们作出自由判断，不应被质问和干预。但是，当他们投下弃权票时，他们不仅是放弃权利，同时懈怠了职责，这样的表决结果失去了正当性、合法性。”②

的确，从我国现有制度来看，没有规定高校教师职务评聘资格评定权行使主体不可以投弃权票。但高校教师职务评聘资格评定权的对象是有关学术能力的评价与判断，它是一个学术问题，是个判断问题，这不同于民主社会中的政治议题。政治议题本身是一个协商与共识、选择与妥协的过程，所以参与者可以赞成、反对或弃权。但学术问题本身是一个追求真理的过程，秉持的是追问真相的科学态度，这里不存在协商与妥协，只有每一主体基于自己学识的独立判断，一旦同意参与判断，就肩负着不可推卸的判断责任。这有点类似于司法判断，在一个案件中法官不能以无法判断

① 于胜刚：《权力·利益·规则——中国大学学术投票制度研究》，博士学位论文，东北师范大学，2010 年，摘要。

② 北京市海淀区人民法院行政判决书（1999）海行初字第 103 号。

为由放弃裁决。如果要放弃判断职责，那应该退出相应团体，而不是投弃权票。

因此，高校教师职务评聘资格评定权主体在以投票方式作出集体决定时，每一位专家都应在赞成与反对之间作出判断，而且根据同行专家评议规则，还应给出具名化的赞成或反对的学术理由，而不能投弃权票。

第三节　高校教师职务评聘结果确定权运行的基本规则

高校教师职务评聘资格评定权借助同行专家评议与集体投票所得出的结论，主要代表了同行专家的学术判断。要将这一学术判断的结论转换为具有法律效力上的决定，则需要高校教师职务评聘结果确定权的行使。高校教师职务评聘结果确定权是指有关主体以一定形式对高校教师职务评聘结果进行具有外部性的效力确定的权力。在运行过程中，高校教师职务评聘结果确定权除了应遵循信息公开、公示等必要程序外，还应注意遵循下述两项基本规则。

一　高校的外部化确认与行政机关的监督性确认相结合规则

如果说，高校教师职务评聘条件设定权作为高校教师职务评聘权三阶性内容的起始段，其行使将对利益相关人产生一般意义上的影响；中间段的高校教师职务评聘资格评定权的行使，因其主要以提供学术判断结论作为结果性决定的依据，并不对外部产生直接效力；那么，作为最终段的高校教师职务评聘结果确定权的行使，则对相对人利益产生直接而实质的影响。不管是高校教师职称评审晋升或撤销，还是高校教师岗位的初聘、续聘或解聘，其结果性确认，都会对高校教师的法律地位（特别是公法上的权利）产生实质影响。比如高校教师职称晋升将不仅改变该教师职务的正式称号，而且意味着在官方专业技术岗位等级体系中得到正式升级及其相应福利待遇的提高。高校教师岗位的聘任不仅在高校与教师之间产生具体的权利义务关系（可以依据学校与教师所签订的聘任合同），而且是对高校教师公职身份的正式认定（一般体现在教师编制身份的官方录入）。可见，行使高校教师职务评聘结果确定权的行为是具有外部效力的结果性行为，代表着某类高校教师职务评聘行为的完结。

能将学术判断上的结论转换为具有公法上效力的决定，这要求高校教师职务评聘结果确定权的行使主体，应当具有公法上的权力主体资格。从逻辑上来说，作为功能意义上的高校教师职务评聘权的固有主体，高校自然也是高校教师职务评聘结果确定权的固有主体。但是，功能意义上的固有主体，并不必然意味着其定然成为实践意义上的行使主体，恰如具有民事权利能力的自然人未必成为其所享权利的行使主体。因此，高校能否成为高校教师职务评聘结果确定权的行使主体，取决于其是否具备公法上的权力主体资格。

在前面已指出，学术权力是一种私权力，但具有公法上的意义。高校作为学术性组织，是学术权力的主要行使主体。所以，高校首先因行使学术权力而具有公法上的权力主体资格。此外，它还可以因"国家有关规定"[①] 而具有公法上的公权力主体资格。由此可知，高校具备高校教师职务评聘结果确定权的行使主体资格。

依据我国法律规定，我国高校具有独立的法人地位，能够以自己的名义行使权利、履行义务，并承担相应法律责任。因高校教师职务评聘结果确定权的行使将产生直接的外部效力，所以，高校对教师职务评聘结果的确定应以自己的名义进行。尽管，有关高校内部学术权力机构的制度性建设越来越完善，但作为高校内部组织机构并不具有对外独立的法律地位。所以，高校不能以其内部组织机构，如学校职务评聘委员会或其他学术权力机构的名义对评聘结果进行确定。

在曾某案中，法院认为高校教师职称评审行为是由教师职务评审委员会作出的、具有独立的法律效果的行为。[②] 实际上，这是将高校教师职务评聘资格评定权和高校教师职务评聘结果确定权混淆在了一起。应该说，教师职务评审委员会所作出的决定是高校教师职务评聘资格评定权行使的结果，其结论是一种学术判断，虽然它对评聘结果的确定具有决定性意义，但并不直接产生对外效力。

---

① 具体可参阅本书第三章第一节第一点。

② 湖南省长沙市中级人民法院行政判决书（2016）湘01行终752号。

同时，国家机构也是高校教师职务评聘结果确定权的行使主体。前文已指出，国家机构作为制度意义上的高校教师职务评聘权的监督主体，承载着双重任务，即规制高校权力和保障教师权利。国家机构的监督地位，不仅体现在立法机关对高校教师职务评聘条件设定的引导规范上，而且融合在行政机关对高校教师职务评聘结果确定权的直接行使中。

由高校与行政机关共同行使高校教师职务评聘结果确定权，是高校人事自主权与教师职业保障权平衡理念下的必然选择。通过行政机关的认定，高校教师职务评聘结果将更具权威性与严肃性，从而，不仅利于规范与监管高校教师职务评聘行为，也利于高校与教师双方权利义务的确定，更利于高校教师权利的保障与救济。

当然，高校与行政机关在合作行使高校教师职务评聘结果确定权时，分工不同。其中，高校主要对教师职务评聘结果进行外部化确认，而行政机关主要予以效力上的监督性确认。高校的外部化确认是指对高校教师职务评聘结果的实质性内容，即高校教师职称评审晋升结果或撤销决定以及高校教师岗位初聘、续聘或解聘等决定，向外部进行正式确认。行政机关的监督性确认则主要针对高校所作出的外部化确认作监督意义上的效力确认。

高校在作出外部化确认时，应尊重同行专家所作出的学术判断，在没有更具有专业学术依据的具体理由下，不能更改同行专家的评议结论。若不满同行专家评议所提供的结论，高校则应重启程序，并重组同行专家进行重新评议。同样地，行政机关在进行监督性确认时，也应尊重同行专家所作出的学术判断，不能随意变更建立在同行专家评议结论基础上的高校外部化确认。行政机关对具有合法性的高校外部化确认，应予以效力上的确认；对违法性的高校外部化确认，则不予效力上的确认。

高校的外部化确认和行政机关的监督性确认虽各自具有相对的独立性，但应依不同情况对待两者间的关系。一般而言，高校的外部化确认一旦作出，就对外部产生影响。行政机关若予以效力确认，实际上是强化了高校的外部化确认；若不予效力确认，则是改变（撤销）了高校的外部化确认。因此，当高校教师等相对人对高校教师职务评聘结果提出合法性质疑，寻求法律救济时，若行政机关作出的是效力确认，则应以高校为被诉主体；若行政机关作出的是不予效力确认，则应以行政机关为被诉主体。

二 合规性审查规则

高校在作出外部化确认或行政机关在作出监督性确认时，都应在自身权限范围内对高校教师职务评聘结果的相关内容进行相应审查，从而保障其所作出的确认决定本身的有效性。因此，这里的审查，首先是高校教师职务评聘结果确定权行使主体基于自我监督意义上而进行的一种主动性审查，不同于依外部申请而展开的被动性审查。其次，这是一种内部审查。高校在作出外部化确认时，对高校教师职务评聘资格评定权主体所作出的评定结论进行的审查，这实质上是高校对其内部学术权力组织的一种内部监督。

同样，行政机关在作出监督性确认时，对高校的外部化确认进行审查，这实际上是高校教师职务评聘资格评定权行使主体间的内部监督。所以，行政机关的监督性确认中的监督不同于一般意义上的行政监督。行政监督主要是行政主体对行政相对人所展开的一种外部监督，主要指“行政主体依法定职权，对相对方遵守法律、法规、规章，执行行政命令、决定的情况进行检查、了解、监督的行政行为”①。《高校教师职称评审监管暂行办法》第 12 条规定：“教育、人力资源社会保障部门及高校主管部门采取‘双随机’方式定期按一定比例开展抽查。根据抽查情况、群众反映或舆情反映较强烈的问题，有针对性地进行专项巡查。”像该条文中所规定的抽查、巡查，都属于行政机关对高校职称评审行为所进行的行政监督，而不是监督性确认中的内部监督。

鉴于主动性、内部性等特点，高校或行政机关对高校教师职务评聘结果应进行合规性审查。近年来，“合规”似乎已跟“合法”并举，成为法学中的重要概念。合规的英文是 compliance，意思指顺从、遵守。“合规最早源于组织体系的法制需求。为解决组织量刑与个人量刑的差异化问题，美国联邦委员会在 1987 年《联邦量刑指南》的基础上，颁布了 1991 年《联邦组织量刑指南》，从此正式引入了企业

---

① 罗豪才主编：《行政法学》，北京大学出版社 2001 年版，第 134 页。

合规概念，并指出企业合规是指‘用于预防、发现和制止企业违法犯罪行为的内控机制’。”①

可见，“合规”最终也是为了“合法”，但“合规”并不完全等同于“合法”。“因为从显著的方面讲，合规之规的范围远不限于国家层面的法律法规，对于包括公司企业在内的各种社会组织体及其成员来说，还包括各种监管规定、行业准则、企业章程和规章制度，以及国际条约、域外规则等。如果说合规的直接诉求是免责，避免因不合规行为遭受不利的后果，那么，合规所指涉的规则种类和数量肯定远比法律法规要广泛得多。合规与合法两个概念之间的关系是一种包容和被包容的关系，不能以偏概全，用合法取代合规。因此，合规概念的含义是具有新颖性的，围绕合规概念的独特含义所展开的制度构设和实践也是与合法性意义上的操作大不相同的。”②

法治化时代，在合法概念之外启用合规这一概念，不仅表明了法（主要是国家法）的局限性，也表达了一种生动而多样的制度实践。“法是调整社会关系的重要方法，但不是唯一的方法。”③ 在法之外，还有政策、纪律、规章、道德、民约、公约、宗教规范及其他社会规范。高校教师职务评聘具有复杂性，不仅涉及国家教育事业发展，也涉及高校自主发展；不仅包括管理性事务，也包括学术性事务。因此，为了调整高校教师职务评聘关系，不仅有法律法规等国家法层面的硬法规范，也有高校校规、学术行规等软法规范。可以说，高校教师职务评聘权的合法而正当地行使，不仅需要硬法，也仰赖软法。

既符合硬法规范，又契合软法规范，这才叫合规。可见，相对合法性审查，合规性审查的依据更为宽泛。申言之，作为有效保障高校教师职务评聘结果确定权合法正当行使的内控机制，高校和行政机关对高校教师职务评聘结果进行合规性审查，不仅要依据法律法规，还应当依照高校校规、学术行规。

① 杜方正：《我国国有企业刑事合规制度研究》，博士学位论文，东南大学，2020 年，第 1 页。

② 张志铭：《合规概念的新颖性何在》，法学学术前沿微信公众号，2021 年 12 月 28 日。

③ 张文显主编：《法理学（第五版）》，高等教育出版社 2018 年版，第 79 页。

由于高校校规、学术行规与国家法并非处在同一规则序列中，进行合规性审查时，不仅可能遭遇国家法的内部冲突，而且可能出现高校校规、学术行规与国家法之间的不一致。“因为合法性概念是有骨架支撑和整合的一个系统有机的概念，这个起支撑作用的架构就是法律效力的位阶或位序理论，以及司法裁判中的规范审查和梳理。由于这种骨架支撑解决了诸多法律渊源在上下左右前后之间的关系，就使得多种多样的法律规范渊源，在指导人们的行为中多而不乱、有条不紊。在时下对合规的表达和实践中，我们看到了对规的形态的多样列举排列，但遗憾的是，对不同形态的规的关系则缺少有序的安排，而无序的关系必然导致冲突。不面对和解决这种冲突，合规要求就成为一种空洞的、以简单免责为指向的机会主义概念。”① 为了避免陷入空洞而简单免责的机会主义，高校教师职务评聘结果确定权行使主体在进行合规性审查时，应注意这些规则间的序列关系，特别是在国家法与高校校规之间。

前文在谈到高校教师职务评聘条件设定权的运行规则时指出，针对高校教师职称评审与岗位聘任所设定的授益性条件，一般应以学术性条件为主，应遵循法律最低限规则，并辅以比例原则与信赖保护原则；而针对高校教师职称撤销与岗位解聘等所设定的损益性条件，则应从保障高校教师职业安全利益的角度出发，不管是其中的学术性条件还是非学术性条件，都应遵循不抵触国家法规则。可以说，这些运行规则背后承载着在国家公权力、高校自主权与教师权利间寻求一种法治意义上适度平衡的基本理念。

基于同样的理念，高校教师职务评聘结果确定权行使主体在进行合规性审查时，针对高校教师职称评审与岗位聘任等授益性事项，应主要依照高校校规进行，因为这些事项背后往往体现高校的学术品质追求，应注意尊重高校自主权；而针对高校教师职称撤销与岗位解聘等损益性事项，则应主要依据国家法展开，特别在校规与国家法不一致、相冲突时，因为这些事项往往容易侵损高校教师的既有利益，应注意保障教师权利。

作为一种内部性的自我监督，高校教师职务评聘结果确定权行使主体对评聘结果的合规性审查，不仅要作形式上的审查，即对评聘结果相关材

① 张志铭：《合规概念的新颖性何在》，法学学术前沿微信公众号，2021 年 12 月 28 日。

料的完备性、有效性进行审查，还要进行实质上的审查，即对评聘结果相关材料是否真实、合法、合规进行审查。

尽管，高校教师职务评聘结果确定权行使主体可以对评聘结果是否符合有关规定的标准、主体、内容及程序等方面展开全面地审查，但是，在涉及学术判断时，仍应尊重同行专家评议结论，不能擅自变更。

第六章

高校教师职务评聘权的制度反思

如果说，前面章节对高校教师职务评聘权的基本内涵、法律性质、运行规则等问题的思考与探讨，主要是为了系统性地厘清高校教师职务评聘权的基本概念与基础理论，那么，本章则主要是借助这些概念与理论，对高校教师职务评聘权展开实践反思。实践中，高校教师职称自主评审制度和“非升即走”制度，已成为我国高校教师职务评聘领域的热点问题。而这两项制度又是高校教师职称评审权和高校教师岗位聘任权的具体展现。因此，本章将围绕这两项制度，就其内容与实践，进行合理性与合法性反思。

第一节 高校教师职称自主评审制度的合理性反思

一 高校教师职称自主评审制度的沿革：目标与内容

实际上，我国高校在教师职称评审上一直享有一定的自主权限。自1986年《高等学校教师职务试行条例》始，我国所有高校基本上都可以自行审定助教、讲师资格，还有部分高校经批准可以自行审定副教授、教授资格。当然，我国大部分高校并不享有副教授、教授资格的自主评审权限，而副教授、教授资格的评审权主要集中在省级教育主管部门。2016年11月，中共中央办公厅和国务院办公厅联合印发了《关于深化职称制度改革的意见》，全面启动我国高校教师职称自主评审制度改革。该文件提出要“推动高校、医院、科研院所、大型企业和其他人才智力密集的企事业单位按照管理权限自主开展职称评审”。这里的“自主开展职称评审”，主要指的是自主开展副教授、教授资格的评审。

2017 年 1 月，国务院取消了高等学校副教授职务资格评审权的审批，从此，我国有的高校开始可以自主评审副教授。2017 年 3 月，教育部等五部门联合印发的《关于深化高等教育领域简政放权放管结合优化服务改革的若干意见》中明确提出：“要改革高校教师职称评审机制，将高校教师职称评审权直接下放到学校……高校自主制订本校教师职称评审办法和操作方案。职称评审办法、操作方案报教育、人力资源社会保障部门及高校主管部门备案。”这是要进一步将教授资格的评审权下放到高校，从而构建高校全面享有助教、讲师、副教授、教授等四级法定职务资格的自主评审权限。2017 年 10 月，教育部、人力资源和社会保障部颁布了《高校教师职称评审监管暂行办法》，为规范与监管高校教师职称自主评审行为提供制度支撑。

历经三年的改革，我国高校基本上都已取得全面的教师职称自主评审权。[①]“2020 年职称改革指导意见”对高校教师职称制度改革进一步提出相关指导意见，比如推行代表性成果评价、建立重点人才绿色通道、实行评聘结合等。

可以说，我国高校教师职称自主评审制度已基本成形。高校教师职称自主评审权是高校教师职称自主评审制度改革的核心，其内容主要包括如下四点：一是高校享有包括助教、讲师、副教授、教授四级职务资格的自主评审权限；二是高校自主设定教师职称评审标准；三是高校自主组织教师职称评审；四是高校自主确定职称评审结果与颁发职称证书。在此基础上，构建了以高校为责任主体、国家机构（主要是教育或人力资源行政主管部门）为监管主体、评聘结合的高校教师职称自主评审制度的基本框架。

高校教师职称制度确立之初，教育行政主管部门是职称评审的责任主

---

① 在职称自主评审改革中，各省在具体落实上仍存有差异。比如，江苏省规定从 2017 年开始将高、中、初级职称的评审权下放给所有本科院校。山西省规定授予山西大学等 24 所高校正高级及以下职称的评审权，授予太原工业学院等 17 所高等学校副高级及以下职称的评审权。陕西省规定各高校可结合学校学科专业特点，依据学校章程自主制定职称评审办法和评审工作方案，教授、副教授评审权不应下放至院（系）一级。院系高级职称人数达到 15 人以上的，高校可视情将中级、初级职称逐步下放给院（系）评审。参见赵映川《浅析地方高校教师职称评审权下放》，《中国高校科技》2019 年第 9 期。

体，而高校作为辅助单位，承担部分职称评审权限。到如今职称制度改革后，高校作为责任主体，享有全部职称自主评审权限，而教育行政主管部门不再直接承办职称评审事务，仅为监管主体。在教育行政主管部门全面放权与高校直接获权的两极化改革中，一方面是对高校教师职称评审的本质是学术评价这一认识的肯定，另一方面明确表达了教师职称评审权应向高校自主权回归的目标与方向。

在改革之前，省级教育行政主管部门是高级职称评审的责任主体，负责标准设定、组织专家评审、确定职称评审结果与颁发职称证书，虽然其中也有高校与专家参与环节，但行政权力影响着职称评审的每个环节。“在高校职称评审权下放前，大多数省属高校不具备高校高级教师的评审权，一般由省级教育行政部门负责组织。教育行政管理部门以高校职称评审办公室的身份代表政府权力行使全省高校教师评审权。教育厅把这项权力分配给某个处室（如教师工作处、师资师范处），负责高校有关专业技术职称的管理、评审和奖惩等工作，拥有职称评审文件规定、标准设定和全程组织的权力。每年度的职称评审环节材料接收、资格初审、学科组评审和大评委组评审，以及给省职改办报送等事宜均处于教育厅的行政权力管理之下。例如，省评阶段评委的诞生由省教育厅职改办负责，评委可能就会被筛选、被‘收买’，存在两个方面的问题：其一，评委同省教育厅属于委派关系，评委要在管理上接受教育厅负责处室的行政权力指导和管理；其二，由于是省内评审，评委都会由于所属高校的关系，不能全部按照学术标准进行评审。因此，省教育厅的评审往往演化为评委专家代表的学术权力为教育厅代表的行政权力服务。虽然学科组的评审阶段属于学术评价，但并不是完全的，很大程度上受到行政权力的侵扰。”①

省级教育行政主管部门行政权力的深度介入与实质影响，无疑背离了高校教师职称评审所应具有学术性与公正性。当然，行政权力对高校教师职称评审中学术权力的种种侵扰，其实都是隐性的。名义上，教育行政主管部门仅是辅助性地执行省级教师职务评审委员会作出的评审结论。曾某案中湖南省教育厅就认为：“高校教师职称评审是由‘教师职务评审委员

① 冯东、李慧心：《高校教师职称评审的行政化问题与规制路径》，载《教育评论》2021年第11期。

会组织同行专家进行评审’，具体是指由具有较高专业学术水平或担任较高专业技术职务、作风正派、办事公道的专家、学者组成的评审委员会评议、审定专业技术人员是否符合相应专业技术职务任职条件的过程。高校职称评审的核心属于专家、学者的学术评价行为，而不是行政机关作出的具体行政行为。……评审委员会确定的评审结果即为最终结果，行政机关不能改变。”①

但是，省级教师职务评审委员会属于何种性质的组织机构，似乎也有待探讨。根据原国家教委颁布的《高等学校教师职务评审组织章程》规定，省级教师职务评审委员会是在各地职称改革工作领导小组领导下，负责在本地区的高等学校教师职务任职资格的评审工作，设主任 1 人，副主任 2—4 人，委员一般为 15—25 人，主任、副主任由具有较高水平的专家和教育部门行政负责人担任，每届的任期一般不超过三年，其日常工作由省、自治区、直辖市教育委员会、高教（教育）厅（局）负责。由上可知，首先，省级教师职务评审委员会具有业务性与集合性特点。其次，省级教师职务评审委员会并非纯粹的学术权力组织，因为它不仅有专家学者组成，也有行政负责人参加。最后，省级教师职务评审委员会与国家行政机关的组织关系紧密，因为其日常工作由教育行政部门负责。

面对省级教师职称评审委员会的复杂性，是否应赋予其独立的法律主体资格也必然成为一个需要谨慎对待的问题。或许，这就是法律制度上为什么没有对省级教师职务评审委员会的法律地位进行明确规定的主因。虽说高校职称评审的核心是专家、学者的学术评价，但是不能由此就否定其是行政机关作出的行政行为。因为，省级教师职务评审委员会即使不具有独立的行政主体资格，其也与行政机关关系紧密。此外，省级教师职务评审委员会作出的评审结论，最终由教育行政部门发布与确认。若借鉴行政行为相关理论来看，教师职务评审委员会的学术评价以及结论可以视为过程性行为，而教育行政主管部门对评审结果的确认则是结果性行为。总之，在改革之前，不管教育行政主管部门与省级教师职务评审委员会之间是合作关系，还是隶属关系，似乎都难以改变高校教师职称评审中行政权力的主导性。

---

①　湖南省长沙市中级人民法院行政判决书（2016）湘 01 行终 752 号。

“政府下放高校教师职称评审权旨在充分发挥高校自身学术和专业权力的决定作用，逐渐减少政府行政权力的干预。”[①] 所以，为了避免行政权力的过度干涉与彰显高校教师职称评审中学术评价的特质，在高校办学自主权（包括人事自主权）不断推进与落实的大背景下，将教师职称评审权全面直接下放到高校，明确教育行政主管部门的监管主体地位，也就顺理成章了。

与此同时，评聘结合成为高校教师职称自主评审制度中的一项基本内容。根据“2020 年职称改革指导意见”可知，所谓“评聘结合”，主要指高校根据国家有关规定自主设置岗位，结合岗位空缺情况开展教师职称评审，并将通过评审的教师聘用到相应岗位，实现教师职称评审与岗位聘用有效衔接。换言之，评聘结合就是将高校教师职称评审与岗位聘任合二为一，评即为聘，聘即已评。

其实，在高校教师职称自主评审制度改革前，高校教师职称评审与岗位聘任也一直是相结合的。1986 年《高等学校教师职务试行条例》第 16 条规定：“高等学校教师职务的聘任或任命应根据工作岗位需要，一般由系主任、教研室主任或学科组负责人依据教师任职条件推荐提出任职人选，经相应教师职务评审组织评审通过后，按照限额进行聘任或任命。”这种先根据岗位需要，再推荐任职人选，接着进行职称评审，最后进行岗位聘任的操作程式，与评聘结合的操作程式，基本上是一样的。只不过，之前的操作程式上，因规定对通过职称评审的人选，再进行限额的岗位聘任，这就有可能出现，高校教师虽通过职称评审，但因岗位数量限制而没能获得聘任的情况。为了避免这种情况的再发生，“评聘结合”的操作程式强调更加精准化地衔接职称评审与岗位聘任。这种精准化地衔接，主要就是通过将限额的阀门从原先的岗位聘任环节提前移到职称评审这一环节，将竞聘上岗转换为竞上职称。

二 高校教师职称自主评审制度的困境：问题与根源

（一）高校教师职称自主评审的“行政化”

前文已指出，教育行政部门之所以将教师职称评审权全面地下放到高

---

① 魏红梅、王曦：《论高校教师职称评审权力的下放与规制》，载《江苏高教》2018 年第 9 期。

校，一方面是为了进一步强化与落实高校用人自主权，另一方面是为了避免国家行政权力的过度干涉以及由此引发的学术权力的异化与腐败，从而实现高校教师职称评审的公正性与科学性。无疑，在评聘结合方式下通过教师职称自主评审，高校的用人自主权得到了实质性的扩大。但是，期冀通过高校教师职称自主评审权的行使，完成“彰显学术权力，保障职称评审的科学性与公正性”的这一制度使命，就现实状况而言，依旧困难重重。

有学者分析指出：“我国受到高等教育管理体制的中央集权、政府以行政手段配置教育资源、大学自主办学的文化传统缺失以及政治行动者的初始行为选择的影响，建立了以行政为主导的教师职称评审制度。”① 虽然，随着高校办学自主理念与制度的双重深化，教育行政主管部门不再实质性地参与高校教师职称评审事务，国家行政权力对高校教师职称评审的过度干涉，一定程度得到了遏制。但是，行政主导的传统依旧在延续，高校内部行政权力对高校教师职称评审的干涉不断强化。

高校的行政主导，包括高校的外部行政主导和内部行政主导。高校的外部行政主导，主要体现为政府对高校的行政干预，比如高校校长由政府直接任命，与行政机关一样具有相应的行政级别，如副部级、正厅级等等。高校的内部行政主导，主要是高校行政权力的过度膨胀与学术权力的式微与异化。“大学内部的所有资源配置，无论是经费分配、专业设置、招生计划、职称评定、研究课题、教学方案等学术事务，一律由以校长为中心的行政管理系统控制，教师失去了学术权力。”② “另外，高校行政化还具体表现在：工作作风方面，官僚主义严重，唯‘官’是从；人员构成和人事安排方面，官满为患，机构臃肿，人浮于事；收入分配方面，‘当了官，就能拿到更多资源，包括学科建设资金、研究经费、教学收入分配’；高校内部学术与行政的关系方面，行政权力领导或主导学术活动、外行评价和控制内行、以学术兑换权力、以权力掠夺学术成果等现象

① 文少保、蒋观丽：《高校教师职称评审制度变革的历史制度主义分析》，载《大学教育科学》2019 年第 4 期。

② 刘尧：《大学去行政化：风险与危险》，载《大学》（学术版）2010 年第 6 期。

在大学中习以为常。"[①] 可以说，"大学的资源配置权是掌握在行政系统手中，诸如学术委员会这样的学术评价机构，都是在行政权力领导下的，学术委员会的组成是由行政权力决定的，外聘的专家是由行政领导人聘请的，甚至学术委员会中包含不搞学术的行政人员几乎是一种普遍的现象"[②]。

面对高校行政化的洪流，一些有识之士曾采取行动努力尝试改变。如原南方科技大学校长朱清时是喊出"去行政化"的高校第一人。吉林大学在全国高校中率先"吃螃蟹"，发出了"高校去行政化"改革的先声。高校行政化也引起了政府的高度关注。从 2009 年始，原国家总理温家宝在各种会议或场合多次表达了对教育行政化的忧虑，提出要尊重学校的办学自主权、高校应该要逐步改变行政化。后来，在《国家中长期教育改革与发展规划（2010—2020 年）》第十三章"建设现代学校制度"中明确提出："推进政校分开、管办分离。克服行政化倾向，取消实际存在的行政级别和行政化管理模式。"

从 21 世纪初，高校行政化成为社会热点问题后，高校（大学）去行政化便成了一个主要论题。从中国知网检索可知，从 2002 年至 2022 年 1 月，"高校（大学）去行政化"相关主题的论文共有 1042 篇。在高校去行政化的理论探讨与实践探索中，高校办学自主权无疑是一个重要的发力点。不过，高校办学自主权主要解决的是高校外部行政主导的问题。但若没有以学术权力为主导的平等民主的高校内部治理结构，办学自主权不仅无法改变高校内部行政主导的传统，而且极有可能成为权力腐败的温床。而解决高校内部行政主导问题，关键则在于内部治理结构的重塑。高校内部治理结构的重塑是一项系统性工程。其中，解决学术权力与行政权力的失衡问题应是该项系统性工程中关键的一环。

从制度文本层面来看，我国高校教师职称自主评审基本上形成以校长为首的行政权力与教授为主的学术权力的分工合作模式。比如 2014 年教育部颁布的部门规章《高等学校学术委员会规程》第 15 条规定："学校下列事务决策前，应当提交学术委员会审议，或者交由学术委员会审议并直接作出决定：（一）学科、专业及教师队伍建设规划，以及科学研究、

---

① 刘家明：《我国高校管理体制改革：非行政化的方向》，载《学术论坛》2009 年第 11 期。

② 孙立平：《失衡：断裂社会的运作逻辑》，社会科学文献出版社 2004 年版，第 272 页。

对外学术交流合作等重大学术规划；……（六）学校教师职务聘任的学术标准与办法。”这可以视为，高校内部教师职称评审开始由行政权力主导转向由学术权力主导。此后，各地高校纷纷成立学术委员会，并在此基础上重建教师职务评审委员会。比如2016年《吉林大学教师职务评审委员会章程》，其中第3条明确规定：“教师职务评审委员会是学术委员会授权设立的审定教师各级职务业绩条件及拟聘人选资格的专门委员会。”当然，教师职务评审虽然由以学术委员会为主的学术权力主导，但行政权力也仍保持一定影响力。同样以《吉林大学教师职务评审委员会章程》为例，其中第4条规定：“学校教师职务评审委员会由校学术委员会部分委员、具有教授职务的专家、学校党委书记、学校校长组成，人数为25人至31人的单数，其中，校学术委员会委员人数不少于评审委员会委员总数的2/3。”第7条还规定：“校教师职务评审委员会组成人员须经校长办公会审议，由校长聘任。”

学术专业等实质问题由学术权力负责决定，评聘流程与管理等形式问题由行政权力主导。可以说，这种分工合作模式是一种符合高校教师职称评聘特性的选择。因为教师职称评审首先属于学术专业能力的判断。专业判断应交由学术权力行使，才能作出科学合理的结论。但学术权力若不受监督，有可能出现学术寡头、决策效率低下、与学校总体发展冲突等问题。因此，以校长为代表的学校行政权力负责评聘流程与管理等事务，这样可以确保效率与学校整体健康发展。在这种模式下，行政权力与学术权力可以相互监督、相互制衡。

但是，现实与理想差距较大。实践中，高校教师职称自主评审的“行政化”倾向严重。不管是在教师职称评审标准的设定上，还是教师职称评审资格的评定过程，高校行政权力的影子无所不在。比如，“学校职称评审文件经学校党委常委会审定通过后发文实施；建立各级党组织全程参与的职称评聘体系，如有高校年度报告以及现行职称评审办法中均明确指出各级评审委员会须有党政负责人参与，有的高校明确成立评聘委员会或评聘小组，并由校党委书记担任主要负责人”①。再如，“学校的《专业

---

①　王小梅等：《深化新时代高校教师职称评审改革：成绩、问题与省思》，载《中国高教研究》2021年第6期。

技术职务任职资格评审工作规程（暂行）》明确规定，校职改办拥有提出年度各类专业技术职务任职资格评审安排意见（草案），对审核申报人参评资格和参评材料进行复审、赋分、公示，以及审查转换系列人员专业技术职务任职资格申请的权力，拥有初审各单位专业技术职务任职资格评审小组人员资格和构成的权力，拥有提出年度专业技术职务任职资格评审委员会委员人选建议名单等权力。”①

除了这些显性的行政化倾向，还有一些较为隐蔽的。比如学术权力组织中大量的“双肩挑”人员。“双肩挑”人员往往既有专家教授的头衔，又是学校有关部门行政领导。在“学（研）而优则仕”的官本位文化传统下，“学（研）”是基础，“仕”才是根本。因此，“双肩挑”其实表明“学术权力并非冲击了行政权力，而是依赖行政权力的‘搭档’作用”②。再如高校学术权力的行使模式类似于行政权力的科层制式，强调层级越高，权力越大。

在强大的行政主导的逻辑下，文本中的高校教师职称自主评审行政权力与学术权力的分工合作模式，最终沦为学术权力作为行政权力的附庸模式。“当前，大部分高校在行政化思维指导下，将职称评价指标简单量化，普遍重科研轻教学，重数量轻质量，以行政评价代替学术评价。此外，行政化也会带来高校职称评审行政权力意志化、信息公开选择化等问题。”③ 概言之，高校教师职称自主评审制度并未解决改革之前的“行政化”倾向。

（二）高校教师职称自主评审的“依附化”

在第一章当中，笔者通过对制度文本的梳理，指出我国实际上没有明确规定高校教师职称评审制度，而是隐含在高校教师职务制度中。实践中，高校教师职称评审则往往仅被视为高校教师岗位聘任资格评审。“职称实质代表着国家和社会对专业技术人员的业务能力和学术水平的综合评

---

① 冯东、李慧心：《高校教师职称评审的行政化问题与规制路径》，载《教育评论》2021年第11期。

② 巫锐：《21世纪德国高校管理中的“双肩挑”现象研究》，载《国家教育行政学院学报》2020年第4期。

③ 谭正航、尹珊珊：《高校教师职称评审权下放良性运行的困境与对策》，载《现代教育科学》2018年第7期。

价，其对于高校教师的重要性也不言而喻。”① 所以，高校教师职称评审具有对高校教师专业素质能力进行学术评价与权威认定的功能与意义。没有相对独立而完整的高校教师职称评审制度，则一定程度地消解了其功能与意义。

在职称自主评审改革之前，高校教师职称评审虽然也是先根据岗位需要，再进行职称评审，最后进行岗位聘任的操作程式。不过，职称评审主体（省级教育行政主管部门）与岗位聘任主体（高校）毕竟是分离的。这也是实践中为什么会出现高校教师虽通过职称评审但没能获得聘任情况的原因。这种评聘一定程度的分离，使得职称评审主体主要依据相对客观的职称评审标准对高校教师学术专业能力进行评价，由此而言，高校教职称评审尚具有相对独立性。

但是，评聘结合后，职称评审主体与岗位聘任主体合体了，高校教师职称评审基本上依附于岗位聘任需求，成为名副其实的高校教师岗位聘任资格评审。在职称评审时，高校主要根据行政机关核定的岗位编制数进行权衡。“当前我国高校教师职称评审体系是由上级教育行政部门以财政收支和在校师生比为基点来确定高校教师职务岗位编制数额，且按照高校的不同级别和不同排名，来明确有区别的职称结构比例和岗位数额。一般今年给的指标有多少就评多少，指标用完后即便还有人满足条件与要求也不可能获评，若指标有富余的，即使不够条件也要降低要求标准将名额评满。”②

这使得高校教师职称评审丧失了应有的客观性与公正性。运气似乎成了高校教师职称评审的一个关键性因素。若运气好，碰上编制宽松的单位或年头，教师职称评审要求与标准就低，甚至条件不符合，也能获得晋升。若运气不好，碰上编制紧张的单位或年头，教师职称评审要求与标准就高，竞争激烈，晋升难度大。所以，即使是在同一所学校晋升的教授、副教授，其获聘的条件也可能差距甚大。以教师岗位聘任的编制数为风向

① 洪建娣、陈峰：《论高校教师职称评审纠纷的司法介入》，载《苏州大学学报》（哲学社会科学版）2010 年第 5 期。

② 郝雯雯：《高校教师职称评审权的下放与规制研究》，硕士学位论文，西北政法大学，2021 年，第 37 页。

标，为“聘”而“评”，使得高校教师职称本应承载的学术专业能力的评价功能大大降低，也一定程度影响了其应有的严肃性、客观性与公正性。

当然，在编制总量控制的评聘结合模式下，碰上好运气的机会越来越难。“由于岗位设置完成后，往往在很长一段时间内都不会进行调整，部分高校也不会及时根据自己动态的发展需要优化调整岗位结构，编制数已经无法满足高校按需设岗的需求，加上教学规模与发展速度等各方面因素的影响，满岗、超岗现象十分严重。”① 这容易导致“一些高校受到岗位和评审条件限制，年均名额较少，部分教师则会选择其他出路”②。这最终不利于高校教师队伍的建设与发展。

高校教师职称自主评审的依附性地位，不仅消解了职称评审的学术评价面向，也消解了职称评审的权威认证面向。权威认证主要指国家行政机关对高校教师职称评审结果的效力进行监督性确认。官方的监督性确认，不仅赋予高校教师职称评审的严肃性与权威性，也有利于规范职称评审行为与保障教师权利。

对高校教师职称评审结果的正式确认，一般通过颁发相应职务资格证书进行有形性固化。职称（职务资格）证书也是高校教师证明自身学术专业素养能力以及主张或获得相关权益的重要凭证。从制度层面来说，我国对高校教师职称（职务资格）证书的相关规定并不完善。1986 年《高等学校教师职务试行条例》并没有对高校教师职称（职务资格）证书进行专门规定，而只在第 18 条规定，高等学校教师任职时，学校需明确其应履行的职责和承担的任务，颁发聘书或任命书。职称证书是高校教师具有相应职务任职资格的凭证，而聘书是高校与教师聘任关系的书证。虽然，教师获聘的前提是具有相应的职称，但两者所承载的意义并不相同。这些年来，高校教师职称证书在实践中获得了发展。相关行政机关一般都会在高校教师职称评审后颁发相应的职称证书。

由谁来颁发高校教师职称证书，一定程度关联着该证书的权威性与严肃性。比如，原国家机电部在《贯彻人事部〈企事业单位评聘专业技术

---

① 赵毅：《高校教师职称制度改革对策研究》，载《高教研究》2019 年第 3 期。

② 曾婧婧、邱梦真：《当前我国高校教师职称评聘的特点》，载《现代教育管理》2016 年第 10 期。

职务若干问题暂行规定〉的实施办法》（机电部机电人〔1992〕513 号）第 19 条中就明确指出："为保证高级专业技术职务任职资格证书的权威性和严肃性、高级职务资格证书由部下发，并由部专业技术职务职称办公室盖章。高校教师职务任职资格的评审，按国家教委的规定执行。"由于没有明确的制度性规定，各地高校教师职称证书的颁发并不统一。在改革之前，高校教师高级职称证书一般由省级教育行政主管部门或人力资源管理部门颁发。

但是，自教师职称评审权下放到高校后，相关行政机关就不再颁发高校教师职称证书了。与此同时，高校似乎也没有获得明确的授权可以颁发相应职称证书。目前，有些高校颁发的有关职务证书，实际上就是聘书，仅具有内部效力。"由于高校教师职称评审完全变成高校自主行为，一旦当高校教师去其他高校任职时，根据现在制度规定，还需要对其职称进行重新评审或确认。"① 可以说，行政机关不再颁发职称证书，或者高校所颁发的职务证书不具有普遍效力，都是对教师职称所应具有的权威认证面向的消解。

（三）高校教师职称自主评审监管的"形式化"

高校教师职称自主评审中"行政化"倾向与"依附性"地位一定程度地影响职称改革的预期效果，但毋庸置疑，高校在此过程中所拥有的权力是巨大的。"政府将教师职称评审权力下放到高校后，产生了新的权力主体、权力分配和运行机制，而尚不健全的权力约束监督机制，带来大量制度性租金，使权力寻租和权力滥用成为可能。高校行政权力可以通过倾斜政策的制定或名额分配来分配资源，获取利益和租金，'因人设岗''暗箱操作''圈子关系''权—学交易''权—权交易''权—钱交易'就应势而生。虽然高校职称评审权力从'政府主导'到了'学校主导'，在高校教师看来，只是换一个行政管理主体而已，如果缺乏相关法律制度和监管机制，更容易诱发新的问题。"②

---

① 如《职称评审管理暂行规定》第 29 条规定："专业技术人才跨区域、跨单位流动时，其职称按照职称评审管理权限重新评审或者确认，国家另有规定的除外。"

② 魏红梅、王曦：《论高校教师职称评审权力的下放与规制》，载《江苏高教》2018 年第 9 期。

2017 年 3 月，教育部等五部门发布《关于深化高等教育领域简政放权放管结合优化服务改革的若干意见》（教政法〔2017〕7 号），对规范与监督高校教师职称自主评审权的行使提出了指导意见。“在新一轮高校教师职称评审权全面下放的背景下，放权而不放任、‘放管服’相结合，优化职称评审制度机制，规范权力运行是防止权力滥用的关键，也是职称制度改革取得应有实效的保证。”① 同年 10 月，教育部、人力资源和社会保障部联合印发了《高校教师职称评审监管暂行办法》。该规范性文件是目前监督高校教师职称自主评审权的主要制度性依据。

该暂行办法规定，在监管主体上，“高校主管部门对所属高校教师职称评审工作实施具体监管和业务指导。教育行政部门、人力资源社会保障部门对高校教师职称评审工作实施监管。强化高校自律和社会监督，高校加强自我监管，鼓励公众、媒体等社会力量加入监管，构建多元主体协同共治的监管模式”②。在监管阶段上，对高校制定的教师职称评审办法、操作方案等文件进行事前备案，对评审过程与结果则采取事后情况上报与材料保管。在监管方式上，相关行政主管部门主要采用常规核查、“双随机”抽查、专项巡查等方式；高校采用公开、公示等制度主动接受监督；教师及社会群众则可以通过投诉举报进行监督。

似乎，暂行办法期冀通过构建监管主体多元化、监管阶段全程化、监管方式多样化的综合监管治理模式以实现高校教师职称自主评审监管制度的强化。但从文本内容到监管实践，高校教师职称自主评审监管制度的形式意义大于实质效果。

行政机关的外部监管应该是高校教师职称自主评审监督的主要力量，主要采取的方式有核查、抽查和巡查。核查、抽查和巡查都着眼事后监督。对此，有学者认为，“现行监管办法更多体现的是结果监管，对职称评审结果的监管规定较多较细，而对评审过程的监管规定则语焉不详”。③“在职称评审中，政府主管部门通常负责岗位指标核定，并进行职称评审

① 刘永林等：《地方高校教师职称评审的政府监管：基本特征与行动取向》，载《当代教育论坛》2020 年第 5 期。

② 王定华：《加强高校教师职称评审监管推动“放管服”改革向纵深发展》，载《中国高等教育》2017 年第 12 期。

③ 屈振辉：《我国高校教师职称评审改革评析》，载《大学教育科学》2019 年第 1 期。

后手续的审核，缺少对职称评审全过程的监管。”① 实际上，要对高校教师职称自主评审进行全过程监督比较困难。“职称评审权力下放必然引起高校教师职称的评审主体、评审策略和评审方式发生改变，并且在各项配套政策措施还不完善的情况下，不同高校的评审条件和标准体系的可行性，高校在实施评审中权责的落实、评审过程的社会监督等方面难以完全到位。”② 而且，高校教师职称自主评审中涉及的大量学术裁量空间，也难以进行监督；若对此展开监督，也容易越位侵损高校自主权，最后可能又绕回职称评审的老路。所以，采用核查、抽查和巡查等方式进行结果监管，是一种契合高校教师职称自主评审特点的选择。

相对抽查的随机性、巡查的临时性，核查则是行政机关的常规性监管方式。不过，文本中对核查的规定相当粗糙，只有一个条文，即第 11 条。该条规定，“高校主管部门每年对高校报送的职称评审工作情况等材料进行核查”。但是，核查应遵循怎样的程序、是否应该有期限要求；应依据哪些标准与要求进行核查；是形式核查还是实质核查；若实质核查，是合法性核查，还是包括进一步的专业性、合理性核查；核查对高校教师职称自主评审结果是否具有实质性意义；核查结果是否应该公布；若高校主管部门懈怠于核查工作，是否应负相应法律责任等问题，都没有进一步的规定。

可以说，这些关键内容的模糊与缺失，使所构建的高校教师职称自主评审监管制度基本上流于形式化，最终可能被“虚化”。

三　高校教师职称自主评审制度的完善：方向与路径

（一）构建高校与行政主管部门的教师职称评审合作模式

“2020 年职称改革指导意见”明确提出要“围绕高校教师职称评审重点难点及突出问题，有针对性地提出改革举措，增强高校教师职称制度改革的实效性”。高校教师职称自主评审中行政化、依附化以及监管虚化等

---

① 黄英婉：《“放管服”背景下高校教师职称评审改革研究》，载《沈阳大学学报》（社会科学版）2020 年第 6 期。

② 张洪：《高校教师职称评审权下放的困境与反思》，载《内蒙古师范大学学报》（教育科学版）2018 年第 6 期。

问题，若不能得到正视与有效解决，高校教师职称制度改革容易陷入困局。其中，高校教师职称自主评审的“行政化”既是关键的突出问题，也是其他问题的主要根源。“高校职称评审先要去行政化”[①]，这应该是高校教师职称评审改革的共识性观点。不过，对于通过将高校教师职称评审权全面下放到高校来解决行政化的改革思路，学界则有不同的声音。“在高校内部现有的行政权力远大于学术权力的治理结构下，盲目急躁地全面推行取消省评、只进行校评（也就是所谓的只聘不评）制度，只会给高校内部官僚以空前大的权力寻租机会。”[②] 现实情况也印证这种担忧不无道理。

的确，高校教师职称自主评审不但没有消除原先的“行政化”倾向，而且给权力寻租、权力恣意与腐败提供了更多的机会与更大的空间。“省（市）教育厅和普通地方高校属于不同层级的组织，高校教师职称评审权在省（市）级教育行政部门手中的时候，高校申报教师们难以与教育行政部门工作者形成共同的‘圈子’，即便同属于一个‘圈子’，也不容易与中心人物距离相近，所以教师职称评审工作的公正性还相对有所保障。职称评审权下放至高校后，在同一校园内，‘圈子’就显得比较繁密，参与的‘圈子’越多、与圈内中心关系越近，职称评审原则就相对宽松，其职称晋升的可能性就越大，反之，即便有的老师学术水平过硬，但离‘圈子’较远，其职称晋升的可能性就相对较小，或者，两个参评者水平相当，可能与‘圈子’关系较好的教师就会更容易获评。这就会出现高校在评审的过程中表面看起来程序合法、规则严谨，实质上就是‘外紧内松’，存在评审前申报教师存在侥幸心理，想要动用人际关系去获取相关内部消息。而高校评审专家水平以及在科研学术领域及品德修养上并不能完全保证让人信服，就会造成高校职称评审工作的一些‘潜规则’。”[③]

这种分析有一定的道理，特别在“圈子文化”底蕴特别深厚的中国高校里。对那些没有“贵圈”资源的高校教师来说，因“圈子”中的

---

① 前溪：《高校职称评审先要去行政化》，载《教育与职业》2015 年第 4 期。

② 王凌峰：《大学治理结构视角下的高校职称评审模式选择》，载《社科纵横》2013 年第 4 期。

③ 郝雯雯：《高校教师职称评审权的下放与规制研究》，硕士学位论文，西北政法大学，2021 年，第 42 页。

"潜规则"而吃的亏，大多是哑巴亏。当然，即使是面对明显偏袒与不公的评审结果，其实也很少有教师会直接站出来，除非危及其职业安全重大利益，比如2016年甘阳被打事件。毕竟，多数教师虽不在权力资源的"小圈子"里，但仍在高校这个"大圈子"里。若还想留在这个"大圈子"里，那就不能过于较真。作为相对稳定的"大圈子"，高校也容易形成类似熟人社会"讲情面"的传统。费孝通《乡土中国》里所谈到的熟人社会，因利益交错，"东边不亮，西边亮"，所以，大家容易弃规则而讲情面；只有在不熟悉的社会中，特别是对于"一锤子的买卖"，大家更容易倾向于规则治理。高校教师若太较真，不仅容易被视为异类，而且其付出的成本，特别是隐性成本（比如被"穿小鞋"），可能会很高。大家都是明白人，"枪打出头鸟"，因此，能忍则忍。

可以说，在未能形成真正的以学术自由与自治为基础、以学术权力为主导、以民主与法治为核心的高校内外部治理环境与结构之前，高校教师职称评审权越下沉，权力恣意与腐败的发生概率越大。现在，有些高校将教师职称自主评审权进一步下放到二级学院。"高校教师职务评聘涉及高校教师的核心利益，直接影响高校的建设和发展。作为高校教师职称评审的重要改革，这一举措在现阶段得到积极推进的同时，在具体的评聘环节也存在行政权力强势，学术权力受压；学院初聘权力过大，有效制约缺乏；民主监督虚化，难以确保教师职务评聘的公平与公正等问题。"① 二级学院是个人际关系与利益更为紧密交错的"小圈子"，不仅喜厌生疏的情感更容易替代公正客观的学术评价，而且在"抬头不见低头见"的关系里，面对不公不正，受害者发声的可能性会更小。这种"小圈子"氛围能给权力者带来无限可能的恣意空间。所以，这种将职称评审权继续下放到二级学院的改革方向，应当慎重对待。

无疑，我国高校办学自主权越来越大。但是，若不改变由政府决定与任命高校领导的做法，高校外部行政主导的问题就不会根除。如今，政府官员进高校当领导的风气似乎愈演愈烈。如果说，高校"去行政化"具有合理性与正当性，那么，由政府任命高校领导或政府官员任职高校的做

① 杨兴林：《高校教师职务评聘环节存在问题及改进思考》，载《扬州大学学报》（高教研究版）2015年第1期。

法，并不值得特别提倡。贺卫方教授曾对复转军人进法院的现象进行批判，认为复转军人不应当成为法官，除非他们从前受过系统的法律教育，并且符合法官任职的其他要求。[①] 显然，贺卫方教授并不是针对复转军人，而主要是想强调法官职业的专业化。

当然，高校领导的职业要求并不像法官那样需要精深的专业知识。但作为学术性组织的高校有着不同于国家机构的运行规律与管理需求，特别是对以学术自由为核心的学术秩序的追求，所以，高校领导应当熟悉并尊重这些学术研究规律。只有不断地浸染在这种学术研究氛围与环境中，才有可能潜移默化地养成对这种学术秩序的尊重与向往。而转任高校的政府官员往往一时难以改变之前的领导风格与行政管理思维。一旦把高校当政府机构来管理，用行政命令代替学术民主，强化管理意志、弱化服务意识，不尊重学术规律、只讲效率与数据，也许短时间内能取得一些有形的成绩，但从长远来看，容易对高校的学术秩序与科研环境造成根本性的破坏，加剧了高校内部行政权力与学术权力的失衡状态。因此，要真正改变高校的“行政化”倾向，起码应当让高校及其内部管理机构的领导人员由全体教职工在教师内部公开民主选举产生，并且轮流担任，以防止利益固化。

显然，呼吁了20多年的高校“去行政化”，“革命尚未成功，同志仍须努力”。那么，在高校“去行政化”尚未有实质性改变的情况下，我们只有直面并充分考虑高校“行政化”的这一客观事实，才能较理性地分析高校教师职称评审改革完善的方向。

首先，高校教师职称评审改革的总方向需要微调回转。前面已指出，在高校“行政化”的环境下，高校教师职称评审权越下沉，权力恣意与腐败的发生概率越大。因此，在高校教师职称自主评审改革方向上，高校教师职称评审权不应向二级学院继续下沉，而应向行政主管部门适度地上调。

其次，在改革方向回转中，应构建高校与行政主管部门的教师职称评审合作模式。高校教师职称评审权不仅包括高校的学术评价权，也包括行政主管部门的权威认证权。现在的改革思路是将教师职称评审权全部下放

---

① 贺卫方：《复转军人进法院》，载《南方周末》1998年1月2日“人与法”专栏。

到高校，这实际上是过度强调高校的学术评价权，而忽视了行政主管部门的权威认证权。在高校教师职称评审权中，行政主管部门不能仅以形式上的监管替代实质性的权威认证。因此，在高校教师职称评审改革中，行政主管部门应收回其中的权威认证权，从而构建高校与行政主管部门的教师职称评审合作模式。其中，高校主要负责教师职称评审的学术评价（比如职称评审条件的主导性设定、职称评定、职称结果确认中的外部化确认）部分，行政主管部门则负责教师职称评审的权威认证（比如职称评审条件的引导性设定、职称结果确认中的监督性确认）部分。至于两者合作模式应遵循的运行规则，主要参照本书第五章相关内容，此处不再赘述。

（二）坚持“评聘分离”的路径

前文分析指出，现有的评聘结合方式所带来的依附化问题，使高校教师职称评审丧失了应有的客观性与公正性。“现有的职称评审中，处处有指标限制。在这种情况下，行政权力就会假借平衡名义窃取了学术权力，最终反过来限制了学术权力的正常发挥和正常行使。建议把职称评审的评聘分离，设立基本标准，宁缺毋滥，让学术权力和学术自由真正发挥作用。”① 的确，若要对高校教师专业素养能力进行客观公正的评价，发挥教师职称评审制度的人才评价功能，一定程度地化解教师职称自主评审的行政化倾向，高校教师职称评审应走“评聘分离”的路径。

2008 年国家体育总局人事司发布的《关于进一步做好专业技术职务聘任工作有关问题的通知》中明确指出：“‘评聘分开’是指专业技术人员的资格评价和职务聘任分开，工资福利待遇按实际聘任职务确定。”这应该算是我国对“评聘分开”内涵的官方界定。实际上，在我国高校教师职称评审制度改革的演进过程中，“评聘分离”也曾是一种改革思路。

1990 年 11 月 10 日原人事部印发的《〈企事业单位评聘专业技术职务若干问题暂行规定〉的通知》（人职发〔1990〕4 号）率先提出：“对于特大型、大型企业和重点事业单位中主体系列的高层次人员，在核定岗位设置和实行考评结合的基础上，由本单位提出申请，经省、部级人事

① 冯东、李慧心：《高校教师职称评审的行政化问题与规制路径》，载《教育评论》2021 年第 11 期。

（职改）部门批准，可有计划、有步骤、稳妥地进行评聘分开的试点。任职资格不与工资待遇挂钩。”之后，在 1991 年 4 月 10 日原国家教委、人事部联合印发了《〈关于高等学校继续做好教师职务评聘工作的意见〉的通知》（教人〔1991〕20 号）。该通知进一步明确提到：“高等学校经批准，可以有计划、有步骤、稳妥地进行教师任职资格评审和职务聘任分开的试点工作，并且，目前只限于在职人员的副教授这一层次上进行。任职资格不与工资挂钩，对获得任职资格，因职务岗位数额限制而不能受聘相应职务的教师，要鼓励他们到校内外其他岗位任职。高等学校评聘分开的试点工作，由省、自治区、直辖市和国务院有关部委教育主管部门提出，征得国家教委同意后，经省、自治区、直辖市和国务院有关部委人事（职改）部门批准；评审数量和评审结果报人事（职改）部门审核批准。学校主管部门应将实行评聘分开试点的学校和评审副教授任职资格而不聘任副教授职务的教师数量报国家教委和人事部备案。”

当时，对于“评聘分开”只采取试点方式并仅限于副教授职称评审这一层次的保守做法，被人们质疑。1991 年 5 月 8 日针对“大多数同志都赞成搞‘双轨制’，为什么不尽快全面推行‘评聘分开’呢?”这一问题，原人事部还专门进行了解释：“这里所说的‘双轨制’是指专业技术职称评定制与专业技术职务聘任制并行的制度。1983 年前实行的职称评定制和 1986 年以后实行的职务聘任都是‘单轨制’。不少同志认为，把这两种制度合起来会更有利于解决目前存在的许多矛盾。我们也在积极创造条件向‘双轨制’过渡，并且有计划有步骤地进行试点。现在不能立即或尽快全面实施‘双轨制’，主要是目前有两个条件还不具备：第一，评审条件没有‘硬化’；第二，岗位设置也没有‘硬化’。没有评审条件的‘硬化’，就无法有效控制评‘乱’评‘滥’的问题；没有岗位设置的‘硬化’，就无法解决聘多聘少的问题。搞不好就会出现只要‘年头’够了，通通都得评，只要评上了通通都聘的混乱状况，在专业技术人员中造成更多的矛盾，强化首次评聘中的某些弊端，这是不可取的。所以，现在只能进行评聘分开的试点，范围仅限于那些自我控制、自我约束能力较强的少数特大型、大型企业和重点事业单位，而且只限于这些单位专业技术职务的主体系列的某些层次，试点要经过省部级人事、职改部门的批准。目的是从严控制，摸索经验，防止一哄而起。”①

从后来的职称评审实践可知，“评聘分开”的双轨制模式在教育领域并没有进一步推行，而是重返之前的“评聘结合”的单轨制模式。对此，2018 年人力资源社会保障部曾解释道：“‘评聘结合’和‘评聘分开’是评价和使用的两种基本方式，但两种方式各有利弊。‘评聘结合’与事业单位岗位管理制度相适应，评价与使用衔接紧密；‘评聘分开’不受岗位结构比例限制，有利于提高职称的通用性，促进人才合理流动配置。中小学大多数属于全面实行岗位管理的事业单位，从长期的实践情况看，实行‘评聘结合’更有利于教师队伍建设。”② 该解释是针对中小学教师职称评审，但其对“评聘结合”与“评聘分开”的利弊权衡理由，实际上也适用于高校教师职称评审。正是基于这种理解，“2020 年职称改革指导意见”中明确提出高校教师职称评审要“评聘结合”。

之所以从“评聘分开”的试点展开到最终重返“评聘结合”的老路，关键在于政策出台者始终把职称评审归入岗位管理的范畴。在开展“评聘分开”试点之初，原人事部对当时情况把的两点“脉”，即评审条件没有“硬化”和岗位设置没有“硬化”。之后工作的重心显然放在岗位设置的“硬化”上，并希望通过岗位设置的“硬化”来确保评审条件的“硬化”。“事业单位人事管理应重在建立能上能下、能进能出的新型用人机制，强调因事设岗、按岗择人、公平竞争，不宜实行有资格就自然晋升的办法。”③ 在这种逻辑下，将职称评审与岗位聘任捆绑在一起也就顺理成章了。

一旦将职称评审纳入岗位管理范畴，实质上就是把高校教师职称评审简化为高校教师职务资格评审，从而使高校教师职称评审完全服务于教师职务岗位聘任，而消解了对高校教师专业素质能力学术评价的独立性。这种对高校教师职称评审内涵与本质理解上的偏差，最终使得高校教师职称

---

① 《人事部职位职称司关于贯彻人职发〔1990〕4 号文件有关问题的解答》（人职司函〔1991〕15 号）。

② 《人力资源社会保障部对十三届全国人大一次会议第 5627 号建议的答复》（人社建字〔2018〕40 号）。

③ 《人力资源社会保障部对十三届全国人大一次会议第 5627 号建议的答复》（人社建字〔2018〕40 号）。

评审丧失独立性，也正因此，高校教师职称评审丧失了自身的正当性基础，而以高校教师岗位聘任为风向标，从而导致高校教师职务评聘中的失衡现象与诸多问题。

同样，学界关于教师职务评聘应分离还是合一的纠结，也是基于对高校教师职称评审内涵与本质理解上的偏差。若是高校教师职称评审仅仅作为高校教师岗位聘任资格评审，那么，高校教师职务自然应该评聘合一；但是，若高校教师职称评审并不仅是高校教师岗位聘任资格评审，而是独立的高校教师专业素质能力的人才评价制度，那么，职称评审与职务岗位聘任当然应该分离。

可见，“评聘分离”的逻辑前提，应该是建立独立的高校教师职称制度。“为了正名，‘职称’应回归‘学衔’，还其作为学术水平标志的本义。……‘职称’回归‘学衔’之后，学衔仍是要评的。评的程序虽然仍然存在，但已从‘职称’的授予改变为学术水平的评定，有利于将组织人事部门的行政权力转移到学术组织的学术权力，发挥学术民主的作用。这才是评聘制度改革的核心所在。”[①] 因此，为了建立科学合理而功能完整的高校教师专业素质能力的人才评价制度，也为了更好地落实高校教师职称自主评审制度，应走“评聘分离”的路径。而在这一路径的实施中，首先应该考虑设置专门的教师职称制度。

（三）授权高校颁发教师职称证书

职称证书是高校教师证明自身学术专业素养能力以及主张或获得相关权益的重要凭证。自教师职称评审权完全下放到高校后，教师职称评审就完全变成了高校自主行为，高校自主设定评审标准、自主开展评审程序、自主确定评审结果，甚至自主颁发相关证书，而行政机关就不再统一颁发改革前的高校教师职称证书了。而高校自主颁发的相关证书，仅具有内部效力。一旦高校教师去其他高校任职，仍需要对其职称进行重新评审或确认。这不仅消解高校教师职称评审所应有的权威性与严肃性，也造成资源的重复性浪费，同时，对高校教师而言，也增加了不必要的负担与麻烦。因此，高校教师职称自主评审制度的完善，不应忽视其中职称证书制度的完善。

---

① 潘懋元：《职称回归学衔，提高学术权力》，载《集美大学学报》2003 年第 3 期。

如果说，“评聘分离”的前提是独立的高校教师职称制度，那么，应在独立的高校教师职称制度基础上，去构建高校与行政主管部门的教师职称评审合作模式。这种合作模式，一方面体现对高校学术自主与差异性的尊重，另一方面兼顾国家机构的监督职责与对教师权利的保障。那么，在这种合作模式下，高校教师职称证书到底应由所评审的高校来颁发，还是由进行权威认证的行政主管部门来颁发？

对此，可以有两种基本思路。一种由行政主管部门继续统一颁发证书。这种方式有助于提高教师职称证书的权威性。不过，在职称评审合作模式下，由高校依自主设定条件进行评审的前提下，再由行政主管部门统一颁发证书，这样容易抹杀职称证书背后的差异性，造成事实上的不公。因为，不同高校教师职称评审中存在难易之分，条件有高低不同。直白点说，自主评审中，不同高校职称的含金量是不同的。既然，教师职称是对高校教师专业素养能力的学术评价，那么最好能相对客观地呈现这种评价。

鉴于此，笔者更倾向于另一种思路，即由法律授权所评审的高校颁发职称证书，并由相关行政部门进行统一证书编号。这种思路主要借鉴了我国学位制度。在我国学位制度中，学位授予条件除了有国家的统一规定外，各个高校还可以根据自身学术品质的要求进行自主设定。同时，我国《学位条例》第 11 条明确规定，由学位授予单位，在学位评定委员会作出授予学位的决议后，发给学位获得者相应的学位证书。这样，高校颁发的学位证书，既具有统一适用的法定效力，但又可以通过所颁发学校来评估该学位的含金量。同样地，由法律授权高校颁发职称证书，既保证了教师职称证书的权威性与统一性，以及对教师权利的保障，又兼顾了高校的学术自主权与职称证书背后的差异性。

第二节　高校教师“非升即走”制度的合法性反思

一　高校“非升即走”的制度回溯：背景、目的与功能

“非升即走”指高校教师在规定的年限内，若职称顺利晋升，则获得长期教职，若不能，则被解除教职。作为一项教师聘任制度，“非升即走”（Up or Out）源于美国高校。

“非升即走”的制度雏形可以追溯到哈佛大学的助教聘期制。[①] 1716年，哈佛大学率先出台了助教聘期制，即规定助教的聘期为3年，期满后需续约才得以再次聘任。这一规定打破了美国高校长期以来的教师聘任无期限要求的局面。但该规定并不能杜绝现实中反复续聘、最终变相为无限期的操作。于是，1760年，哈佛大学进一步规定助教的总聘期最长不得超过8年。不过，由于“该改革措施的缺点较为明显，首先是校方聘用和续聘助教的权力过大且不存在实质审查标准，大学教师的学术自由和言论自由难以保障。在教师们强烈的权利观念和自我保护下”，该规定在之后的100年内并没有被真正执行。[②]

直到1860年，哈佛大学明确提出要求，助教在一定聘期之后继续留任的前提条件是职称晋升。至此，“非升即走”制度才基本成形。此后，美国各高校纷纷借鉴这一做法，但并没有普遍实行，比如“在没有设定任期的院校中，允许教师不晋升但没有强迫离开，这种没有强迫离开的教师可以反复续约”[③]。

“非升即走”作为一项正式制度被普遍遵守，主要归功于美国大学教授协会（American Association of University Professors，AAUP）。“美国工业革命带来经济的迅速发展，美国富有的工商业人士开始逐步取代牧师成为大学董事会的主要成员，19世纪末，由商业人士管理大学成为美国高等教育的一大特色。大学董事结构的变化带来了大学管理方式的变化。许多大学董事会对待教师如同对待工厂的工人，稍有不满便即刻解雇，大学没有统一的解聘、晋升标准，董事会在聘任和解雇教师方面存在很大的随意性和主观性，教师的职业安全无从保障。”[④]

---

① 具体参见吴岩《美国大学终身教职制形成要素的历史分析》，载《现代大学教育》2007年第4期；张东海《“非升即走”的逻辑及其引入我国高校的可能性》，载《比较教育研究》2013年第11期；岳英《美国大学的“非升即走”制度及其期限设置的合理性》，载《北京大学教育评论》2015年第2期；丁奇竹《“非升即走”制度实施及其影响》，硕士学位论文，华东师范大学，2016年；刘进、王辉《什么才是真正的“非升即走”》，载《重庆高教研究》2020年第5期。

② 娄宇：《我国高校“非升即走”制度的合法性反思》，载《高等教育研究》2015年第6期。

③ 吴岩：《美国大学终身教职制形成要素的历史分析》，载《现代大学教育》2007年第4期。

④ 董婷婷：《美国大学教授协会产生、发展的历史及其作用研究》，硕士学位论文，华中科技大学，2011年，第10—12页。

1900 年，斯坦福大学经济学家爱德华·罗斯因发表有关言论而遭到解雇。在罗斯事件的催化下，为了捍卫学术自由与保障教师职业安全，AAUP 于 1915 年在纽约成立，并发布了《学术自由与终身教职的原则宣言》(*1915 Declaration of Principles on Academic Freedom and Academic Tenure*)。

AAUP 的成立，对美国高校教师的学术自由与职业安全起到了重要的组织保障。但是，随着资本主义经济危机的爆发，美国许多高校为节省开支不得不裁员，解聘部分专职教师，改聘临时教师，而被聘用的临时教师不享有职业安全，面临随时被解聘的危险。① 为了改善这种状况，AAUP 在 1940 年发布了《学术自由与终身教职的原则声明》(*1940 Statement of Principles on Academic Freedom and Tenure*)。该声明明确提出："在试用期结束后，教师或研究人员应当获得终身教职，除了因退休或财政困难，在没有充足理由之下不得终止他们的教职。……教师的试用期从获聘为全职教师或更高职级开始计算，不得超过 7 年，包括这段期间内在所有高等教育机构的全职服务；但有一项附带条件，即在一所或多所院校的试用期超过 3 年后，教师被另一所院校聘用时，可以书面同意新聘用的试用期不超过 4 年，即使该教师的总试用期超过规定的最多 7 年。若不打算续聘某教师，所在院校则至少应在试用期届满前 1 年告知本人。"②

随后，美国学院协会（Association of American Colleges，AAC）签署认同了这项声明。从此，"非升即走"制度被美国高校普通执行。《学术自由与终身教职的原则声明》所要表达的主要内容之一——不超过 7 年

---

① 董婷婷：《美国大学教授协会产生、发展的历史及其作用研究》，华中科技大学硕士学位论文 2011 年，第 16—17 页。

② 原文："After the expiration of a probationary period, teachers or investigators should have permanent or continuous tenure, and their service should be terminated only for adequate cause, except in the case of retirement for age, or under extraordinary circumstances because of financial exigencies. ...Beginning with appointment to the rank of full-time instructor or a higher rank, the probationary period should not exceed seven years, including within this period full-time service in all institutions of higher education; but subject to the proviso that when, after a term of probationary service of more than three years in one or more institutions, a teacher is called to another institution it may be agreed in writing that the new appointment is for a probationary period of not more than four years, even though thereby the person's total probationary period in the academic profession is extended beyond the normal maximum of seven years. Notice should be given at least one year prior to the expiration of the probationary period if the teacher is not to be continued in service after the expiration of that period"。

的试用期结束后，若要续聘该教师，则必须赋予其终身教职——这应该是美国高校“非升即走”制度的核心要义。“对于高校而言，这种规则的运用成为高水平教师的甄别、选拔机制，可以有效规避不适当地授予终身教职的风险，因而已经成为美国高校教师聘用中的通行规则。”①

从核心要义来看，学术性试用期是“非升即走”制度的前提。试用期作为职业化时代中的一项重要制度，赋予了雇主与雇员重新选择与决定的自由缓冲期。在试用期内，雇主可以随时解雇不合格的雇员，雇员也可以随时选择离开不合适的工作岗位。当然，这是理想状态下的制度意义。但在劳动力买方市场的现实中，对雇主而言，试用期的关键词是“试用”，通过“试用”，遴选优秀雇员；对雇员而言，关键词则是“期”，通过一定“期”限的努力，获得职业安全与保障。“如果完全出于风险规避与化解的考虑，显然，个体的理想选择项是考察周期越短越好，而大学的理性选择则是周期越长可能更好。”② 可见，只有合理的试用期对雇主与雇员而言，才是一项双赢的制度。

同样处于买方市场的高校教职，学术性试用期的关键也在于有一个合理的“期”。尽管，将学术性试用期设置为不超过 7 年，是否仅为历史的偶然性，还是有其发展的合理性，③ 自然可以作进一步思考与探讨。④ 显然，AAUP 主要希望通过这个“期”的设置，淘汰不合格者，为高校教职建立基本的学术标准与职业准入门槛。“学术界的大牛们担心，如果他们自己不愿意清理门户，剔除双轨制下的那些无能和无价值的同事，清理的权力就可能被一些浅薄或者缺乏评判能力、无节制的有派别偏见者滥用，

① 张东海：《“非升即走”的逻辑及其引入我国高校的可能性》，载《比较教育研究》2013 年第 11 期。

② 阎光才：《学术聘任制度及其政策风险》，载《高等教育研究》2016 年第 5 期。

③ 参见岳英《美国大学的“非升即走”制度及其期限设置的合理性》，载《北京大学教育评论》2015 年第 2 期。

④ 随着女性人权发展，美国高校还普遍出台了有关“终身教职时钟暂停政策”（tenure clock stoppage/extension），即鉴于教师个人（比如女性生理、生育周期）与家庭等原因，对教师试用期按下暂停键，从而延长教职考察期，以平衡教师（特别是女性教师）家庭与工作责任。参见高惠蓉、单婧《美国大学终身教职时钟暂停政策研究》，载《比较教育研究》2021 年第 11 期。

而这些人不一定具备胜任这一任务的资质。”① 实际上，哈佛大学 1716 年设置助教聘期制、1760 年规定助教总聘期不超过 8 年以及 1860 年提出“助教在一定聘期之后继续留任的前提条件是职称晋升”，其初衷也都主要是剔除不合格者。

但与哈佛大学初衷不同的是，AAUP 还希望通过这个“期”的设置，进一步保障合格高校教师的学术自由与职业安全。为此，AAUP 首先规定高校教师总试用期不超过 7 年；接着规范试用期内教师的解聘程序，高校必须在试用期结束前 1 年告知本人；最后，明确试用期后，必须赋予教师以终身教职。结合当时不同的制度背景来看，1860 年哈佛大学“非升即走”的重心在于“走”，以解决当时重复续聘不合格教师的情形；而 1940 年 AAUP“非升即走”制度的重心则在于“升”，即强调试用期后，若要续聘合格教师，必须先要给他/她终身教职，以应对当时高校教师学术自由与职业安全饱受侵犯的局面。

因此，学术性试用期如果说是“非升即走”制度的必要性前提，那么，终身教职（tenure）则是该项制度的关键性基础。罗斯事件之后，为了让高校教师免于“因普遍的裙带关系、政治偏袒和行政人员的专断而被解雇”,② AAUP 在成立时发表的《学术自由与终身教职的原则宣言》中明确提出：“任职 10 年以上的教授、副教授和所有讲师以上职位的专业人员均应被终身聘用。”“在终身教职制度下，教师不会因为与学校管理层的分歧、教学理念及研究方向与课题等因素被解雇，其合理性在于充分保证了教师的话语权和学术自由，在人才培养和教师自身发展方面起着积极的作用。”③

终身教职在美国也引发了一些争议。比如，有的学者认为，终身教职制度忽视了教师职业生涯的后续发展和动力；还有的学者认为，终身教职制度只能够保证少数群体获得终身教职的教师权益，对于很多年轻教师和

---

① 岳英：《美国大学的“非升即走”制度及其期限设置的合理性》，载《北京大学教育评论》2015 年第 2 期。

② 范奇：《“言论”或“程序”：美国终身教职的双重宪法逻辑》，载《比较教育研究》2021 年第 12 期。

③ 艾军：《美国高校终身教职运行机制的特点及争论探析——以东南密苏里州立大学为例》，载《外国教育研究》2020 年第 4 期。

未获得学位的其他教职人员不能产生任何激励作用，相反，却给年轻的、更有发展潜力的教师职业生涯发展造成更大的制度障碍；等等。[①] 但正如美国大学教授协会主席詹姆斯（James Perly）所指出的那样，终身教职制度本身不是问题的根源，而在于学校对于制度出现的问题处理不够及时。[②]

从高校教师作为学术职业的特性与规律来看，终身教职的确具有自身的制度优势与合理性。学术研究是学术职业的主要内容，它不仅需要物质保障，更需要有一个自由、宽松而包容的环境氛围。从某种意义上来说，学术研究本身就是一项充满着不确定性的冒险。古往今来，在追求真理的学术研究道路上，倒下的一定比站起来的多。但正是因为有这么多义无反顾地前赴后继、不计后果的先驱者，才有了站在“巨人肩膀上”的成功者，最终促进人类社会科技文化的发展与进步。“合理化的学术聘任制度建构并非是一定要化解风险，而是要使之形成一种风险共担机制，并把风险控制在一个适当的水平上，从而实现双赢。”[③] 因此，学术研究若对个体而言是冒险，那么，对人类社会整体而言则是必要的风险投资。在物欲横流、愈加浮躁的商业化时代，终身教职也是一项必要的风险投资，它为高校教师潜心研学、免受干扰提供了物质与精神的双重保障。

如果说，学术性试用期是为了筛选优秀者而进行必要的折腾，那么，终身教职就是为了避免不必要的折腾。因此，若割裂终身教职去理解“非升即走”，容易丧失制度应有的温度与柔性。某种意义上来说，“非升即走”中的“升”主要指就是从“临时教职”升为“终身教职”；申言之，学术性试用期满后，要么“走”人，要么“升”为终身教职。可以说，“非升即走”制度的核心目的是“升”而非“走”。也正因此，“非升即走”制度与终身教职“之间存在一种相伴相生的关系”[④]。有的学者

---

① 艾军：《美国高校终身教职运行机制的特点及争论探析——以东南密苏里州立大学为例》，载《外国教育研究》2020 年第 4 期。

② 艾军：《美国高校终身教职运行机制的特点及争论探析——以东南密苏里州立大学为例》，载《外国教育研究》2020 年第 4 期。

③ 阎光才：《学术聘任制度及其政策风险》，载《高等教育研究》2016 年第 5 期。

④ 岳英：《美国大学的“非升即走”制度及其期限设置的合理性》，载《北京大学教育评论》2015 年第 2 期。

认为："'非升即走'制度是美国大学终身教职制的配套措施，或者说是广义终身教职制度的有机组成部分。"① 还有的学者认为："'非升即走'是在授予教师终身教职时候的一种运行规则，因而在操作过程中几乎是与终身教职捆绑在一起的。"② 不管是配套措施，还是运行规则，其实他们都表达了一个共识性观点，即"非升即走"仅是手段，学术自由与职业安全才是目的。

由上可知，AAUP 希望通过"非升即走"制度实现筛选与保障两大功能，从而达致高校人事自主与教师职业安全的动态平衡。一些学者还从信息不对称理论进一步解读该制度的合理性与必要性，认为其不仅实现筛选教师的功能，保护校方利益。"也就是说一个人的毕业院校并不能反映其学术兴趣与学术热情，学术成果也未必能反映其独立科研能为。换言之，规范性条件并不是学者取得未来学术成就的充分条件，犯第二类错误的风险依旧存在，此时就需要采取'非升即走'制度来进一步规避犯第二类错误的风险。根据信息不对称理论，实行'非升即走'制度可以保护校方利益。"③ 而且，也能更好地保障教师的权益。"信息不对称理论不仅能够从高校的角度出发，解释为什么要实行'非升即走'制度，也能从新进教师的角度，揭示其为新进教师带来的好处。因为，如果员工不是经过了'非升即走'制度的筛选，领导倾向于相信他们瞒报了对自己不利的信息，从而给予整体员工较低的工资。"④

但在制度实施过程中，美国高校越来越偏重其中的筛选功能，强调校方利益的保护，不断提高终身教职的筛选门槛。"以耶鲁大学为例，1980—1990 年耶鲁大学聘用的助理教授中，人文学科中仅有 13% 拿到终身教职，社会科学为 19%，自然科学为 19%，其残酷性可见一斑。"⑤ 终

① 顾建民：《自由与责任：西方大学终身教职制度研究》，浙江教育出版社 2007 年版，第 204 页。

② 张东海：《"非升即走"的逻辑及其引入我国高校的可能性》，载《比较教育研究》2013 年第 11 期。

③ 官汉蒙、陈艺波：《美国高校教师制度理念及其形成背景》，载《现代教育管理》2010 年第 7 期。

④ 肖翔：《"非升即走"规则的经济学分析》，载《中国人力资源开发》2003 年第 10 期。

⑤ 岳英：《美国大学的"非升即走"制度及其期限设置的合理性》，载《北京大学教育评论》2015 年第 2 期。

身教职筛选门槛的提高则与其数量的减少紧密相关。“1975 年，美国高校终身和终身轨教职占教师总数的 56.8%，2007 年该比例降至 31.2%。”[①] 通过减少数量的方式加大终身教职的竞争性，高校教师的职业安全在总体上受到冲击与挑战，不仅给青年教师带来过重的工作和心理压力，[②] 也造成不必要的人才流失和浪费。

面对愈演愈烈的实践偏差，AAUP 甚至“游说很多大学暂停或取消了‘非升即走’制度，在不改变学校终身教师比例的基础上，设立‘准终身教师’（tenurable faculty）岗位，一旦出现终身职位空缺，准终身教师递补转为终身教师。准终身教师不能获得职称晋升，但在职业安全方面与终身教师并无区别”[③]。AAUP 是希望通过设立“准终身教师”岗位重新实现对高校教师职业安全的基本保障，从而对实践中“非升即走”的制度功能进行纠偏。当把“非升即走”制度仅视为高校筛选教师的工具，而忽视对教师学术自由与职业安全的保障功能，就已把作为手段的“非升即走”制度异化为目的本身。显然，美国高校“非升即走”制度的上述实践也提示我们，一定要警惕这种因功能失衡带来的制度异化。

制度源起地的美国高校况且如此，使“非升即走”制度遭遇诸多的质疑与困境。那么，移植与借鉴该项制度的我国高校，若不能准确理解与把握该制度的目的与功能，则更容易走向偏激与异化。可惜的是，我国高校不但对这一制度异化没有给予足够的重视，反而“乐享其中”。

二　高校“非升即走”的制度借鉴：中国实践及其争议

（一）基本概况

为了解决教师“能进能出、能上能下”的问题，我国从 20 世纪 80 年代开始推行教师聘任制改革，以改变原有的教师任命制。高校正是在教师聘任制改革的大背景下，引入了“非升即走”制度。1993 年，清华大学率先在部分院系试点“非升即走”。2004 年，北京大学在全校全面推行

---

① 顾建民：《美国大学终身教职制度改革》，载《清华大学教育研究》2006 年第 1 期。

② 张东海：《“非升即走”的逻辑及其引入我国高校的可能性》，载《比较教育研究》2013 年第 11 期。

③ 顾建民：《美国大学终身教职制度改革》，载《清华大学教育研究》2006 年第 1 期。

“非升即走”制度。在这段时间内，浙江大学、复旦大学等高校都进行了类似改革。

2014 年，教育部发布《深化教育领域综合改革实施方案》，在清华大学、北京大学试点全面实施教研系列教师岗位“准聘—长聘”制度。2018 年，中共中央、国务院出台《关于全面深化新时代教师队伍建设改革的意见》，明确提出“准聘与长聘相结合”的高校人事改革方向。同年，江西省出台人事改革指导意见，计划在全省范围内的高校推行“准聘—长聘”制。“准聘—长聘”制度运行的核心规则，其实就是“非升即走”。随着官方“准聘—长聘”制度改革的实践推进，“非升即走”将会逐渐成为国内高校教师聘任的一种常态机制。

不过，我国高校“非升即走”制度及其实践，从引入初始至今，不断地引发质疑与争议。早在 2003 年，北京大学发布《教师聘任和职务晋升制度改革方案（征求意见稿）》，就引发了诸多质疑。当时任职于香港大学的甘阳发表了《大学改革的合法性与合理性》，率先明确表达反对意见。

甘阳首先从 1988 年英国“教育改革法案”（*Education Reform Act 1988*）事件切入，指出该法案虽严重动摇了英国原有的教师终身聘用制，但不仅为英国大学之后解聘教师提供法律依据，同时也为法案通过之前受聘的大学教师提供了法律保护，使他们可以免于解聘之忧。接着，针对北大改革方案，特别是其中第 11 条的规定，即“教授享有直至学校规定的退休年龄的长期职务，其他职级的教师不享有长期职务”，认为这一规定不仅“不合法”，而且“不合理”。“这种规定实在有点骇人听闻，我们不能不说，这些规定一方面由于没有任何法律根据因而是根本‘不合法的’，另一方面这些规定与西方同类情况的处理方法相比较则是极端‘不合理的’。例如以上述英国的情况作对照，则我们有理由认为，不管北大如何制定‘今后’招聘解聘教师的条例，这些条例不应该适用于北大过去和现在已经被聘任的教师。”

最后，甘阳呼吁中国大学人事制度改革需要法制化，而且必须由全国人大常委会制定“大学改革法”，这不仅关系到大学教师的权利与尊严，也有助于“避免大学的改革成为任何大学当局随心所欲之事”，“因为大学改革现在涉及的许多问题并不是大学本身可以解决的，也不应该由大学当局来任意处理，而是必须由国家的法律来规定”①。

显然，甘阳的核心观点就是批判北大方案缺乏法治思维。法治思维强调依法办事、强调公平合理、强调权力制约，也强调权利保障。其实，我国教师聘任制改革跟英国教育改革有点类似，都是为了打破原有的教师终身制。英国教育改革基于权利保障的法治思维，遵循法不溯及既往原则，避免一刀切，对已聘教师的职业安全提供法律保护。我国在教师聘任制改革中，没有先通过立法方式对高校教师聘任改革具体操作进行规范，而是赋予高校办学自主权这一尚方宝剑，让其开拓创新。如果说，立法是否先行，因国情差异而不能一概而论的话，那么，在触及教师重大利益的聘任举措中，权力制约与权利保障的法治思维则不应缺席。尽管，包括北大在内的诸多高校所实行的“非升即走”，后来大多在实践中转换为“非升即转”，但是，高校权力的任性与对教师权利的无视，充斥其中。“从所有政策的提出与实施要求看，完全是一种由学校行政当局对教师提出各种各样要求，而对教师的相对权利却无多少提及。”②

将近二十年过去了，中国高校教师人事制度改革不断深化推进，“非升即走”也已占据大半山头，可回头一看，这种法治思维的欠缺仍旧普遍存在。“无论中国的大学领导们还是中国的大学教师们，理应是最具有法制观念和法律知识的中国公民，如果连大学的改革都毫无法制观念甚至缺乏基本的法律常识，那么中国还有什么希望能够建成一个法治国家?”③

在“试点—推广”的改革逻辑下，中国高校“非升即走”制度因法治思维的缺失而纷争频发。2004 年，清华大学教师刘某某在经管学院任教六年后因考核不合格，学校不再与其续约，随后其将学校告上法庭。④2014 年，清华大学外文系老师方艳华转为职员和微积分老师闫浩离开教

① 以上内容详见甘阳《大学改革的合法性与合理性》，载《观察者》网站，https://www.guancha.cn/GanYang/2016_01_10_347556_s.shtml，最后登录时间：2022 年 5 月 7 日。

② 王鹏炜：《我国公立高等学校教师聘任制的法理研究》，博士学位论文，陕西师范大学，2008 年，第 2—3 页。

③ 甘阳：《大学改革的合法性与合理性》，载《观察者》网站，https://www.guancha.cn/GanYang/2016_01_10_347556_s.shtml，最后登陆时间：2022 年 5 月 7 日。

④ 原春琳：《清华大学人事改革浮出水面被解聘教师起诉学校》，载《中国青年报》2004 年 7 月 16 日。

学岗位再度引起争论。[①] 2018 年 9 月，武汉大学聘期制教师首个聘期结束，校方统一组织了转编评审，42 人中仅有 4 人通过。未能通过评审的教师指责校方未信守契约。[②] 2021 年6 月，甚至发生因“非升即走”而引发复旦大学教师姜某某持刀伤人事件。其中比较戏剧化的事件是，2016 年时任中山大学博雅学院院长的甘阳也因“非升即走”被青年教师李某打了耳光。[③] 连甘阳这般对“非升即走”有着深刻认识与批判性反思精神的学者型领导也难逃争议，可见，我国高校“非升即走”的制度实践确实较为混乱。其合理性、规范化与法治化都亟须加强。

（二）我国高校“非升即走”第一案：郭某诉江南大学

尽管“非升即走”引发了诸多争议，但真正进入司法程序的案件并不多。笔者在北大法宝、中国裁判文书网等数据库进行搜索发现，目前将“非升即走”制度作为诉争点的案件只有郭某诉江南大学案。[④] 从这种意义上来说，该案可以被称为我国高校“非升即走”第一案。

郭某在博士研究生毕业后于 2011 年 8 月被江南大学作为人才引进。双方签订协议书，其中第五条约定：“郭颖承诺：自进校第二年起的四年内未能晋升为正式副教授的，从第五年 1 月 1 日起本人不再享受江南大学的工资、津贴、补贴等待遇，同时办理离校手续。”2015 年，郭颖参加江南大学组织的大评委评审未获通过。2015 年 12 月 1 日，江南大学人事处向郭颖发出离校手续通知单，称“根据有关工作协议，请您于 2016 年 1 月 1 日前来我处办理离校手续”。对此，郭某依法律程序先申请劳动仲裁，要求继续履行与江南大学签订的协议书，但无锡市劳动人事争议仲裁委员会不予支持，后诉至法院。

郭某与江南大学签订的协议书第五条就是所谓的“非升即走”条款，也是该案的争议焦点。江南大学正是依据该条款终止了与郭某的聘用关系。但郭某主张应继续聘用关系，质疑该条款不合法亦不合理，她首先认

---

① 施文获等：《清华解聘教师引争议》，载《中国青年报》2014 年 7 月 28 日。

② 张笛扬：《武大聘期制改革：三年到期后，九成老师没能踏进编制门槛》，载《南方周末》2019 年 1 月 27 日。

③ 赵婀娜：《从“青椒”掌掴院长说开去（新评弹）》，载《人民日报》2016 年 1 月 14 日。

④ 由于未能找到该案一审判决书，对该案相关内容的介绍及引用，若没有特别注明的，都来自二审判决书，即江苏省无锡市中级人民法院民事判决书（2016）苏 02 民终 4613 号。

为，江南大学利用自己的经济优势，以管理者的地位与应聘教师签订了协议书，该协议书第五条违反了程序正义原则，显失公平；其次指出，在条款履行中，江南大学作为协议书的拟定者，也是职称的评定者，作为规则制定者的江南大学又充当裁判者，具有不正当性；接着提出，江南大学将评审副教授的条件与男教师完全等同，没有考虑女教师哺乳、生育等特殊情况，故而应顺延申报副教授的期限；最后强调，依据《事业单位人事管理条例》，没有规定高等院校可以和教师约定解除条件。

不过，法院最终还是认定该条款既合法，亦合理。一审法院认为该协议书“是在双方平等自愿、协商一致的基础上订立，不违反国家法律、法规的强制性规定，也不存在欺诈、胁迫等情形，且权利义务也未显失公平，应当认定合法有效”。二审法院进一步指出：“根据《中华人民共和国高等教育法》第十一条、三十七条、四十八条的规定，高等院校拥有自主办学权，可以在法律法规允许的范围内自主决定聘用教师。在教师聘用过程中，高等学校应与受聘人员在平等自愿、协商一致的基础上签订聘用合同，明确岗位职责、工作条件、工资福利待遇、聘用合同变更、解除、终止的条件及聘用期限等内容。本案中，郭颖作为博士毕业生，按照自主择业原则，通过双向选择的形式被江南大学引进，并签订了协议书。在协议书签订后，双方均遵守并按照协议约定履行了各自的权利义务，协议履行期间，郭颖并没有对协议书的具体条款提出异议，也未要求变更协议。协议书关于申报副教授年限的约定已经考虑了科研规律，具有合理性。故该协议书应认定为合法有效。”

不过，两审法院对该条款的性质定位则有分歧。一审法院认定该条款为聘用关系的终止条件：“本案中，郭颖至 2015 年 12 月 31 日（即自进校第二年起的四年）未能晋升正式副教授，协议约定的终止条件出现，协议即行终止。江南大学依据协议约定提出终止与郭颖的人事关系，并无不妥。《事业单位人事管理条例》第十九条规定，自聘用合同依法解除、终止之日起，事业单位与被解除、终止聘用合同人员的人事关系终止。”针对一审法院的这一观点，郭某在上诉状中进行了质疑，认为这“不符合《事业单位人事管理条例》的规定，因为协议书签订于 2011 年 8 月，早于《事业单位人事管理条例》生效时间，且该条例并没有规定高等院校可以和教师约定解除条件，一审法院适用《事业单位人事管理条例》

不当。”

面对郭某的抗辩，二审法院改变了一审法院的裁判理由，将其改认为附期限协议：“根据文意解释规则，协议书第五条系双方对协议履行的期间作了约定，即从郭某入校第二年起算四年届满协议到期，此后双方是否继续履行聘用关系，取决于郭某是否符合江南大学的聘用条件，如果在新的聘期到来时郭某没有评上副教授，则江南大学可以不聘用郭某。郭某主张双方签订的协议是附终止条件的，不符合《事业单位人事管理条例》的规定。对此，本院认为，江南大学并未在2015年9月评审结果揭晓时解除与郭某的聘用关系，而是按照协议书约定的期限继续履行到2015年年底，可见江南大学仅是将职称评定作为协议到期后续聘的条件而不是作为该协议终止的条件。故郭某提出的要求继续履行协议书及补发工资、津贴的上诉请求，没有事实依据，不予支持。”

以上就是我国高校“非升即走”第一案的基本概况。该案呈现了当下我国高校“非升即走”制度实践的一些基本特征与主要争议。从基本特征来看，我国高校“非升即走”制度主要仰赖合同约定方式展开，尚未系统地制定规范化的制度文本。一般情况下，“非升即走”条款由高校与教师在签订聘用合同（包括人才引进协议）时进行个性化约定。比如本案，在补充条款中由教师承诺的方式，约定在一定年限内晋升职称，若不能则主动离职。而聘用合同中“非升即走”条款的合法性与合理性的争议，主要体现在程序、内容、性质三个层面。比如，有质疑“非升即走”条款的合同签订程序上，高校与教师双方地位的平等性；有质疑职称晋升操作程序上，高校自主职称评审的公正性；也有质疑“非升即走”条款内容的公平性与合理性，特别是在职称晋升年限上；还有将“非升即走”制度视为“末位淘汰”制而质疑该条款性质本身的合法性；另外，对“非升即走”条款是解除条件还是附期限合同的法律性质定位，也存有司法分歧。

从郭某案来看，面对诸多质疑与争议，我国法院对“非升即走”制度持认同立场，强调对高校自主权的尊重。审理该案的二审法官张朴田撰文指出，“‘非升即走’制度超出了现行立法设定的管理体系和模式，很难直接依据现行人事管理规则对制度合法性作出判断”，但基于对该制度“同情的理解”，法院努力在“整体法律框架内予以适当定位”，并“迂回认可了协议解除的效力，而不是当然的否定”[①]。

为此，二审法院将“非升即走”条款的法律性质作为司法审查与论证的焦点。考虑到一审法院将其定位为解除条件而遭遇与现有法律制度相冲突的局面，二审法院将其改认为附期限协议。“将协议书视为约定了起止期限并未超出一般人对协议的认知，具有事实基础和合理性。”[②] 但这种诉诸所谓的“一般人的认知”而论证“非升即走”条款是附期限协议的合理性，显然并不充分。也正因此，张朴田法官表达了一种纠结而矛盾的立场：“二审法院否定了‘非升即走’制度作为协议解除条件的认知，改变了一审裁判理由，但并不能据此认为一审法院的裁判缺乏正当性，二审只是为了规避‘条件论’面临的法律风险而已，其裁判理由并不具有当然的优越性。从本质而言，一般人都认为协议所做的约定就是协议的解除条件，双方当事人本身的原始认知也是如此。”[③]

之所以出现如此窘境，根源在于作为“非升即走”条款载体的高校教师聘用合同的法律性质不明确。“非升即走”条款无疑蕴含着高校与教师职业关系的解除事由。而聘用合同中能否就高校与教师职业关系的解除事由进行自主约定，则要依据相关法律规定进行判断。我国法律对民事合同、劳动合同以及行政合同有着不同的规定，比如《劳动合同法》采取法定解除制度，规定用人单位不得与劳动者在劳动合同中事先约定解除条件。若聘用合同属于劳动合同的话，那么，“非升即走”条款的合法性就有问题。依照上述逻辑，聘用合同的法律性质就成了关键性问题。因此，在“作为专业技术人员的高校教师与高等学校签订的聘用合同属性仍不明晰，高校在续聘问题上究竟有多大的自主权仍然模糊不清”[④] 的情况下，法院在现有法律框架内论证“非升即走”条款的合法性，必然捉襟见肘，而且容易忽视对教师权利应有的救济与保障。

---

① 张朴田：《“非升即走”制度在高校聘用合同中的效力认定——以郭某诉江南大学人事争议案为例》，载《法律适用》2018 年第 10 期。

② 张朴田：《“非升即走”制度在高校聘用合同中的效力认定——以郭某诉江南大学人事争议案为例》，载《法律适用》2018 年第 10 期。

③ 张朴田：《“非升即走”制度在高校聘用合同中的效力认定——以郭某诉江南大学人事争议案为例》，载《法律适用》2018 年第 10 期。

④ 张朴田：《“非升即走”制度在高校聘用合同中的效力认定——以郭某诉江南大学人事争议案为例》，载《法律适用》2018 年第 10 期。

（三）核心问题：高校教师聘用合同的法律性质

因紧密关联“非升即走”条款的合法性，高校教师聘用合同的法律性质成了关键性问题。学界对高校教师聘用合同法律性质的观点较为纷杂，其中以行政合同、民事合同、劳动合同的三分法为分析框架，主要形成了行政合同说①、民事合同说②（包括雇佣合同说③）、混合合同说④以及劳动合同说⑤。

随着探讨的深入，劳动合同说逐渐占据上风。“虽然对于聘用合同的性质存在着不同的观点，且每一观点都有着一定程度上的合理性，但大家对于聘用合同具有劳动合同属性基本达成了共识。”⑥ 持劳动合同说的学者，有的是从高校教师作为劳动者的法律地位去论证的：“聘用合同中教师的地位是劳动者，聘用合同属于劳动合同。”⑦ 有的是从聘用合同形式与内容上去论证的：“聘用合同在合同订立程序、条款内容、条款构成等方面，与《劳动法》《劳动合同法》有关劳动合同的规定是一致的。”⑧ 有的是从聘用合同的目的与功能上去论证的：“无论劳动合同还是聘用合同，都是市场经济条件下确认和形成劳动关系的基本制度，都是从根本上改变我国计划用工制度和固定工制度的法律形式，充分体现了劳动者能进能出、自主择业，用人单位择优用人的新机制，从根本上实现从‘身份’到‘契约’关系的变革。”⑨ 有的是从劳动合同所反映的劳动关系与聘用合同所承载的聘用关系间的“同质性”特点上去论证：“依据通说，劳动

---

① 赵杰宏、严妍：《教师聘任合同之法律性质》，载《国家教育行政学院学报》2006 年第 4 期。

② 沈月娣：《高校教师聘用合同相关法律问题研究》，载《教育导刊》2007 年第 7 期。

③ 王利明等：《中国民法典学者建议稿及立法理由（债法总则编）》，法律出版社 2005 年，第 466 页。

④ 杨挺：《论公立学校教师聘任合同的法律性质》，载《中国教育学刊》2007 年第 4 期。

⑤ 许建宇：《事业单位聘用合同的定性与法律适用模式选择》，载《法学》2010 年第 10 期。

⑥ 张冬梅：《基于聘用合同性质的聘用合同立法探讨》，载《中国劳动关系学院学报》2015 年第 3 期。

⑦ 康建辉、王渊：《劳动合同：高校教师聘用合同的基本性质》，载《当代教育科学》2008 年第 17 期。

⑧ 周光礼、彭静雯：《从身份授予到契约管理——我国公立高校教师劳动制度变迁的法律透视》，载《高等教育研究》2007 年第 10 期。

⑨ 程延园：《事业单位聘用合同管理中的有关问题》，载《中国人才》2003 年第 12 期。

合同所反映的劳动关系的基本特点可以概括为‘主体特定’和‘两个兼容性’。分析可知，聘用合同所反映的聘用关系同样具有这些特点：双方主体为事业单位（用人主体）与其工作人员（劳动者）；聘用关系既体现了双方主体之间的平等性，又体现了它们之间的从属性（即工作人员必须服从所在事业单位的用人管理）；聘用关系既体现出有偿劳动的财产性特征，又体现出这种劳动的人身性特点（如劳动者必须亲自履行聘用合同）。因此，聘用关系是与劳动关系‘同质’的社会关系。”①

在发现与劳动合同具有诸多相同点后，有学者开始强调教师聘用合同所具有的特殊性。“聘用合同与劳动合同具有同质性，但又具有某些不同于普通劳动合同的特色，是一类特殊的劳动合同。……如果说劳动合同、聘用合同都具有私法关系、公法关系双重属性（亦即社会性特征）的话，那么与劳动合同相比，聘用合同受到公法干预的范围和程度明显更为广泛和深入，而双方协商自治的空间则相对比较狭小。”② 从某种意义上来说，这一对聘用合同具有公法上特殊性的分析，一定程度推动了学界转向公私法二元分析框架，去关注高校教师聘用合同的法律性质。

对此，有的学者提出要吸收行政合同说中的合理成分来界定高校教师聘用合同作为劳动合同的特殊性。“将聘用合同界定为劳动合同，既符合我国高等教育改革的总体趋势，也与法院有关事业单位人事争议案件的司法实践状况相吻合。当然，在考虑到公立高校作为公益二类事业单位特殊性以及教师职业所具有的专业性、公益性的前提下，仍应部分汲取行政合同说的合理成分，将公立高校教师聘用合同界定为特殊的劳动合同。”③有的学者则干脆认定高校教师聘用合同属于公法调整的行政性劳动合同。“高校教师通过聘用合同建立的关系并非单纯的劳动关系，而是一种行政性人事关系，所以这种聘用合同的性质应属公法调整的行政性劳动合同关系。”④ 还有学者提出了新型社会行政劳动合同的概念来界定高校教师“非升即走”聘用合同。“鉴于高等学校签订合同时的‘社会公法人’身

① 许建宇：《事业单位聘用合同的定性与法律适用模式选择》，载《法学》2010 年第 10 期。

② 许建宇：《事业单位聘用合同的定性与法律适用模式选择》，载《法学》2010 年第 10 期。

③ 姚荣：《公立高校教师聘用合同的法律性质重审》，载《复旦教育论坛》2020 年第 5 期。

④ 王利明：《论行政协议的范围——兼评〈关于审理行政协议案件若干问题的规定〉第 1 条、第 2 条》，载《环球法律评论》2020 年第 1 期。

份以及合同内容的部分私法属性，应将‘非升即走’聘用合同界定为新型社会行政劳动合同。之所以谓之‘新型’，关键在于其同时包含‘社会行政’与‘劳动’双重因素，这也是其区别于其他私主体相互间订立的一般劳动合同的根本所在。”①

不管是界定为特殊的劳动合同，还是行政性劳动合同或新型社会行政劳动合同，都将有助于对高校教师聘用合同的多角度认识。不过，这也说明学者们在理解高校教师聘用合同法律性质的特殊性上仍然存有分歧。而这些分歧与争议，也反映了高校教师聘用合同本身的复杂性。

此外，高校教师的聘用合同与聘任合同两个概念也被不少学者等同化地使用。一些论文在梳理有关高校教师聘用合同法律性质中的行政合同说时，会引述有关聘任合同的相关观点作为依据，比如：“教师聘任合同既不是受《合同法》调整的民事合同，也不是受《劳动法》调整的劳动合同，而更多地具有行政合同的特征。”② 再如：“就聘任合同的主体、目的、内容、规则等方面而言，聘任合同都符合行政合同的构成特征。因此，聘任合同应为行政合同，而非劳动合同。”③ 有的学者在论文中会交叉使用这两个概念，比如：“平等自愿是民事合同的基本属性，而行政主体具有行政优益权则是行政合同的特点。我国《教师法》第 17 条规定：‘教师的聘任应当遵循双方地位平等的原则，由学校和教师签订聘任合同，明确规定双方的权利、义务和责任。’由此可见，相关法律已经规定了在高校聘用合同中要体现平等自愿、协商一致、契约自由的民事原则，无论是在合同的缔结还是履行阶段，高校均不享有行政合同所特有的优先权。因而，高校聘用合同应属于民事合同。”④

聘任合同是高校教师聘任制的形式载体，是高校与教师聘任关系成立的要件之一。聘任关系是高校按照教师职务的职责、条件和任期聘任经评定具备任职条件的教师而形成的职业管理关系，是一种典型的学术性行政关系。对此，本书在前面相关章节已进行相关阐述。作为高校与教师聘任

---

① 徐靖：《高等学校“非升即走”聘用合同法律性质及其制度法治逻辑》，载《中国法学》2020 年第 5 期。

② 申素平：《论我国公立高等学校与教师的法律关系》，载《高等教育研究》2003 年第 1 期。

③ 赵杰宏、严妍：《教师聘任合同之法律性质》，载《国家教育行政学院学报》2006 年第 4 期。

④ 沈月娣：《高校教师聘用合同相关法律问题研究》，载《教育导刊》2007 年第 7 期。

关系承载的形式要件，聘任合同无疑兼具“公”与“私”、“强制”与“平等”、“学术”与“行政”等多重特性。那么，高校教师聘用合同是否就是高校教师聘任合同？要回答该问题，首先需要探究高校教师聘用合同这一概念的来龙去脉。

高校教师聘用合同伴随我国事业单位聘用制的实施而被推广。2002年，人事部发布了《关于在事业单位试行人员聘用制度的意见》（以下简称“试行意见”），提出要“通过实行人员聘用制度，转换事业单位用人机制，实现事业单位人事管理由身份管理向岗位管理转变，由行政任用关系向平等协商的聘用关系转变，建立一套符合社会主义市场经济体制要求的事业单位人事管理制度”，指出“事业单位除按照国家公务员制度进行人事管理的以及转制为企业的以外，都要逐步试行人员聘用制度”，并且对聘用合同的必备条款、类型、解除情形等内容进行明确规定。2003 年又出台《事业单位试行人员聘用制度有关问题的解释》，对聘用合同实行的相关问题作了进一步解释。从上述文件内容来看，聘用制改革主要是为了解决事业单位工作人员的“进出”与“上下”问题。从这个角度来说，事业单位聘用制改革算是对高校教师聘任制改革的推广与拓延。

20 世纪八九十年代，国家就开始提出并逐渐推行教师聘任制改革，以解决高校教师的“进出”与“上下”问题。在高校教师聘任制改革过程中，聘用合同也很早被提了出来。1999 年 9 月 15 日教育部发布的《关于当前深化高等学校人事分配制度改革的若干意见》（教人〔1999〕16 号）中就多处提到“聘用合同”，并且对“聘用合同制”进行了界定：“聘用合同制是社会主义市场经济体制下新的用工形式，以聘用合同形式确定单位与个人之间的劳动关系及双方权利、义务的用人制度。”同时指出：“学校和教职工在平等自愿的基础上通过签订聘用合同，明确双方权利、义务和责任，确立受法律保护的劳动关系。在聘用合同执行期间，学校和教职工双方所提供的条件发生重大变化时，双方可以协商解除合同，终止劳动关系。”

从该文件可知，当时教育部将聘用合同视为劳动合同，用来确定高校与教职工双方权利、义务和责任，确认双方形成劳动关系的主要依据。这实际上将教师聘任制与聘用合同进行了嫁接，某种程度上是将法律上所提到的聘任合同与聘用合同混同了。但高校教师的聘任合同显然不是为了确认劳动关系，不同于劳动合同。由此可见，“在聘用制度推行之初，事业单位与编制内人员、合同制职工、工勤人员全部签订聘用合同。‘聘用合同’这一概念使用较为混乱。”[①]

为了改变这种混乱，有学者建议：“聘用合同只适用于事业单位工作人员与事业单位之间。事业单位工作人员专指有事业单位编制的工作人员。事业单位工勤人员、没有编制人员与事业单位间的合同不能称为聘用合同，而应该直接称为劳动合同。”[②] 2014 年国务院的《事业单位人事管理条例》（以下简称“人事条例”）也一定程度明确了聘用合同的基本内涵，即与新招聘的事业单位工作人员所签订的合同，[③] 从而区别于其他工勤人员的劳动合同。

与此同时，之前的高校人事制度改革与之后的事业单位人事制度改革逐渐并轨后，高校教师聘用制与“聘用合同”的提法在实践中开始取代高校教师聘任制及“聘任合同”。虽然，从法律（即由全国人大及其常委会制定）层面来看，高校教师聘用制与“聘用合同”并没有直接的法律依据。因为《教师法》[④] 与《高等教育法》[⑤] 两部与高校教师直接关联的法律，都只提到了教师聘任制与“聘任合同”。从法位阶理论来看，依据“人事条例”这一行政法规的高校教师聘用制与“聘用合同”，显然不能替代高校教师聘任制与“聘任合同”，而且不应与其相抵触。不过，作为改革产物的高校教师聘用制以及“聘用合同”已被普遍推广。在实践中，不管是涉及新教师的录用，还是涉及已聘教师的续聘，都一般要签订聘用合同，以明确双方权利义务与责任。

通过上述梳理可知，恰如聘任合同是高校教师聘任制的形式要件，聘

---

① 张冬梅：《基于聘用合同性质的聘用合同立法探讨》，载《中国劳动关系学院学报》2015 年第 3 期。

② 张冬梅：《基于聘用合同性质的聘用合同立法探讨》，载《中国劳动关系学院学报》2015 年第 3 期。

③ 《事业单位人事管理条例》第 9、12、13 条。

④ 2009 年修正的《教师法》第 17 条：“学校和其他教育机构应当逐步实行教师聘任制。教师的聘任应当遵循双方地位平等的原则，由学校和教师签订聘任合同，明确规定双方的权利、义务和责任。实施教师聘任制的步骤、办法由国务院教育行政部门规定。”

⑤ 2018 年修正的《高等教育法》第 48 条：“高等学校实行教师聘任制。教师经评定具备任职条件的，由高等学校按照教师职务的职责、条件和任期聘任。高等学校的教师的聘任，应当遵循双方平等自愿的原则，由高等学校校长与受聘教师签订聘任合同。”

用合同则是高校教师聘用制的形式要件。可见，若离开高校教师聘用制去谈聘用合同的法律性质，容易迷失方向。要厘清高校教师聘用合同的法律性质以及与聘任合同的关系，关键则在于明确高校教师聘用制的内涵及其与高校教师聘任制的关系。

三 高校“非升即走”的制度基础：高校教师聘用制

（一）从高校教师聘任制到高校教师聘用制：变与不变

高校教师聘任制改革始于20世纪80年代。为了发展高等教育事业和调动教师积极性，国家重启高校教师职务（职称）评定制度，并在这一基础上提出职务聘任制，以取代原来的行政主导的教师任命制。21世纪初，事业单位人事制度改革拉开帷幕后，工作人员聘用制成为其中一项重要的改革内容。随着高校人事改革与事业单位人事改革的并轨，高校教师聘用制逐渐推行。

我国高校教师人事改革从聘任制到聘用制，改变的不仅是称谓，还有背后的视角与重心。从“聘任”到“聘用”的话语转变中，实际上蕴含着高校教师人事制度改革的视角从高校教师岗位的“上下”问题转向高校教师职业的“进出”问题，其重心从高校教师职业管理阶段的聘任关系建构转向高校教师职业关系形成阶段的聘用关系的建构。笔者在前面章节中已指出，教育法律制度上的聘任关系指高校与作为法律意义上的教师在任职条件、职责和任期等为主要内容而形成的教师职业管理关系；而聘用关系则指高校与作为一般意义上的法律主体的教师（或准教师）间基于录用而形成确定的职业关系。一般情况下，聘用关系是聘任关系的前提，而聘任关系建基在聘用关系上。当然，也不排除有的情况下，即同时符合聘任关系成立要件时，聘用关系的成立也意味着聘任关系的成立。因此，高校教师聘用制并不等同于高校教师聘任制。

不过，作为高校教师人事制度改革的发展与延续，高校教师聘用制共享着高校教师聘任制的主要使命与核心目标。最初的高校教师聘任制改革，一方面要改变行政主导的教师任命制，另一方面为了破除教师职务“终身制”。教师任命制不仅意味着高校无法人事自主，也意味着教师没有选择自由。教师聘任制强调在平等、自愿原则下由高校聘任教师，实际上就是要赋予高校人事自主与教师选择自由，从而改变原有教师职位的行政命令模式。教师职务“终身制”，即所谓的“铁饭碗”，包含着“一职（岗）定终身”“能进不能出”“能上不能下”等多重含义。在教师任命制背景下的教师职务“终身制”往往因缺乏合理的评价机制与有效灵活的调整机制，容易造成教师职业缺乏竞争性与活力，最终导致教师队伍良莠不齐。教师聘任制规定高校教师任职条件、职责及聘期，实际上就是为了提升队伍素质与内部竞争性而设定教师的任职标准与要求。

随着政府放权和高校办学自主权的落实，教师任命制已取消，但高校教师的编制地位并没有改变。所以，针对编制内教师的高校教师聘任制改革，实质上是教师职业管理方式从行政任命到职务岗位竞争的转变，从而改变之前教师“一职（岗）定终身”“能上不能下”的“终身制”。随着高校教师人事制度改革的不断深化，破除“能进不能出”的“终身制”问题逐渐突出。正是在这一目标驱动下，高校教师聘用制开始推行，转向从教师的入口处直接选优淘劣从而破除“终身制”。

除共享着破除教师职务“终身制”这一主要目标与任务外，高校教师聘用制也延续了高校教师聘任制的具体操作，即采用签订合同方式来明确双方权利义务与责任。恰如高校教师聘用制不等同于聘任制，高校教师聘用合同自然也不等同于聘任合同。聘任合同主要是在教师职业管理关系阶段，其涉及的高校教师任职条件、职责与聘期等内容要依相关规定进行，所以带有较强的公法与管理倾向，实践中往往被高校（或官方机构）颁发的聘任书所替代。相较而言，建基于职业关系形成意义上的高校教师聘用合同，则有着契约自由与双方合意的主要基础，所以在内容与类型上也更为灵活多样。也正因此，2007 年人事部、教育部印发的《高等学校等教育事业单位岗位设置管理的指导意见》中提出了要探索短期、中期、长期合同相结合的聘用合同，而且可以就岗位职责要求、工作条件、工资福利待遇、岗位纪律、聘用合同变更、解除和终止的条件以及聘用合同期限等方面进行约定。由此可见，高校教师聘用合同已远远超出了聘任合同所承载的功能。尽管，聘用合同与聘任合同存有诸多差异，但是，期冀借助它们去构建高校与教师职业关系契约化的思路则一脉相承。

总而言之，从高校教师聘任制到高校教师聘用制，在主要目标与具体方式上其实都有着不变的内核。高校教师聘任制最初的打破教师职务终身制的制度愿景，在实践中已基本实现。随着教师聘用制的推进，高校教师的职业竞争与压力持续升级，职业安全与保障却直线降低，在高校组织中的职业地位及话语权进一步弱化。这有可能滑向另一个极端，让高校教师最终变成一种逐利而充满投机风险的职业。因此，在全面走向高校教师聘用制的时代，首先需要对“破除教师职务终身制”的制度目标进行反思与纠偏。

（二）高校教师聘用制：应从教师职务“终身制”的破除到“终身教职”的建构

当初，高校教师人事制度改革将破除教师职务“终身制”作为一项目标，主要是因为教师任命制造成教师职业过度僵化，缺乏竞争性与活力，导致教师队伍良莠不齐。为了能快速彻底地取代教师任命制，教师聘任制不仅要求高校与教师双方签订聘约，还明确规定了教师职务聘期，为破除教师任命制背景下的教师职务“终身制”提供了具体路径。但需要注意的一点是，高校教师人事制度改革的根本目的是有效促进教师职业的竞争性与活力，优化教师队伍。

相对这一根本目的而言，破除教师职务“终身制”也不过是高校教师人事制度改革中的一种手段。随着高校人事自主权限不断扩大，在教师聘用制的实践操作中，破除教师职务“终身制”却被绝对化，高校教师职业逐渐丧失了起码的职业安全保障与稳定。高校一旦为了逐利，又缺乏应有的人文关怀，那么，没有职业安全保障的高校教师（特别是青年教师）就成了“韭菜”，被收割的命运也就很难避免了。

而学术职业的不稳定性与不确定性，不仅给高校教师带来过度压力，最终也将导致优秀人才的流失。“自古以来，学术职业所具有的吸引力就在于：活动的相对独立与自主即不受外部干扰乃至胁迫的自由、追求精神满足、获得同行与社会认可，以及有相对稳定的工作与生活保障。其中，稳定的工作与生活保障又是前三者得以维系的前提。在某种意义上，我们甚至可以认为，正是稳定的工作与生活才构成了大学、学者永葆学术探索与创新活力的基本保障。因此，对个体而言，如果该职业存在太多的不确定性风险，它也就必然丧失了对社会中最优秀人才的吸引力。”① 若是这样，那就与高校人事制度改革的初衷相背离了。

---

① 阎光才：《学术聘任制度及其政策风险》，载《高等教育研究》2016 年第 5 期。

有些人认为高校教师人事制度改革的下一步就是去编制化。笔者在第二章已分析指出，从现有的制度安排来看，国家和政府并没有要完全取消高校教师事业编制这一动作。那么，到底该不该取消高校教师编制？笔者认为，高校教师事业编制的存在有其必要性。因为，编制不仅关系到管理问题，更关涉着高校教师的身份保障与职业安全。可以说，保留高校教师编制比不保留，更有利于高校教师队伍的整体发展，也能更好维护高校教师的公职性特点，从而防止高校教师职业过度市场化与不稳定。当然，在保留编制的前提下，需要建立完善的高校教师“进入—退出”机制。

因此，高校教师聘用制作为“进入—退出”机制中的重要一环，不仅要强调教师职业的自由度与竞争性，也要关注教师职业的安全感与稳定性。这就需要对“破除教师职务终身制”这一目标进行纠偏，建构类似西方的“终身教职”制度，以平衡高校人事自主权与教师职业安全保障权。2018 年我国政府提出了“准聘与长聘相结合”的高校人事改革方向。“准聘”阶段应强调教师职业的竞争性与筛选功能，类似于西方的“学术性试用期”；“长聘”阶段则应更强调教师职业的安全性与保障功能，类似于西方的“终身教职”。这么说，“准聘—长聘”制是对“非升即走”制度本土化的更为精准地表述。它并不是对“非升即走”制度的否定，但无疑是对我国“非升即走”制度实践中过度强调筛选功能，而忽视保障功能的一种纠偏。“在有限期的合同制或‘非升即走’与终身职制度安排之间，其实存在一种依存关系，如果没有后者，个体就根本无必要去承受风险。”①

在“终身教职”或“准聘—长聘”的目标构建下，高校教师聘用制中聘期的意义与效果应予重新检视。从教师聘任制到教师聘用制，都规定要有聘期。比如《高等教育法》第 48 条中规定：“教师经评定具备任职条件的，由高等学校按照教师职务的职责、条件和任期聘任。”再如《事业单位人事管理条例》第 12 条规定：“事业单位与工作人员订立的聘用合同，期限一般不低于 3 年。”第 13 条规定：“初次就业的工作人员与事业单位订立的聘用合同期限 3 年以上的，试用期为 12 个月。”但聘期所具有的意义与效果，特别是聘期结束后应产生的后果，法律规定上似乎并不十

① 阎光才：《学术聘任制度及其政策风险》，载《高等教育研究》2016 年第 5 期。

分明朗。《高等教育法》等法律对此没有相关规定。从《事业单位人事管理条例》的相关内容来看，聘期的主要意义与效果是为了教师考核。聘期考核作为与平时考核、年度考核相对而言的一种考核类型，主要指在聘期结束后对教师在聘期内的表现进行考核评价。聘期考核的结果则是“事业单位工作人员岗位、工资以及续订聘用合同的依据”。[①]

相较法律规定上的单一性，实践中聘期则具有多种意义与效果。首先，实践中不管是未获编制（一般是“非升即走”试用期或“准聘”期间）的教师，还是已获编制（一般是“终身教职”或“长聘”期）的教师，都会有聘期的要求。其次，这些聘期既可以意味着高校教师必须完成特定任务的限期，也可以意味着高校教师不得辞职的期限，而聘期结束既可以意味教师必须走人的最后日期，也可以成为高校让教师马上走人的唯一理由。最后，聘期已成了高校手中的一把利剑。借用聘期的规定或约定，高校牢牢掌控着教师“去留”的主动权。要留住教师时，聘期即是高校教师的服务期，这期间内不得辞职或离职，否则要赔偿或支付违约金。要辞退教师时，聘期便是存续期，到期即意味着解约与解聘。可见，实践中的聘期似乎将确定性的利益都留给了高校，而将不确定性的风险全部留给了教师。

这种聘期在功能性意义与效果上的实践偏颇，是当下高校人事自主权与教师职业安全保障权失衡状态的因素之一，使高校与教师承担着完全不对等的风险。对“破除教师职务终身制”这一抽象目标进行纠偏，可以具体化为对高校教师聘期功能的纠偏。为此，聘期功能应针对不同情况作区分性对待。对于“非升即走”或“准聘”的教师，聘期就是学术性试用期。当然，这里的学术性试用期不同于一般意义上的试用期，不仅因为时间较长，而且双方在此期间也不能随意终止关系。可以说，学术性试用期也就是高校与教师职业关系的存续期。存续期间，若高校辞退教师，则应有法定事由；而教师要离辞职，也应有充足理由，并承担相应责任。理论上，在学术性试用期满后，高校与教师双方都有自由选择结束职业关系的权利。可在学术劳动力买方市场的大背景下，是否结束职业关系的主动权实际上掌控在高校手中。一般情况下学术性试用期结束后，高校可以根

① 参见《事业单位人事管理条例》第 21、22 条。

据聘期考核结果与实际情况，自主决定教师的去留。当然，若借鉴 AAUP 的做法，打算辞退教师，学校起码应该提早一年告知对方。可以说，这一阶段中的聘期主要服务于筛选目的，其所伴随的不确定性的不利因素主要由教师来承担。

而对于“终身教职”或“长聘”的教师，规定聘期则主要为了考核。如果说，这时的聘期仅是高校与教师职业关系的存续期，那么，则与“终身教职”或“长聘”的本义相悖。所以，聘期结束并不意味着高校可以自主决定是否续聘教师，更不能成为高校辞退教师的理由与依据，而仅仅意味着教师聘期考核的开始。科学公正的聘期考核结果才能成为不续聘教师的理由与依据。当然，不续聘也并不意味着解聘。只有在调岗不成功情况下，才可以解聘教师。在聘期内若要解聘教师，则必须依据法定程序，要有法定理由与依据。同时，这一阶段的聘期也不是教师的服务期，并不意味着在此期间内，教师不得辞职或离职。因为，如果说“非升即走”或“准聘”期的不确定性风险（比如辞退或不续聘）主要由教师来承担，从而促使教师更加努力提高自身职业素养，那么基于风险分担平衡原则，“终身教职”或“长聘”期的不确定性风险（比如教师辞职或离职），则应由高校来承担，从而促使学校努力改善教师工作环境，增强对人才的吸引力。

四　高校“非升即走”的制度载体：高校教师聘用合同

（一）高校教师聘用合同：类型与功能

从现有制度规定来看，高校聘用教师时，应当签订聘用合同，包括初聘和续聘。不过，实践中高校续聘有编制的教师，基本上不再签订聘用合同。这种实践操作，其实有着它内在合理性与逻辑性。因为编制，不仅是对教师公职身份的确定，也是对教师与高校建立长期职业关系的认定，同时意味着双方法定职业管理关系的确立。在教师事业编制保留的前提下，经过初聘考核期后获得“终身教职”或“长聘”，也就意味着编制的获得；反之亦然，获得编制也就意味着获得“终身教职”或“长聘”。在这种情况下，再去签订建基于职业关系形成意义上的聘用合同，没有实质性意义。因此，高校教师聘用合同主要是在初聘或者初聘期满后未获编制的续聘时签订。

从文本形式来看，我国高校教师聘用合同不仅包括由当地人力资源部门提供统一模板的事业单位聘用合同，还包括高校自拟的各类人才引进协议或聘任（用）协议。其中，官方的事业单位聘用合同的签订，主要是为了明确受聘教师在政府主导的岗位聘任体系中的专业技术岗位级别。而高校自拟的各类人才引进协议或聘任（用）协议，则主要涉及受聘教师在学校自主研发的岗位聘任体系中的岗位类别以及科研任务要求、特殊津贴福利等。

从具体内容上看，我国高校与初聘教师签订的聘用合同比较复杂多样。下文将依循初聘教师的不同情况，对我国高校教师聘用合同进行类型化分析。从工作经历来看，高校初次聘用的教师主要有两种，第一种是初入教职的，主要是刚毕业的青年博士或出站的博士后；第二种是已有教职或职务的，主要是具有一定学术地位与成就的教授、享有较高声誉的学者或担任过较高职位的实务界人士。

目前，我国高校与初入教职的教师所签订的聘用合同主要有两种类型。第一种可以称为“传统型”聘用合同。这类聘用合同双方签订后，高校给予受聘教师正式编制。随着时代发展，这类合同也普遍要求受聘教师在规定期限内完成一定数量的科研任务（比如项目承担、奖项、论著等），同时，也会规定安家费、购房补贴、科研启动经费等特殊津贴。教师若不能按期完成约定的科研任务，高校将不完全兑现约定的特殊津贴，但不会因此丢了教职。

“传统型”聘用合同的签订，不仅意味着双方职业关系的形成，也意味着双方建立了长期的职业关系和法定的职业管理关系。这类聘用合同，既有职业关系形成意义上的平等、自愿等私法特性，又有法定职业管理关系意义上的强制、行政等公法特点。高校必须依照法定程序、核定的编制数量聘用教师，教师则必须依照法定要求办理相关手续，接受规定的各类考核；同时，享有国家规定的有关教师的工资薪酬、住房公积金、养老金等基本福利以及较强的职业安全保障。当然，这类聘用合同主要是在那些未实行“非升即走”制度的高校使用。随着“准聘—长聘”制改革的全面推进，也许不久的将来，“传统型”聘用合同会逐渐消失，取而代之便是“非升即走”型（亦可称“准聘—长聘”型）聘用合同。

作为我国高校与初获教职的教师所签订的第二种类型，“非升即走”

型聘用合同在双方签订后，高校不给予正式编制；教师则需要在约定限期内顺利晋升职称，否则必须走人。这类合同基本上双方只签订由高校自拟的人才协议或聘用协议，其中也会约定安家费、购房补贴、科研启动经费等特殊津贴。由于受聘教师并没有被纳入政府主导的岗位聘任体系中，所以，高校与受聘教师一般不签署官方的事业单位聘用合同。

“非升即走”型聘用合同的签订，意味着双方建立了固定期限（即学术性试用期间）的职业关系。相较传统型聘用合同，“非升即走”型聘用合同中高校的人事自主权更大，可以不受官方编制的控制；而受聘教师也不受官方统一的各类考核要求的制约。尽管如此，除了具有职业关系形成意义上的平等、自愿等私法特性，“非升即走”型聘用合同仍具有公法上强制、行政等特点。因为首先，将受聘教师纳入高校自主研发的岗位聘任体系，也属于作为学术权力的高校教师岗位聘任权的具体行使，同样要严格遵循相应的运行规则；其次，受聘教师与编制教师一样，享有法定权利、履行法定义务，与高校形成身份上的管理关系；最后，“非升即走”型聘用合同虽以“升”为前提，但并非以“走”，而是以“留”、以获得编制（“终身教职”“长聘”）为逻辑起点和终点。

同样地，我国高校与已有教职或职务的教师所签订的聘用合同主要也有两种类型。第一类可以称为“非传统型”聘用合同。双方聘用合同签订后，高校给予正式编制，对受聘教师校内岗位类别及薪酬待遇、福利等进行个性化约定，同时，受聘教师需要在约定限期内完成一定数量的科研任务，并作为聘期考核的主要依据。比如在蒋某某诉浙江海洋大学案中，双方签订的聘用合同约定蒋某某应在服务期前五年内至少完成以下工作任务：“1. 完成学校规定的教学与科研工作量；2. 争取到（主持）厅局级及以上课题至少一项，或争取到（主持）6 万元及以上横向课题；3. 以第一作者完成至少三篇科研论文或著作（其中二篇为三大检索或学校认定的一级期刊或著作，一篇为学校认定的专业二级期刊）；4. 参与学科建设与硕士点建设工作；5. 完成学校、学院安排的其他工作。”并载明：“（五）有下列情形之一的，甲方（浙江海洋学院）可以单方解除本合同，但应当提前 30 日以书面形式通知乙方（蒋逸民）：……2. 乙方年度考核或者聘期考核不合格，又不同意甲方调整其工作岗位……”① 后来，浙江海洋大学以未能完成服务期任务为由，单方解除与蒋某某的聘用合同。

除了对象不同，“非传统型”聘用合同与“传统型”聘用合同最大的区别在于，约定聘期考核指标与要求。它将教职存续与科研任务进行挂钩。因为，受聘教师若完成不了约定任务，将面临教职丢失的风险。在高校教师流动常态化的背景下，通过“非传统型”聘用合同的方式，一方面可以保障教师工作的正常调动，另一方面能有效保障高校的精准引人。

第二类可以称为“非典型”聘用合同。为了能在量化为主的评价机制中快速提升竞争力，不少高校变得急功近利。引进拥有学术资源的人才，无疑是取得亮丽科研数据的捷径。为此，很多高校不惜重金抢挖这类人才。有些拥有学术资源的人才，为了追逐名利，当然也乐意“打一枪，换一炮”，通过加快流动实现自身利益最大化。急功近利的高校与追逐名利的人才，一旦交集，还真有点“金风玉露一相逢，便胜却人间无数”的“美好感觉”。在这种情况下，聘期约定化、科研任务量化、学术资源利润化、福利待遇高薪化，无疑满足了双方各自的需求。“非典型”聘用合同算是这种需求下的应景之物。

“非典型”聘用合同主要针对那些拥有强大学术资源的教师，有的高校美其名曰“柔性引进”。这些教师并不离开原有教职与岗位，只是与聘用高校签订协议，约定期限、约定任务、约定报酬。相较而言，这类聘用合同因教师有着强大的议价能力而能充分体现双方的平等性与自愿性。如果说，高校是追逐利润的企业，教师是追求自身利益的个体，那么这算是个完美的双赢方案。但是，高校不是企业，它肩负着“发展科学文化”“培养高级专门人才”的重要使命，而教师也不是单纯追求自身利益的个体，而是承担“教书育人”的专业性国家公职人员。可见，这类聘用合同的目标与内涵和高等教育的气质与理想是不契合的。

同时，一所高校的发展是需要积累的，仅靠花重金买数据，即使短期内在各类排行榜快速提升，也不完全等于真正的实力。这种急功近利的做法，实际上是杀鸡取卵的恶办法，忽视了学校的长远发展，牺牲了那些默默承担着“教书育人”本分工作的普通教师的利益，毕竟任何一所学校

① 浙江省舟山市中级人民法院民事判决书（2015）浙舟民终字第421号。

所拥有的资源与资金都是有限的。因此，“非典型”聘用合同作为急功近利的畸形产物，对高校整体发展与教师正常流动造成不利冲击，今后应当从法律层面进行有效规范。

（二）高校教师聘用合同的法律性质：作为独立类型的合同

综上观之，随着高校教师人事制度改革的推进，“非升即走”型和“非传统”型将成为今后高校教师聘用合同的主打类型。这两类聘用合同虽在对象、内容、功能等方面存有差异，但作为高校教师聘任权行使的产物，都兼具“公”与“私”、“强制”与“平等”、“学术”与“行政”等多重特性，既涉及学术性民事关系，也涉及学术性行政关系。“合同定性的不同，直接决定其适用规则与救济渠道的差异。”[①] 但对于复杂而特殊的高校教师聘用合同，很难在已有合同类型分析框架中（民事合同、行政合同、劳动合同）进行定性。

“我国实证法以‘合同’取代之前通行的‘契约’概念。”[②] 不过，合同的根基仍是契约自由原则。作为一种理念，契约自由可以追溯到古希腊古罗马。[③] 作为一项调整社会经济关系的基本原则，契约自由则是资本主义与市场经济发展的产物。契约自由原则“承认一切人都具有独立的法律人格，具有平等的法律地位，可以在法律所界定的广阔领域中自主地处分之间的利益和权利，并在交往各方达成合意的条件下建立或改变彼此的权利、义务关系”[④]。可见，缔约各方独立的法律人格、平等的法律地位、自主而合意地处分合法利益，是合同的基本要求与主要特征。因此，不管是民事合同、行政合同，还是劳动合同，都应当符合这些基本要求和主要特征。

当然，民事合同是契约自由原则最为经典的体现，也是各类合同中最为基础的形态。可以说，行政合同和劳动合同都是民事合同的变种。“行政合同脱胎于民事合同，但又不同于民事合同，它是行政主体利用民事合

---

① 杨欣：《论行政合同与民事合同的区分标准》，载《行政法学研究》2004 年第 3 期。

② 朱庆育：《民法总论》，北京大学出版社 2016 年版，第 143 页。

③ 参见蔡文成《自由、正义、秩序：契约自由原则的价值变革与重构》，载《私法研究》2015 年第 1 期。

④ 张文显主编：《法理学》（第五版），高等教育出版社 2018 年版，第 191 页。

同的技术，完成特定行政管理目标的产物。"① 自从行政合同成为一种独立的合同类型后，实务界与学术界一直较为关注行政合同与民事合同间的区分。"民事合同与行政合同之所以需要界分，在于两者构成要件及法律效果上的巨大差异，两者在合同缔结、合同效力、合同履行、合同责任、诉讼程序、争议解决方式等方面规则均有不同。"②

相较民事合同，一般认为行政合同具有两点差异：一是合同目的上的差异，行政合同是"为了实现公共利益或行政管理目标"；二是合同履行上的差异，行政合同"双方的当事人法律地位处于不完全平等的地位。签订合同的行政机关一方，在行政协议中享有行政优益权。所谓'行政优益权'是指行政协议履行过程中，为了实现公共利益需要，行政机关一方享有对协议履行的监督权、指挥权、单方变更权和解除权"③。正是基于这两点差异，行政合同从民事合同中分离出来，成为一种独立类型的合同。

同样，劳动合同也脱胎于民事合同。简单地说，劳动合同主要涉及劳动力使用权的买卖。"由于劳动力使用权是有其特殊性的，它无法离开劳动者本身。"④ 正是基于这一关键性差异，劳动合同从民事合同中分离出来，成为一种独立类型的合同。

前文已梳理指出，在高校教师聘用合同的法律定性上，特殊劳动合同说成为一种趋势。不管称为"特殊的劳动合同"⑤，还是冠名为"行政性劳动合同"⑥，抑或命名为"新型社会行政劳动合同"⑦，这些特殊劳动合同说的核心观点，其实都在强调高校教师聘用合同不仅兼具劳动合同与行

---

① 杨欣：《论行政合同与民事合同的区分标准》，载《行政法学研究》2004 年第 3 期。

② 参见潘军锋《民事合同与行政合同界分法律问题研究》，博士学位论文，南京大学，2018 年，第 74 页。

③ 蔡小雪：《审理涉行政协议行为案件与审理民事合同纠纷案件的区别》，载《山东法官培训学院学报》（山东审判）2019 年第 4 期。

④ 曹艳春：《劳动合同与民事合同之比较及启示》，载《当代法学》2002 年第 5 期。

⑤ 参见姚荣《公立高校教师聘用合同的法律性质重审》，载《复旦教育论坛》2020 年第 5 期。

⑥ 参见王利明《论行政协议的范围——兼评〈关于审理行政协议案件若干问题的规定〉第 1 条、第 2 条》，载《环球法律评论》2020 年第 1 期。

⑦ 参见徐靖《高等学校"非升即走"聘用合同法律性质及其制度法治逻辑》，载《中国法学》2020 年第 5 期。

政合同的某些特点，还有着不同于它们的差异点。

从表面上看，高校教师聘用合同的确也是对高校教师劳动力使用权达成一种合意。但是，正如本书绪论中所谈的，教育最终关乎人的成长；教师之于教育，是基础是关键；教育之于教师，是使命是责任。所以，姑且不论高校教师劳动力使用权的特殊性，单就高校教师的职业使命与责任而言，高校教师聘用合同也不仅仅是一项单纯的劳动力使用权的问题。依照上文对行政合同与劳动合同从民事合同分离而出的分析来看，与其将高校教师聘用合同勉为其难地唤为特殊劳动合同，还不如直接干脆地将其分离出来，视为一种独立类型的合同。

作为一种独立类型的合同，高校教师聘用合同在合同目的、合同缔结、合同内容以及合同履行等方面均有独特之处。首先，在合同目的上，高校教师聘用合同不是单纯地为了确立劳动力使用权的交易关系，而是为了建立稳定的高校教师职业关系，最终是为了实现高等教育发展的公共利益。

其次，在合同缔结时，高校教师聘用合同除了双方主体间的平等自愿，还须遵守高校教师职务评聘权的运行规则。从招聘教师条件与标准的设定到招聘教师信息的公开发布，再到招聘教师资格的评定，最后到招聘教师结果的确定，都应当遵循高校教师职务评聘权运行的相应规则，同时，接受行政机关的备案监督。

再次，在合同内容上，高校教师聘用合同可以就学术性试用期、聘期考核标准与要求等方面进行自主性约定。我国目前对学术性试用期尚未有统一的制度性规范。借鉴西方大学经验做法，考虑学术规律，以及平衡双方利益与风险承担，学术性试用期应最长不超过 7 年，但也不能短于 3 年。由于聘期考核往往直接关联着高校教师的“去留”，所以，若对聘期考核标准与要求进行约定，则应当合理、明确而细致。此外，还可以就教师服务期及其离职赔偿金进行合理约定。[①]

最后，在合同履行时，高校应注重对教师学术自由的尊重与保障；教师除了要努力完成聘用合同中的约定任务，还应当严格遵守法律法规以及

---

① 参见鲁文辉《高校教师聘用合同“服务期”条款的合法性反思》，载《中国高教研究》2021 年第 2 期。

校规对教师职业素养与道德、教师管理等方面的规定与要求。

五 高校“非升即走”的制度完善：主要原则与基本框架

（一）主要原则：“升”与“走”的平衡

前文已指出，高校“非升即走”制度不仅具有筛选教师的功能，也具有保障教师学术自由与职业安全的功能。但实践中，高校往往把“非升即走”制度仅视为筛选工具，而忽视其保障功能。这种因功能失衡带来的制度异化，已引起美国高校的警惕。

可惜的是，我国高校似乎不仅对这一制度异化没有给予足够的重视，似乎还“乐享其中”。不少高校因前期招人的“兼收并蓄”，后期走人的“无所顾忌”，引发诸多争议。有的高校甚至被怀疑以“非升即走”之名，行“不升只走”之实，以致被戏谑为“韭菜收割机”。为了应对这些偏激和异化的实践操作，本书认为应当以“升”与“走”的平衡为原则，对“非升即走”制度进行完善，从而发挥其应有的价值与功效，解决现实困境。

“升”与“走”的平衡，首先是在量上的平衡。由于美国高校减少终身教职的岗位数，以致“升”的竞争变得十分残酷。“以耶鲁大学为例，1980—1990 年耶鲁大学聘用的助理教授中，人文学科中仅有 13% 拿到终身教职，社会科学为 19%，自然科学为 19%，其残酷性可见一斑。”[①] 残酷的竞争导致高校优秀人才的流失，最终促使 AAUP 对“非升即走”制度的实践反思与纠偏。目前，我国实行“非升即走”制度的高校在“升”与“走”量上的失衡，虽未有官方数据佐证，不过从相关新闻报道中，仍可窥见一斑。这种“升”与“走”量上的失衡，给青年教师带来过大压力，不仅影响了其职业积极性，也冲击了整个教师队伍的整体发展。

“升”与“走”量上的失衡，既是“非升即走”制度功能异化的结果，也是“非升即走”制度功能失效的成因。因此，要防止“非升即走”的制度异化，发挥其应有的制度功效，必须注意“升”与“走”在量上的平衡。具言之，“升”与“走”在量上的平衡意味着一所高校对同一聘

---

① 岳英：《美国大学的“非升即走”制度及其期限设置的合理性》，载《北京大学教育评论》2015 年第 2 期。

期内教师的“升”与“走”，在数量上应该保持基本平衡。通过这种数量上的可视化平衡，一方面可以促使高校科学而谨慎地制订教师招聘计划；另一方面可以对高校教师的职业安全信赖利益予以有效地保护。

其次，“升”与“走”的平衡，是在质上的平衡。如果说，量上的平衡是一种形式意义上的平衡，那么，质上的平衡则追求的是实质意义上的平衡。通过质上的平衡，让能“升”的“升”，让该“走”的“走”；能“升”的不该“走”，该“走”的不能“升”。要实现质上的平衡，一要设定“升”与“走”的合理标准；二要保障聘期考核评价结果的公正性。

目前，“升”与“走”的标准呈现“重科研轻教学”的基本形态。“社会公众对‘非升即走’制度的诟病主要集中于不区分教师岗位、按单一评价标准（主要是科研产出）决定教师聘任的问题上。”[①] 当然，“重科研轻教学”也是我国当下高校教师评价机制所存在的普遍性问题。针对这一情况，政府近年来出台相关政策引导对教学进行倾斜性重视。2018年1月20日《中共中央　国务院关于全面深化新时代教师队伍建设改革的意见》中提出：“完善适应高等学校教学岗位特点的内部激励机制，对专职从事教学的人员，适当提高基础性绩效工资在绩效工资中的比重，加大对教学型名师的岗位激励力度。”同年3月，教育部等五部门联合发布的《教师教育振兴行动计划（2018—2022年）》中明确要求：“高校对教师教育师资的工作量计算、业绩考核等评价与管理，应充分体现教师教育工作特点。在岗位聘用、绩效工资分配等方面，对学科课程与教学论教师实行倾斜政策。”

应该说，现有政策对教学的重视与倾斜，主要是为了对“重科研轻教学”状况进行纠偏。在政策引导下，不少高校设置了教学型岗位，专门设定相应的标准与要求，以解决在原有教师评价体系下难以晋升的具有教学专长的教师。应该说，教学与科研是高等教育不可分离的两个面向，应是相辅相成的关系。“重科研轻教学”当然不对，但“重教学轻科研”那更不行。因此，高校教师评价体系，包括“升”与“走”的标准，应

---

① 熊丙奇：《淘汰“教学型”教师动摇高校之本》，载《新华每日电讯》2014年7月30日。

寻求教学与科研的平衡。

除了“升”与“走”的标准要合理，对“升”或“走”的考核评价也要公正。为了达到聘期考核评价结果的公正性，组织保障与程序保障必不可少。“升”和“走”的聘期考核评定的组织保障与程序保障，则主要涉及高校教师职务评聘资格评定权的具体运行。本书第五章第二节对高校教师职务评聘资格评定权的运行规则已展开探讨，故而，此处关于“升”或“走”的聘期考核评定运行规则，不再赘述。

最后，“升”与“走”的平衡，是在保障上的平衡。“升”对于高校教师而言，意味着个人学术能力得到了认可，获得了一定的学术声誉与学术地位。通过“升”，教师的学术自由、职业安全和薪酬福利等都得到了应有的保障。“走”则说明教师学术能力没有得到聘用高校的认可，意味着学术性试用期下的职业竞争的失败。虽说，自决定参加学术职业竞争那一刻起，失败的风险应当纳入考量的范围，但失败的不利后果则不应当全部由教师一方承担。姑且不说，在高校教职稀缺大背景下，学术职业竞争的失败并不一定意味着个人学术能力的不足。就学术职业属性而言，它不仅是一份理想与信念，也是一种谋生的手段。当一个人花去人生中宝贵的6—7 年学术性试用期的时光，去谋求一份稳定的教职时，应有一份基本保障，让其能全力以赴地去竞争，无后顾之忧地去面对失败。因此，对于“走”的教师，也应当给予一定的权益保障。

“由于我国人事管理制度、人才流通渠道、文化认可机制等因素的制约，教师在‘走’后的许多问题亟待解决。”① 的确，我国目前对于学术职业竞争失败者的“走”，没有相应的制度安排。可以说，没有合理的退出机制，也是我国“非升即走”制度引发诸多争议的因素之一。“‘非升即走’制度作为一种相对微观的规则安排，要想有效执行，有赖于相关博弈方达成不至于发生公开冲突的协调性共识。而这微观层面上依赖于双方的互尊互重，特别是相对弱势方有不失尊严地‘退出’特定博弈的空间；宏观层面上则有赖于‘非升即走’制度所嵌入的高等教育界的制度和结构体系。后者意味着，特别有必要在高校间形成‘多极化’的实力

① 张丽等：《美国高校“非升即走”制的保障机制分析》，载《比较教育研究》2015 年第7 期。

均衡体系。”① 如果说，这微观层面的高校与教师间互尊互重是高校教师退出机制得以建构的主观基础；那么，宏观层面高校间多极化实力均衡则是其客观前提。当然反观我国高校现状，不管是微观层面主观基础的重塑，还是宏观层面客观前提的重构，都面临不少挑战。

从退出机制的具体内容而言，我国“非升即走”第一案的代理审判员张朴田曾撰文建议：“对于不予续聘的教师，高校应参照《劳动合同法》关于经济补偿的规定给予离职经济补偿。当然，对于未能按期晋升的教师，是否应该综合考虑该教师的教学水平，予以调整岗位或者给予其他的补救措施，而不是一概以走人了事，这些都值得进一步探索。”② 无疑，如何构建合理而有效的高校教师退出机制，是一个需要不断深入探讨的主题。“政府、高校以及教师应借鉴国外改革的成功经验，依据本国国情和校情，努力在高校发展与教师权益之间寻找平衡点，通过逐批试点、稳步推进的方式深化改革，探索出一条符合我国教育理念并适合高校实际情况的改革之路，为高校人事制度改革和教师选聘提供依据，为学者职业发展提供参考。”③

（二）基本框架：合同的自主性约定与法律的统一性规定

我国高校教师人事制度从聘任制到聘用制的改革过程中，平等自愿原则下签订聘任合同或聘用合同，构成了法律上的主旋律。在这一主旋律的预设下，高校与教师各自有着平等的议价地位与自主的协商空间。可惜现实并非如此简约。如果说，资本主义社会的“契约自由原则在形式上给一切人提供了自由选择的机会。但是，对于不占有生存资料的普通劳动者来说，它只意味着决定把劳动力出卖给什么人的自由，在为了生存而必须出卖劳动力、接受剥削这一点上，普通劳动者是没有自由选择余地的。”④ 那么，在学术劳动力买方市场下，谋求教职的青年博士可能只剩下合同签名时的平等与自愿。在平等自愿的形式下，如果不进一步关注“非升即

---

① 王水雄：《“非升即走”凭什么有效——兼与张维迎教授的博弈框架商榷》，载《探索与争鸣》2021 年第 9 期。

② 张朴田：《“非升即走”制度在高校聘用合同中的效力认定——以郭某诉江南大学人事争议案为例》，载《法律适用》2018 年第 10 期。

③ 刘进、王辉：《什么才是真正的“非升即走”》，载《重庆高教研究》2020 年第 5 期。

④ 张文显主编：《法理学》（第五版），高等教育出版社 2018 年版，第 191 页。

走”型聘用合同的实质正义，最终将导致高校解聘权与教师职业安全保障权的严重失衡。因此，在“升”与“走”的平衡原则下，高校“非升即走”制度应在合同的自主性约定与法律的统一性规定的基本框架内展开。

“非升即走”型聘用合同是我国高校“非升即走”制度的主要载体，既有着作为合同的共性要求，又有着自身的独特之处。从合同共性的角度来说，高校教师聘用合同可以对“非升即走”进行自主性约定。从实践来看，较为常见的是对“非升即走”的学术性试用期、聘期考核要求与不利后果进行全面约定。比如在我国高校“非升即走”第一案郭某诉江南大学中，双方在合同条款中约定，由郭某承诺“自进校第二年起的四年内未能晋升为正式副教授的，从第五年 1 月 1 日本人起不再享受江南大学的工资、津贴、补贴等待遇，同时办理离校手续。”从这一“非升即走”合同条款内容来看，“四年”实际上就是学术性试用期、“晋升为正式副教授”是聘期考核要求、“不再享受江南大学的工资、津贴、补贴等待遇，办理离校手续”则是不利后果。

但正如前文指出，高校教师聘用合同作为一种独立类型的合同，其目的不是单纯地确立劳动力使用权的交易关系，而是建立稳定的高校教师职业关系，最终是实现高等教育发展这一公共利益。“非升即走”型聘用合同除了具着职业关系形成意义上的平等、自愿等私法特性，也具有教师职业管理意义上的公法强制等特点，它虽以“升”为前提，但并非以“走”，而是以“留”、以获得编制（“终身教职”“长聘”），为逻辑起点和终点。因此，高校教师聘用合同对“非升即走”的自主性约定，应当符合相关要求，受到相应的制度规范。具体而言，主要有以下三点。

第一，“非升即走”型聘用合同可以对学术性试用期进行自主约定，但应当具有合理性与公平性。借鉴西方大学经验做法，考虑学术规律，以及平衡双方利益与风险承担，学术性试用期的约定应当最长不超过 7 年，但也不能短于 3 年。可见，郭某诉江南大学案中，双方规定 4 年的学术性试用期，应当具有合理性。为了有效平衡高校与教师的风险与利益，官方或学术共同体最好能对学术性试用期建立全国统一的指导性规定。

第二，采取合同方式对聘期考核要求个性化约定，一方面有利于高校精准引人选人，另一方面有助于受聘教师明确目标与合理规划。因此，

“非升即走”型聘用合同可以对聘期考核要求进行自主约定，但应当明确、相对稳定而公平。聘期考核要求实际上涉及“升”与“走”的标准。从实质意义上来说，“非升即走”中的“升”指的是终身教职（或曰编制或曰长聘期）的获得；但从字面意思来看，则指职称的晋升。这字面意思实际上已隐含着“非升即走”的聘期考核要求。实践中，将职称晋升（一般是晋升为官方主导的岗位聘任体系下的副教授职务）作为聘期考核要求、作为获得编制或终身教职的条件，已成为多数实行“非升即走”制高校的通常做法。

本来，将终身教职与职称晋升挂钩并无非议。但正如本章第一节中所指出的那样，我国高校教师职称评审制度因行政化、依附化与监督缺失化等问题，导致现实中种种乱象与不公。“由于我国高校教师岗位数量与职称名额受计划调控的限制，各学院推送候选人再参与学校竞争的方式直接导致不同学院、不同学科、不同研究领域由于缺乏横向可比性，出现有的学院占据所有名额、有的学院名额紧张等不公平现象。‘编制瓶颈’导致多数情况下晋升是名额的竞争而非学术的竞争。”①

这也难怪在“非升即走”第一案中，原告郭某会公开怀疑与指责江南大学作为职称的评定者，又作为规则的制定者，不正当地促成了其评不上副教授。为了减少类似这样的争议与可能存在的不公，保障受聘教师的可预期性权利，“非升即走”型聘用合同应对聘前考核要求（包括教学、科研、育人三个方面）作明确的细化约定。鉴于受聘教师议价实力不强的现实因素，聘期考核要求虽说由双方自主约定，但往往是高校一方预先拟定。因此，即使双方自主约定的聘期考核要求，仍应当符合基本的学术规律，具有合理性。同时，采取“一人一议一合同”方式时，不同受聘教师的聘期考核要求不能差距过大，而应当具有纵向维度上的相对稳定性与横向维度上的相对公平性。

第三，“非升即走”型聘用合同可以对因聘期考核不合格的不利后果进行自主约定，但对于“走”的流程与后续保障应当建立统一的制度性规定。“非升即走”型聘用合同主要通过聘期考核结果来确定是否续聘，

---

① 黄岚、樊泽恒：《“非升即走”对教师专业发展的影响和对策》，载《江苏高教》2015年第6期。

从而发挥“非升即走”制度筛选教师的功能。聘期考核不合格的直接不利后果自然是不续聘，即双方不再续签聘用合同。正如聘用关系的存在并不完全依赖于聘用合同的订立，同样地，聘用合同的不续聘并不必然意味着聘用关系的直接解除。一般情况下，不续聘的逻辑后果当然是辞退，从而解除聘用关系。由于学术职业竞争的失败并不一定意味着个人工作能力的不足；而且短则 3 年，长则 7 年的学术性试用期，对于个人职业生命而言，也是一种付出与牺牲；所以，从人性关怀角度考量，学术性试用期职业竞争失败的不利后果不应只有一条路，应当允许将调岗作为另一种退出方式。

申言之，“非升即走”聘期考核不合格的最终不利后果，应该有辞退和调岗两种情况。相较而言，辞退方式更容易增加教师的生活负担与就业压力，而调岗方式则一定程度地增添高校的用人负担。当然，也不能一概而言。对于那些以学术为志业的人而言，“不将就”可能是一种基本情怀，当竞争失败，未必能接受调岗方式，“此处不留人，总有留人处”。对于那些具有长远眼光的高校而言，温情的人文关怀是学校发展的底蕴与源泉，允许调岗也是一种度量的体现，“我们可以为你搭个棚遮风挡雨。至于来不来，由你决定”。

那么，对于辞退和调岗这两种不利后果，是强制性地要求优先调岗，除非调岗不成功再辞退，还是可以“二选一”式地自主约定？对此，本书认为，结合我国高校实际情况，最好通过制度层面的统一规定，明确要求在“非升即走”型聘用合同中，高校应当同时提供这两种退出方式，供受聘者选择。这也算是一种半自主式的约定。

在“非升即走”第一案中，双方约定郭某“自进校第二年起的四年内未能晋升为正式副教授的，从第五年 1 月 1 日本人起不再享受江南大学的工资、津贴、补贴等待遇，同时办理离校手续”。这一条款其实就是将辞退方式约定为聘期考核不合格的不利后果。对于该条款的合法性争议，主要聚焦在该条款中“未能晋升为正式副教授”是否属于解除条件。对此，二审法院否定其属于解除条件。

二审法官之所以否定该合同条款中“未能晋升为正式副教授”属于终止条件，主要是认为：“《劳动合同法》对于劳动合同的解除采用了法定解除制度，尤其是严格限制用人单位单方解除劳动合同的实体和程序条件，单位不得与劳动者在劳动合同中事先约定解除条件，在立法价值上更倾向于保护劳动者权益。由此类推，事业单位也不得与其员工在聘用合同中事先约定解除条件。所以从劳动法律体系来看，以附条件合同来审视双方的协议是行不通的或者说学校的行为是违法的。”[①] 而将聘用合同认定为附期限合同，理由则有：“首先，本协议虽然没有明确写明聘用合同期限，但是根据协议实际签订的时间及第五条的文意解释，能够确定协议的起止期限，将协议书视为约定了起止期限并未超出一般人对协议的认知，具有事实基础和合理性；其次，江南大学是2015年9月公布的副教授评审结果，该校并没有在评审结果揭晓时解除与郭某的协议书，而是按照协议约定的期限，履行到郭某入校第二年起的四年届满，江南大学并没有直接将评审结果作为协议解除的条件。将协议书作为有期限的协议处理，符合《人事条例》《高等教育法》等相关法律法规关于教师聘用的规定。”[②]

对于法院的上述观点与理由，本书认为值得商榷。根据该条款可以逻辑性地推演出，“晋升为正式副教授”是该“非升即走”型聘用合同的聘期考核要求。那么，“未能晋升为正式副教授”也就意味着聘期考核要求不合格，而聘期考核要求不合格意味着不再续聘，而对于不再续聘的教师，该合同中则要求办理离校手续，即直接使用辞退方式以解除聘用关系。由此可见，依据该条款内容的整体性与逻辑性，“未能晋升为正式副教授”无疑属于解除条件。

张朴田法官认为《劳动合同法》确立了法定解除制度，单位不得与劳动者在劳动合同中事先约定解除条件，这应该是一种误解。其实，《劳动合同法》确立的是法定单方解除权制度。实际上，不管是《劳动法》第23条[③]，还是《劳动合同法》第36条[④]，都明确了用人单位与劳动者可以就劳动合同的解除进行协商与约定。当然，根据体系解释，双方不能

---

① 张朴田：《“非升即走”制度在高校聘用合同中的效力认定——以郭某诉江南大学人事争议案为例》，《法律适用》2018年第10期。

② 张朴田：《“非升即走”制度在高校聘用合同中的效力认定——以郭某诉江南大学人事争议案为例》，《法律适用》2018年第10期。

③ 《劳动法》第23条：“劳动合同期满或者当事人约定的劳动合同终止条件出现，劳动合同即行终止。”

④ 《劳动合同法》第36条：“用人单位与劳动者协商一致，可以解除劳动合同。”

将《劳动合同法》第 42 条[①]中规定的情形约定为解除条件。虽说高校教师聘用合同不同于劳动合同，但本书同样地认为高校与教师只要不违反法律规定，当然可以就聘用合同的解除进行约定。至于单方解除权，特别是高校一方的解除权，则应当依据《教师法》规定法定情形进行。因此，将“未能晋升为正式副教授”作为“非升即走”型聘用合同的解除条件，应当具有合法性。不过，该案件中，将辞退作为聘期考核不利后果的唯一方式进行约定，而且，还以教师个人承诺的方式主动办理离职手续，似乎都有违平等自愿原则。

另外，“非升即走”型聘用合同也不能被视为附终止期限的合同。“非升即走”型聘用合同里有聘期，即学术性试用期的规定。但是学术性试用期，不同于其他合同中的终止期限。附终止期限的合同，自期限届满后自动失效。但“非升即走”型聘用合同的学术性试用期届满并不必然自动失效。因为，学术性试用期届满，只是意味着聘期考核的开始。而聘期考核则有合格与不合格两种结果。只有当不合格时，聘用合同才不再续聘，才会终止。所以，不能将高校教师聘用合同中的聘期等同于其他合同中的终止期限。

如果说，允许对因聘期考核不合格的不利后果进行半自主式约定，是基于高校人事自主与教师职业自由的平衡考量，那么，对于“走”的流程与后续保障要求建立统一的制度性规定，则是主要基于作为弱势一方的教师的利益的保护考量。从最初决定让教师“走”到最后教师的“走”，不仅应遵守相应的正当程序，还应建立统一的教师经济补偿金制度。当然，不管是“走”之正当程序的具体建构，还是教师经济补偿金制度的具体设计，都还需要学界与实务部门一起共同努力，深入探讨与研究。

---

① 《劳动合同法》第 42 条：劳动者有下列情形之一的，用人单位不得依照本法第四十条、第四十一条的规定解除劳动合同：（一）从事接触职业病危害作业的劳动者未进行离岗前职业健康检查，或者疑似职业病病人在诊断或者医学观察期间的；（二）在本单位患职业病或者因工负伤并被确认丧失或者部分丧失劳动能力的；（三）患病或者非因工负伤，在规定的医疗期内的；（四）女职工在孕期、产期、哺乳期的；（五）在本单位连续工作满十五年，且距法定退休年龄不足五年的；（六）法律、行政法规规定的其他情形。

第七章

结　语

作为高校教师职务评聘法律制度的基础与核心，高校教师职务评聘权有着丰富的内涵。从目标与功效上的差异性出发，高校教师职务评聘权可以拆分为高校教师职称评审权与高校教师岗位聘任权两大基本面向。高校教师职称评审权主要是对高校教师专业素质能力进行学术评价和官方权威认证，而高校教师岗位聘任权则涉及高校教师录用以及岗位初聘、续聘、解聘。不管是高校教师职称评审权，还是高校教师岗位聘任权，都属于学术权力范畴。学术权力是获得正式制度与法定组织授权或认可的学术主体对学术性管理事务所享有的一种具有公法意义的私权力。高校学术权力虽不同于国家公权力，但仍属于公法领域，亦具有单方性、强制性、扩张性等权力特性。故而，以高校教师职称评审权为基础的高校教师职称评审行为，应当纳入行政诉讼受案范围，接受司法机关的合法性与合理性审查；而以高校教师岗位聘任权为前提的高校与教师的聘任关系，则应当定性为学术性行政关系。

从一体化与共通性出发，高校教师职务评聘权则可以划分为高校教师职务评聘条件设定权、高校教师职务评聘资格评定权和高校教师职务评聘结果确定权三个阶段。其中，高校教师职务评聘条件设定权是指对高校教师职务评聘所需要达到的条件进行设定的权力，应当遵循以下三大基本运行规则，即国家机构引导、高校主导与教师参与相结合规则，学术性条件设定遵循法律最低限规则和损益性条件设定遵循不抵触国家法规原则。高校教师职务评聘资格评定权是指对高校教师和应聘者是否达到所规定条件作出评定的权力，在运行中应当遵循同行专家评议与不弃权投票这两大基本规则。高校教师职务评聘结果确定权是指有关主体以一定形式对高校教师职务评聘结果进行具有外部性的效力确定的权力，应当遵循以下两大基本运行规则，即高校的外部化确认与行政机关的监督性确认相结合规则和合规性审查规则。

从实践性角度来看，高校教师职务评聘权的合法性依据主要来自国家机构的授权，正当性基础则是高校的学术自治。在高校教师职务评聘制度改革中，高校教师职务评聘权的合法性依据与正当性基础时常遭遇冲突与争议。只有将这两者统合在高等教育的人才培养与真理探索的价值目标之中，才能获得学术自由这一标准的统一检验，从而解决两者间可能的冲突与争议。因此，从来源性上说，高校教师职务评聘权有着一张复杂的主体之网。其中，国家是其价值意义上的元主体，高校是其功能意义上的固有主体，国家机构则是其制度意义上的监督主体。

作为价值意义上的元主体，国家不仅能消弭公学发展进程中教育与教师的二律背反现象，也能协调与平衡高校人事自主与教师职业保障间的冲突与张力，而且能将高校教师职务评聘权的合法性融合在正当性中，最终彻底消解“合法而不正当”或“正当而不合法”等冲突的可能性。需要注意的是，这里的国家指涉的是抽象意义上的价值共同体，不同于具体意义上的国家机构或政府。因为，国家概念只能在抽象层面上才能统领具象中的各种元素，才能对多元化的价值进行整合与权衡，才能理解国家、政府、高校和教师在终极目标上的一致性，才能把握高校教师职务评聘权的本质。

当然，本书研究的重心并非高校教师职务评聘权中的“形而上”问题，而是有关其法律性质、运行规则以及制度反思等“形而下”的具体问题。当涉及这些“形而下”的具体问题时，其元主体则需转化为具体主体。换言之，抽象意义上国家的权力，需要仰赖与借助具体主体得以实践化。从这一意义上来说，高校与国家机构都是国家这一元主体具化后的高校教师职务评聘权主体。

高校是高校教师职务评聘权功能意义上的固有主体，具有实践主导地位。但是，高校在行使教师职务评聘权时，容易有意或无意地侵损到教师的合法权益。为了防范高校滥用权力，保障教师权利，必须要通过制度规范对其进行外部的系统性监督。而国家机构正是这一制度意义上的监督主体。这里国家机构对高校教师职务评聘权的监督，是广义上的监督，既指政府的行政监督，也指立法机构的立法规范和司法机构的司法审查。通过国家机构的合理监督，一方面规制高校权力的行使，另一方面保障教师权利的实现。因此，有关高校教师职务评聘权在制度层面的理论建构与实践运行等问题的探讨与思考，需要在作为固有主体的高校与作为监督主体的国家机构以及作为相对人的高校教师等这些主体间具体展开。

在理论构建与实践反思的具体展开中，首先必须直面这些具体主体之间存在的权利冲突现象（或可能是权力冲突，亦可能是权力与权利间的冲突）。在发挥角色功能的过程中，这些具体主体有着不同的任务目标，从而形成各自的价值立场与追求。不同的价值立场与追求导致的冲突，在所难免，无法消除。恰如富勒所言："在人类的每一种追求中，在我们穿越完全失败的深渊和人类卓越成就的颠覆之间的狭长山径的时候，我们总是会遭遇平衡的难题。"① 所以，如何让国家机构监督权、高校人事自主权、教师职业保障权达致一种法治意义上的平衡，无疑是高校教师职务评聘法律制度构建中的重要论题。

高校教师职务评聘权的行使，一方面关涉着国家法治和公权力监督，另一方面牵连着高校自治和教师权利保障。因此，如果说高校教师职务评聘权是本书研究的显性主题，那么在这一显性主题中又始终关怀着另一个隐性主题，即法治理念下高校自主权、教师权利和国家公权力间的适度平衡。不能因为过于强调国家公权力的监督，而无视高校因其特殊性所享有的自主权；不能因为过于强调高校自主权，而排斥一切国家公权力的介入，这将使教师权利极易受到高校以自主名义的恣意侵害；也不能因为过于强调对教师权利的保障，而让国家公权力借此名义过度干涉高校自主权。

在维系三者的适度平衡中，作为始终不能缺位的国家公权力扮演着非常重要的角色。规制与自由、保障与平衡都有赖于国家公权力的行使。"在现实中，宪政国家的双重面目似乎是一个永远无可回避的问题：为了维护个体的自由与平等，国家的权力需要一个法制框架来规范和制约，而自由平等对社会秩序的依赖却预示着任何法律框架都需要国家的权力来保

① ［美］富勒：《法律的道德性》，郑戈译，商务印书馆2005年版，第55页。

障它的实施。"[①] 宪政国家这种双重面目源于国家公权力的双重面目，即一方面保障着权利和自由，另一方面可能侵害着权利和自由。鉴于其双重面目，国家公权力的分解和制衡成为一种不可回避的选择。将国家公权力具体分解为立法权、司法权和行政权，通过这三权的分工与合作，来最大限度地实现其保障权利和自由的功效，防止其滥用与腐化。

在高校自主权、教师权利和国家公权力三者之间，也只有通过对国家公权力的分解和分工才有可能达致适度平衡。立法权应以尊重高校自主权为主，通过低密度规范让高校享有更多自主的空间；行政权应以监督高校自主权为主，通过法治化管理使高校在自主中始终保持着应有的学术品质；司法权则应以保障教师权利为主，通过个案的正当性司法审查防止高校自主权的滥用。这就是达致适度平衡的基本框架。[②] 因此，立法规范、行政监督和司法审查构成了高校教师职务评聘权法治化的基本框架。

本书对高校教师职务评聘权法治化的思考，主要蕴含在对其法律性质、运行规则以及制度反思的具体探讨中。高校教师职务评聘权是学术权力的这一法律性质定位，为其法治化的路径与举措确立了总基调。高校教师职务评聘权的学术性面向意味着学术自由与学术自治的应有空间，国家公权力对此应秉持必要的谦抑立场，而其权力性的一面则要求国家公权力应适当介入。可以说，高校教师职务评聘条件设定权运行中国家机构引导、高校主导与教师参与相结合规则，学术性条件设定遵循法律最低限规则、损益性条件设定遵循不抵触国家法规则，高校教师职务评聘结果确定权运行中高校的外部化确认与行政机关的监督性确认相结合规则、合规性审查规则等，都是这一总基调在立法规范或行政监督方面的具体呈现。

显然，高校教师职务评聘权的司法审查也应当在这一总基调下展开。笔者在拙著《大学学术权力的法律界限研究》中专节对高校学术权力的

---

① 董炯：《宪制模式的变迁与行政法的兴起》，载罗豪才主编《行政法论丛》（第3卷），法律出版社2000年版，第6页。

② 笔者在拙著《高校学位授予权研究》一书中有着类似的观点与表述。具体请参见周慧蕾《高校学位授予权研究》，中国社会科学出版社2016年版，第237—238页。正如笔者在另一拙著《大学学术权力的法律界限研究》（法律出版社2019年版）的后记中所表达的那样："我的理论旨趣在于寻求国家公权力、大学自治权和公民权利之间如何达致一种法治意义上的平衡。"可以说，本书也是在这一理论旨趣下展开的一种具体研究。

司法审查理论与实践进行了探讨。[①] 此外，对同样作为学术权力的高校学位授予权的司法审查，笔者也进行过专章探讨。[②] 因此，本书基于共性的考量而没有再对高校教师职务评聘权的司法审查展开专门探讨。

高校教师职务评聘权的司法审查，不仅涉及对高校教师职务评聘权的尊重与制约，也涉及对高校教师权利的救济与保障。从实践层面来看，相较高校学生，我国高校教师权利的司法救济显得更为艰难。不管是因教师职称评审，还是岗位聘任（特别是解聘）等高校行为而权益受到侵损的教师，都很难获得公正的司法救济。"从 2000 年'西北大学林某职称评审案'到 2016 年'湖南大学副教授黄礼攸、杨建觉解聘案'，因对高校职称评审或解聘等行为不满，不时有高校教师寻求司法救济，但基本上都被法院从程序上予以驳回。这显然不符中国法治建设和人权保障的目标。在高等教育法治化的进程中，有必要认真对待教师司法救济权。"[③] 要认真对待高校教师司法救济权，则应从路径、范围、标准等方面合理构建高校教师职务评聘权的司法审查模式。

在诉讼双轨制下，高校教师职务评聘权司法审查的路径选择主要是在行政诉讼与民事诉讼之间。鉴于行政诉讼的权利救济功能与高校教师职务评聘权的学术权力特性，笔者认为将高校教师职务评聘权纠纷案件纳入行政诉讼是较为适宜的选择。[④] 目前，我国司法实践中往往将高校教师职称评审行为排除在行政诉讼范围外，或将高校教师部分岗位聘任（聘用）纠纷视为劳动人事争议案件而选择民事诉讼路径。这些做法值得商榷。

由于高校教师职称评审行为的公法性，若将其排除在行政诉讼范围外，实际上也就是将其排除在司法审查之外。这样容易让高校教师职称评审行为，特别是在高校教师职称自主评审制度下，借高校自主权之名而恣意妄为。本书第六章已分析了高校教师职称自主评审制度中存在的诸多问

---

① 周慧蕾：《大学学术权力的法律界限研究》，法律出版社 2019 年版，第 73—98 页。

② 周慧蕾：《高校学位授予权研究》，中国社会科学出版社 2016 年版，第 177—235 页。

③ 周慧蕾：《台湾地区公立大学教师司法救济权的实践演进》，《海峡法学》2019 年第 1 期。

④ 对于行政诉讼的权利救济功能，以及因将高校的公法性行为纳入现有的行政诉讼框架中的相关探讨，可参见拙著《高校学位授予权研究》，中国社会科学出版社 2016 年版，第 126—130 页。

题及其根源。为了完善高校教师职称自主评审制度，防范高校权力的滥用与恣意，通过法院个案介入展开司法审查，无疑也是一条重要的路径。

虽说，将高校部分教师岗位聘任（聘用）纠纷（主要是解聘纠纷）视为劳动人事争议案件而纳入民事诉讼范围，从而为高校教师提供一定的司法救济，但是，“在现有的公立高校教师解聘纠纷中，法院适用民事诉讼的制度设计进行司法审查，导致受案范围狭窄、法律适用混乱、程序审查不足以及审查标准模糊等困境的产生”①。除了这些困境，民事诉讼模式也无法与高校教师岗位聘任关系的特性相契合。高校教师岗位聘任关系是一种学术性行政关系。作为一种学术性行政关系，高校教师岗位聘任关系意味着高校与教师之间存在权力服从关系。这种权力服从关系，一方面使得聘任关系中的高校与教师处于管理与被管理、命令与服从、监督与被监督等不平等地位；另一方面使得双方的权利与义务具有强制性，既不能随意转让，也不能任意放弃。由此可推知，在诉讼双轨制背景下，高校与教师聘任关系中的法律纠纷也应当选择行政诉讼的司法路径。

实践中的上述做法导致，一方面无法对高校教师职务评聘权进行有效的司法制约，另一方面使高校教师权利救济的实现相当困难。导致这些问题的根源主要在于制度上的供给不足。而制度上的供给不足，一方面是由于现实情况的复杂化与动态性，另一方面与观念上的认识不清和理论上的准备不足相关联。也正因此，笔者将概念的分析与性质的厘定作为本书的研究重点。

除了应选择行政诉讼这一路径，高校教师职务评聘权的司法审查还应注意构建合理的审查范围与标准。因为高校教师职务评聘权不仅具有权力性的面向，也具有学术性的面向，所以，合理的审查范围与标准的界定应当充分体现司法介入的有限性原则与司法谦抑立场。若属于纯粹的学术性事务，则不应纳入司法审查范围。比如高校教师职务评聘资格评定权中专家的学术判断，就属于纯粹的学术性事务。对于专家学术判断本身是否合理正确，不应纳入审查范围。此外，由于高校教师职务评聘资格评定权下的评定结果只具有内部效果，不应对该阶段行为单独提起诉讼。虽然，高

① 周钟敏：《公立高校教师解聘纠纷的司法审查困境及其破解》，《安徽大学学报》（哲学社会科学版）2020 年第 4 期。

校教师职务评聘条件设定权中的学术性条件与损益性条件可以纳入司法审查范围，但只能对此提起附带审查。一般而言，在高校教师职务评聘权的三阶性内容中，只有针对高校教师职务评聘结果确定权这一阶段的高校外部化确认行为或者行政机关的监督性确认行为，才可以单独提起行政诉讼，展开司法审查。

同时，法院应当秉持程序审查为主、实体审查为辅以及“学术遵从”的司法审查标准。司法审查标准关涉司法介入的强度。为了在尊重高校自主权与保障教师权利之间做到的必要平衡——法院以程序审查为主、涉及实质内容的判断以“学术遵从”为原则——这是司法智慧的实践选择。比如：“美国司法机关在处理教师的职称评审纠纷案中确立了一致的有限审查标准：基于合同的程序性审查，即针对程序上的合法性进行审查，以合同为依据，不涉足实质评审内容合理性的审查。”① 同样，我国台湾地区在高校教师职务评聘权法律纠纷案件从民事诉讼全面转向行政诉讼的大背景下，“法院在个案审查中，始终强调程序性内容的正当程序原则和实体性内容的学术遵从原则”②。

总而言之，在立法规范、行政监督和司法审查的法治化框架下，通过高校教师职务评聘权具体制度的构建，最终实现“高校自治与高校法治的平衡”“高校人事自主权与高校教师职业保障权的平衡”和“高校教师职务‘评’与‘聘’的平衡”。

---

① 张奂奂、高益民：《美国高校教师职称评审的有限司法审查：利尔案和谢波德案的比较研究》，载《教师教育研究》2018 年第 3 期。

② 周慧蕾：《台湾地区公立大学教师司法救济权的实践演进》，《海峡法学》2019 年第 1 期。

参考文献

一 著作（含专著、编著、译著）

陈敏：《行政法总论（第7版）》，新学林出版社有限公司2011年版。

陈鹏、祁占勇：《教育法学的理论与实践》，中国社会科学出版社2006年版。

董炯：《国家、公民与行政法——一个国家—社会的角度》，北京大学出版社2001年版。

顾建民：《自由与责任：西方大学终身教职制度研究》，浙江教育出版社2007年版。

何海波：《实质法治：寻求行政判决的合法性》，法律出版社2009年版。

姜明安：《行政法》，北京大学出版社2017年版。

金自宁：《公法/私法二元区分的反思》，北京大学出版社2007年版。

劳凯声：《教育法论》，江苏教育出版社1993年版。

劳凯声主编：《变革社会中的教育权与受教育权：教育法学基本问题研究》，教育科学出版社2000年版。

劳凯声主编：《中国教育法制评论》（第15辑），教育科学出版社2018年版。

劳凯声主编：《中国教育法制评论》（第1辑），教育科学出版社2002年版。

劳凯声主编：《中国教育法制评论》（第4辑），教育科学出版社2006年版。

李军锋：《转型背景下高校人事、劳动争议判解研究》，法律出版社2011

年版。
李军锋主编:《转型背景下高校人事、劳动争议判解研究》，法律出版社2011年版。
刘献君:《中国高校教师聘任制研究——基于学术职业管理的视角》，科学出版社2009年版。
刘献君编:《中国高校教师聘任制研究：基于学术职业管理的视角》，科学出版社2009年版。
刘颖:《除旧布新：新中国成立初期中共对高等教育的接管与改造》，人民出版社2010年版。
罗豪才主编:《行政法论丛》（第3卷），法律出版社2000年版。
罗豪才主编:《行政法学》，北京大学出版社2001年版。
马怀德主编:《学校法律制度研究》，北京大学出版社2007年版。
秦晖:《传统十论——本土社会的制度、文化及其变革》，山西人民出版社2019年版。
沈岿:《公法变迁与合法性》，法律出版社2010年版。
孙立平:《失衡：断裂社会的运作逻辑》，社会科学文献出版社2004年版。
孙霄兵、马雷军:《教育法理学》，教育科学出版社2017年版。
孙笑侠:《大学制度的特别法理》，光明日报出版社2020年版。
王利明等:《中国民法典学者建议稿及立法理由（债法总则编）》，法律出版社2005年。
温辉:《宪法与教育——国家教育权研究纲要》，中国方正出版社2008年版。
吴国盛:《什么是科学》，广东人民出版社2016年版。
谢海定:《学术自由的法理阐释》，中国民主法制出版社2016年版。
许育典:《大学法制与高教行政》，台湾元照出版公司2014年版。
湛中乐:《大学法治与权益保护》，中国法制出版社2011年版。
湛中乐:《高校行政权力与学术权力运行机制研究》，北京大学出版社2018年版。
张静:《身份认同研究》，世纪出版社、上海人民化版社2006年版。
张俊宗:《现代大学制度》，中国社会科学出版社2004年版。
张文显主编:《法理学（第五版）》，高等教育出版社2018年版。

章剑生:《现代行政法基本理论》，法律出版社 2008 年版。
章剑生:《现代行政法总论（第 2 版）》，法律出版社 2019 年版。
周光礼:《教育与法律——中国教育关系的变革》，社会科学文献出版社 2005 年版。
周光礼:《学术自由与社会干预——大学学术自由的制度分析》，华中科技大学出版社 2003 年版。
周慧蕾:《大学学术权力的法律界限研究》，法律出版社 2019 年版。
周慧蕾:《高校学位授予权研究》，中国社会科学出版社 2016 年版。
周旺生主编:《立法学》，法律出版社 2000 年版。
周志宏:《教育法与教育改革》，台湾高等教育文化事业有限公司 2003 年版。
周志宏:《学术自由与大学法》，台湾蔚理法律出版社 1989 年版。
周志宏:《学术自由与高等教育法制》，台湾高等教育文化事业有限公司 2002 年版。
朱庆育:《民法总论》，北京大学出版社 2016 年版。
［奥］凯尔森:《法与国家的一般理论》，沈宗灵译，商务印书馆 2013 年版。
［德］卡尔·拉伦兹:《德国民法通论》（上册），王晓晔等译，法律出版社 2003 年版。
［德］康德:《法的形而上学原理——权利的科学》，沈叔平译，商务印书馆 1991 年版。
［德］拉伦茨:《法学方法论》，陈爱娥译，商务印书馆 2003 年版。
［德］卢曼:《法社会学》，宾凯等译，上海世纪出版集团 2013 年版。
［德］罗尔夫·斯特博:《德国经济行政法》，苏颖霞等译，中国政法大学出版社 1999 年版。
［德］马克斯·韦伯:《学术与政治》，冯克利译，生活·读书·新知三联书店 2005 年版。
［德］萨维尼:《当代罗马法体系 I：法律渊源·制定法解释·法律关系》，朱虎译，中国法制出版社 2010 年版。
［德］萨维尼:《法律冲突与法律规则的地域和时间范围》，李双元等译，法律出版社 1999 年版。

［德］施米特：《政治的概念》，刘宗坤等译，上海人民出版社 2003 年版。

［德］施密特·阿斯曼：《行政法总论作为秩序理念——行政法体系建构的基础与任务》，林明锵等译，元照出版有限公司 2009 年版。

［德］雅斯贝尔斯：《大学的理念》，邱立波译，上海世纪出版集团 2007 年版。

［法］布迪厄等：《实践与反思——反思社会学导引》，李猛等译，中央编译出版社 2004 年版。

［法］基佐：《欧洲文明史》，程洪逵、沅芷译，商务印书馆 1998 年版。

［法］卢梭：《爱弥儿》（上卷），李平沤译，商务印书馆 2010 年版。

［法］涂尔干：《教育思想的演进》，李康译，上海人民出版社 2006 年版。

［古罗马］西塞罗：《国家篇、法律篇》，沈叔平等译，商务印书馆 1999 年版。

［加拿大］比尔·雷丁斯：《废墟中的大学》，郭军、陈毅平、何卫华等译，北京大学出版社 2008 年版。

［美］爱德华·希尔斯：《学术的秩序——当代大学论文集》，李家永译，商务印刷馆 2007 年版。

［美］伯顿·R. 克拉克：《高等教育系统——学术组织的跨国研究》，王承绪等译，杭州大学出版社 1994 年版。

［美］博登海默：《法理学：法律哲学与法律方法》，邓正来译，中国政法大学出版社 1999 年版。

［美］布鲁贝克：《高等教育哲学》，王承绪等译，浙江教育出版社 1987 年版。

［美］大卫·科伯：《高等教育市场化的底线》，晓征译，北京大学出版社 2017 年版。

［美］德沃金：《法律帝国》，李冠宜译，台北时英出版社 2002 年。

［美］罗伯特·波斯特：《民主、专业知识与学术自由：现代国家的第一修正案理论》，左亦鲁译，中国政法大学出版社 2014 年版。

［美］罗纳德·德沃金：《认真对待权利》，信春鹰等译，中国大百科全书出版社 1998 年版。

［美］乔万尼·萨托利：《民主新论》，冯克利等译，上海人民出版社 2009 年版。

[美] 沃特·梅兹格:《美国大学时代的学术自由》，李子江、罗慧芳译，北京大学出版社2010年版。

[美] 约翰·亨利·梅曼:《大陆法系》，顾培东等译，法律出版社2004年版。

[日] 美浓部达吉:《公法与私法》，黄冯明译，中国政法大学出版社2003年版。

[日] 盐野宏:《行政法》，杨建顺译，法律出版社1999年版。

[英] 博伊德·金:《西方教育史》，任室祥等译，人民教育出版社1985年版。

[英] 哈耶克:《法律、立法与自由》（第1卷），邓正来等译，中国大百科全书出版社2000年版。

[英] 哈耶克:《自由秩序原理》，邓正来译，生活·读书·新知三联书店1997年版。

[英] 霍布斯:《利维坦》，黎思复等译，商务印书馆1985年版。

[英] 韦伯斯特主编:《后现代大学来临?》，侯定凯等译，北京大学出版社2010年版。

二 论文（含学术期刊论文、硕博学位论文、学术会议论文）

艾军:《美国高校终身教职运行机制的特点及争论探析——以东南密苏里州立大学为例》，载《外国教育研究》2020年第4期。

蔡金花、邱小艳:《公立高等学校“准聘—长聘”制度的合法性研究》，载《高教探索》2020年第6期。

蔡文成:《自由、正义、秩序：契约自由原则的价值变革与重构》，载《私法研究》2015年第1期。

蔡小雪:《审理涉行政协议行为案件与审理民事合同纠纷案件的区别》，载《山东法官培训学院学报》（山东审判）2019年第4期。

蔡志方:《从释字三零八号解释谈教师的法律地位》，载《师说》1992年第52期。

蔡宗珍:《公法上之比例原则初论——以德国法的发展为中心》，载《政大法学评论》1999年第62期。

曹慧丽、才凤敏:《高校教师职称评审行为纳入行政诉讼案范围的可行性研究》，载《江西社会科学》2007 年第 7 期。

曹艳春：《劳动合同与民事合同之比较及启示》，载《当代法学》2002 年第 5 期。

朝滋：《职称制度与职务制度的区别》，载《中国高等教育》1994 年第 4 期。

陈明辉：《论我国国家机构的权力分工：概念、方式及结构》，载《法商研究》2020 年第 2 期。

陈鹏：《我国公立高等学校与教师法律关系之研究》，载《中国教育法制评论》2006 年第 4 辑。

陈鹏、李莹：《国家特殊公职人员：公办中小学教师法律地位的新定位》，载《教育研究》2020 年第 12 期。

陈鹏、祁占勇：《高校教师职务评聘中的法律问题探析——对一起诉讼案的法理学思考》，载《高等教育研究》2004 年第 2 期。

陈天昊：《行政协议中的平等原则——比较法视角下民法、行政法交叉透视研究》，载《中外法学》2019 年第 1 期。

陈玺名、肖凤翔：《公务雇员：我国义务教育教师法律身份的合理定位》，载《上海教育科研》2009 年第 6 期。

陈骁：《在制度的铺垫中变革——复旦大学人事制度改革纪实》，载《上海教育》2003 年第 22 期。

陈越：《学术人才国际流动中的高校教师聘任制度研究》，博士学位论文，武汉大学，2017 年。

谌瑜、蒋树：《论中国高校教师的法律身份》，载《皖西学院学报》2017 年第 3 期。

成协中：《高校信息公开义务的展开与个案解读——以复旦大学教师职称评审案为例》，载《行政法学研究》2013 年第 3 期。

程延园：《事业单位聘用合同管理中的有关问题》，载《中国人才》2003 年第 12 期。

程雁雷：《论司法审查对大学自治的有限介入》，载《行政法学研究》2000 年第 2 期。

丁奇竹：《“非升即走”制度实施及其影响》，硕士学位论文，华东师范大学，2016 年。

董静姝:《论凯尔森国家理论:“没有国家的国家理论”》,载《西部法学评论》2020 年第 2 期。

董婷婷:《美国大学教授协会产生、发展的历史及其作用研究》,硕士学位论文,华中科技大学,2011 年。

杜方正:《我国国有企业刑事合规制度研究》,博士学位论文,东南大学,2020 年。

杜强强:《议行合一与我国国家权力配置的原则》,载《法学家》2019 年第 1 期。

杜嫱、刘鑫桥:《高校教师离职倾向及学术权力感知的作用——基于“2016 年全国高校教师发展调查”的实证分析》,载《中国高教研究》2019 年第 9 期。

段德敏:《名词、概念与理论——西方政治思想中的“国家”》,载《北大政治学评论》2019 年第 2 期。

方洁:《从第三部门组织到行政诉讼被告——社会公务的司法监督路径》,载《行政法学研究》2007 年第 3 期。

方流芳:《从法律视角看中国事业单位改革——事业单位“法人化”批判》,载《比较法研究》2007 年第 3 期。

冯东、李慧心:《高校教师职称评审的行政化问题与规制路径》,载《教育评论》2021 年第 11 期。

付雅梦、陆洲:《论农民立法话语权的实现路径——以我国农村宅基地立法为例》,载《政法学刊》2019 年第 3 期。

高惠蓉、单婧:《美国大学终身教职时钟暂停政策研究》,载《比较教育研究》2021 年第 11 期。

高景芳:《论职业自由限制的正当性基础》,载《法学论坛》2011 年第 3 期。

高延坤:《公立高校人事争议“仲裁—诉讼”机制研究》,博士学位论文,上海交通大学,2017 年。

龚映杉:《向旧的人事制度告别——清华大学实行岗位聘任和岗位津贴制纪实》,载《中国高等教育》2000 年第 2 期。

龚钰淋:《美国公立高校教师社会保障制度研究——以公务雇员法律身份为核心》,载《河北法学》2013 年第 11 期。

龚钰淋:《行政法视野下的公立高校教师法律地位研究——以法律身份及法律关系为核心》，博士学位论文，中国政法大学，2011 年。

官汉蒙、陈艺波:《美国高校教师制度理念及其形成背景》，载《现代教育管理》2010 年第 7 期。

管华、余若凡:《废止：教师申诉制度改革的另类路径》，载《湖南师范大学教育科学学报》2020 年第 4 期。

管君、余凌云:《第三部门作为被申请人的行政复议受理标准问题研究》，载《行政法学研究》2012 年第 2 期。

郭庆菊:《高校教师职称评审行为之司法审查》，载《学术交流》2011 年第 3 期。

韩小雨、庞丽娟:《我国义务教育教师的国家教育公务员法律身份及其保障制度》，载《教育学报》2010 年第 2 期。

郝雯雯:《高校教师职称评审权的下放与规制研究》，硕士学位论文，西北政法大学，2021 年。

何平:《顺流而上还是急流勇退：我国事业单位人事关系法律定位的选择》，载《现代法学》2012 年第 3 期。

贺修炎:《走向大学自组织：中国政府与大学关系研究》，博士学位论文，湖南师范大学，2014 年。

洪建娣、陈峰:《论高校教师职称评审纠纷的司法介入》，载《苏州大学学报》（哲学社会科学版）2010 年第 5 期。

胡斌:《走向大学“善治”：大学内部学术权力与行政权力关系的变革》，载姜明安主编:《行政法论丛》2015 年第 18 卷。

胡明:《财政权利的逻辑体系及其现实化构造》，载《中国法学》2018 年第 1 期。

黄厚明:《大学自主权的历史、文化视角》，载《理工高教研究》2002 年第 6 期。

黄建伟:《在控制与自治之间——美国州政府对公立大学董事会人事事务的介入》，载《高等教育研究》2013 年第 6 期。

黄岚、樊泽恒:《“非升即走”对教师专业发展的影响和对策》，载《江苏高教》2015 年第 6 期。

黄文武:《大学教师“非升即走”制度安排的利弊分析》，载《江苏高教》

2020 年第 6 期。
黄霄:《我国高校教师法律地位探析》，载《现代经济信息》2016 年第 9 期。
黄英婉:《“放管服”背景下高校教师职称评审改革研究》，载《沈阳大学学报》（社会科学版）2020 年第 6 期。
贾彦乐、乔桂明:《高校职务聘任制的多元评价与共同治理：利益相关者的视角》，载《黑龙江高教研究》2018 年第 4 期。
江必新:《完善行政诉讼制度的若干思考》，载《中国法学》2013 年第 1 期。
蒋红珍:《比例原则适用的范式转型》，载《中国社会科学》2021 年第 4 期。
蒋红珍:《职业自由限制与比例原则适用——读德国“药房案”判决》，载《中国法学会行政法学研究会 2010 年会论文集》。
康建辉、王渊:《劳动合同：高校教师聘用合同的基本性质》，载《当代教育科学》2008 年第 17 期。
劳凯声:《教师法律身份的演变与选择》，载《中国教育学刊》2020 年第 4 期。
李保中:《公立高校教师聘任合同之法律属性探讨》，硕士学位论文，中国政法大学，2009 年。
李伯重:《论学术与学术标准》，载《社会科学论坛》2005 年第 3 期。
李福华:《利益相关者理论与大学管理体制创新》，载《教育研究》2007 年第 7 期。
李海平:《论作为我国宪法学基本范畴的非国家公权力》，载《江汉论坛》2014 年第 1 期。
李建良:《论学术自由与大学自治之宪法保障》载《人文及社会科学集刊》1996 年第 6 期。
李曼:《香港地区大学教师聘任制度研究》，博士学位论文，西南大学，2015 年。
李仁淼:《大学教师限期升等与违反聘约情节重大——最高行政法院 105 年度判字第 550 号评析》，载《月旦裁判时报》2018 年第 9 期。
李晓燕:《学术自由、学术规范与学术秩序治理》，载《陕西师范大学学报》（哲学社会科学版）2010 年第 6 期。
李训民:《高校教师升等评审管制之司法审查》，载《行政法学研究》2010 年第 1 期。
李永刚:《高校教师职称评审中实施学术代表作评价制的挑战与构想》，载《大学教育科学》2021 年第 2 期。
李志峰:《从学衔到岗位：高校教师职务管理的内在逻辑》，载《教育研究》2013 年第 5 期。
李子江:《我国高校教师职务管理制度的历史沿革与展望》，载《大学教育科学》2010 年第 4 期。
林培锦:《论大学学术同行评议专家及其利益冲突——以西方人性理论为视角》，载《浙江师范大学学报》（社会科学版）2017 年第 5 期。
林彦:《国家权力的横向配置结构》，载《法学家》2018 年第 5 期。
林政逸、杨银兴:《我国大学教师聘任制度与实施现况之研究》，载《教育理论与实践学刊》2014 年第 30 期。
刘超、田正平:《中国近代大学教师评聘制度的历史考察——以国立名校为中心》，载《浙江大学学报》（人文社会科学版）2020 年第 1 期。
刘丹、青珊:《国外同行评议专家研究综述》，载《南京工程学院学报》（社会科学版）2017 年第 2 期。
刘家明:《我国高校管理体制改革：非行政化的方向》，载《学术论坛》2009 年第 11 期。
刘金晶:《法庭上的“自主高校”——论美国司法中的学术遵从原则》，载《环球法律评论》2011 年第 6 期。
刘进、王辉:《什么才是真正的“非升即走”》，载《重庆高教研究》2020 年第 5 期。
刘均匀:《论高等学校自治与法治》，载《法学杂志》2010 年第 1 期。
刘庆昌:《学术评价的内在标准》，载《山西大学学报》（哲学社会科学版）2017 年第 9 期。
刘权:《比例原则适用的争议与反思》，载《比较法研究》2021 年第 5 期。
刘香菊:《聘任制度下公立高校与教师的法律关系研究》，硕士学位论文，华中科技大学，2005 年。
刘小芳等:《中国大学学术民主制度的胜任力反思与制度重构》，载《复旦教育论坛》2016 年第 1 期。
刘杨:《正当性与合法性概念辨析》,载《法制与社会发展(双月刊)》2008 年第 3 期。
刘尧:《大学去行政化:风险与危险》,载《大学》(学术版)2010 年第 6 期。
刘永林:《法治视野下地方高校职称评审权下放及其规范研究》,载《中国教育法制评论》2017 年第 15 辑。
刘永林等:《地方高校教师职称评审的政府监管:基本特征与行动取向》,载《当代教育论坛》2020 年第 5 期。
刘作翔:《法治社会中的权力和权利定位》,载《法学研究》1996 年第 4 期。
娄宇:《我国高校"非升即走"制度的合法性反思》,载《高等教育研究》2015 年第 6 期。
卢乃桂、操太圣:《中国改革情境中的全球化:中国高等教育市场化现象透析》,载《北京大学教育评论》2003 年第 1 期。
卢威:《我国高校需要什么样的聘任制改革》,载《教育发展研究》2020 年第 3 期。
鲁文辉:《高校教师聘用合同"服务期"条款的合法性反思》,载《中国高教研究》2021 年第 2 期。
马怀德:《保护公民、法人和其他组织的权益应成为行政诉讼的根本目的》,载《行政法学研究》2012 年第 2 期。
马原、沈亚平:《"学术遵从"原则的美国司法实践及其启示》,载《南开学报》(哲学社会科学版)2019 年第 2 期。
潘军锋:《民事合同与行政合同界分法律问题研究》,博士学位论文,南京大学,2018 年。
潘懋元:《职称回归学衔,提高学术权力》,载《集美大学学报》2003 年第 3 期。
前溪:《高校职称评审先要去行政化》,载《教育与职业》2015 年第 4 期。
秦涛、仇叶:《公立高校教师法律地位的再定义:教师法修订的核心》,载《复旦教育论坛》2020 年第 5 期。
屈振辉:《我国高校教师职称评审改革评析》,载《大学教育科学》2019

年第1期。

饶亚东:《从审判角度谈受教育权的保护与法官责任》,载《行政法论丛》2000年第1期。

任羽中等:《"预聘—长聘制"对高校科研产出的影响机制与成效分析》,载《国家教育行政学院学报》2020年第4期。

茹宁:《国家与大学关系的哲学分析》,博士学位论文,南开大学,2007年。

芮振华:《我国高校内部纠纷解决机制构成局限及其克服》,载《东方法学》2020年第5期。

邵敏:《法律与身份——基于对平等的阐释和反思》,博士学位论文,武汉大学,2016年。

申素平:《对我国公立学校教师法律地位的思考》,载《高等教育研究》2008年第9期。

申素平:《论我国公立高等学校与教师的法律关系》,载《高等教育研究》2003年第1期。

申素平、王子渊:《略论公立高校师德评价的法治化选择——兼评若干师德评价案例及有关争议》,载《高等教育研究》2021年第5期。

沈月娣:《高校教师聘用合同相关法律问题研究》,载《教育导刊》2007年第7期。

石红心:《权利需求与司法回应》,载罗豪才主编:《行政法论丛》(第3卷),法律出版社2000年版。

石书伟:《高校教师职称评审行为可诉性个案分析》,载《律师世界》2003年第11期;

孙波:《地方立法"不抵触"原则探析——兼论日本"法律先占"理论》,载《政治与法律》2013年第6期。

孙国华,杨思斌:《公私法的划分与法的内在结构》,载《法制与社会发展》2004年第4期。

孙笑侠:《论大学制度中学术性关系的法理》,载《师大法学》2019年第1辑。

谭正航、尹珊珊:《高校教师职称评审权下放良性运行的困境与对策》,载《现代教育科学》2018年第7期。

田成有：《何谓“不抵触”?》，载《时代主人》2019 年第 8 期。
田华等：《基础研究评估中的同行评议和专家评议》，载《中国基础科学》2005 年第 5 期。
王德志：《论我国学术自由的宪法基础》，载《中国法学》2012 年第 5 期。
王定华：《加强高校教师职称评审监管　推动“放管服”改革向纵深发展》，载《中国高等教育》2017 年第 12 期。
王敬波：《大学治理的法治与自治之维——写在〈中华人民共和国高等教育法〉修改之际》，载《中国高教研究》2016 年第 6 期。
王立峰：《高校法治研究》，博士学位论文，吉林大学，2006 年。
王利明：《论行政协议的范围——兼评〈关于审理行政协议案件若干问题的规定〉第 1 条、第 2 条》，载《环球法律评论》2020 年第 1 期。
王凌峰：《大学治理结构视角下的高校职称评审模式选择》，载《社科纵横》2013 年第 4 期。
王鹏炜：《我国公立高等学校教师聘任制的法理研究》，博士学位论文，陕西师范大学，2008 年。
王璞、石佳丽：《高校教师职业化的萌芽》，载《中国高等教育评论》2016 年第 6 卷。
王水雄：《“非升即走”凭什么有效——兼与张维迎教授的博弈框架商榷》，载《探索与争鸣》2021 年第 9 期。
王文东：《论权利和义务关系的对等性与非对等性》，载《首都师范大学学报》（社科版）2007 年第 5 期。
王小梅等：《深化新时代高校教师职称评审改革：成绩、问题与省思》，载《中国高教研究》2021 年第 6 期。
王旭：《作为国家机构原则的民主集中制》，载《中国社会科学》2019 年第 8 期
王英杰：《论共同治理——加州大学（伯克利）创建一流大学之路》，载《比较教育研究》2011 年第 1 期。
王哲：《高校教师聘任合同的法律性质研究》，硕士学位论文，温州大学，2021 年。
魏红梅、王曦：《论高校教师职称评审权力的下放与规制》，载《江苏高教》2018 年第 9 期。

文少保、蒋观丽:《高校教师职称评审制度变革的历史制度主义分析》，载《大学教育科学》2019 年第 4 期。

巫启康:《高等教育市场化——回望与前瞻》，载《中国管理信息化》2019 年第 9 期。

巫锐:《21 世纪德国高校管理中的“双肩挑”现象研究》，载《国家教育行政学院学报》2020 年第 4 期。

吴明孝:《大学教师是否可能被大量解雇？——高等教育教师聘用问题之法律问题分析》，载《台湾社会研究季刊》2012 年第 89 期。

吴希:《社会法视阈下公立高校教师法律地位探讨》，载《教育科学》2018 年第 4 期。

吴岩:《美国大学终身教职制形成要素的历史分析》，载《现代大学教育》2007 年第 4 期。

吴越:《论经济自由在经济法中的核心价值》，载《月旦财经法杂志》2008 年第 3 期。

萧文生:《不续聘大学教师之事由——“最高行政法院”102 年度判字第 239 号及最高行政法院 102 年度判字第 617 号判决评析》，载《法令月刊》2014 年第 4 期。

肖翔:《“非升即走”规则的经济学分析》，载《中国人力资源开发》2003 年第 10 期。

谢海定:《作为法律权利的学术自由权》，载《中国法学》2005 年第 6 期。

熊进:《高等教育治理的“项目制”及其可能风险》，载《教育发展研究》2016 年第 13—14 期。

熊庆年:《对落实高等学校办学自主权的再认识》，载《复旦教育论坛》2004 年第 1 期。

徐广宇:《教师身份的类型及其法律保障——兼谈我国教师身份及法律适用》，载《上海教育科研》1995 年第 1 期。

徐靖:《高等学校“非升即走”聘用合同法律性质及其制度法治逻辑》，载《中国法学》2020 年第 5 期。

徐雷:《我国高校教师差异化聘用格局的表现、成因及评价》，载《湖南师范大学教育科学学报》2020 年第 2 期。

徐雷、陶好飞:《公立高校教师人事争议诉讼现状及特征研究——基于

134 份裁判文书的实证视角》，载《复旦教育论坛》2017 年第 4 期。
徐雷、王颖：《公立高校教师法律地位的发展走向：公私法益交融下的特殊劳动者》，载《湖南师范大学教育科学学报》2019 年第 2 期。
许建宇：《事业单位聘用合同的定性与法律适用模式选择》，载《法学》2010 年第 10 期。
阎凤桥：《转型中的中国学术职业：制度分析视角》，载《教育学报》2009 年第 4 期。
阎光才：《高校教师聘任制度改革的轨迹、问题与未来去向》，载《中国高教研究》2019 年第 10 期。
阎光才：《学术聘任制度及其政策风险》，载《高等教育研究》2016 年第 5 期。
阎峻：《法治视角下的中国高校人事制度改革研究——以高校与教师的法律关系为核心》，博士学位论文，华中科技大学，2018 年。
阎梦娇：《大学学术自治与科层制的冲突与平衡——基于中国大学治理结构的分析》，载《高教探索》2019 年第 8 期。
阎亚林：《论我国高校学术权力行政化》，载《陕西师范大学学报》（哲学社会科学版）2003 年第 1 期。
杨凤英、毛祖桓：《美国高校教师权利的维护——以美国大学教授协会活动为例》，载《比较教育研究》2008 年第 2 期。
杨广晖、胡惠迪：《英国伯明翰大学教师职称评审制度述评》，载《高教发展与评估》2019 年第 5 期。
杨建顺：《教师聘任制与教师的地位——以高等学校教师为中心》，载《中国教育法制评论》2002 年第 1 辑。
杨挺：《论公立学校教师聘任合同的法律性质》，载《中国教育学刊》2007 年第 4 期。
杨欣：《论行政合同与民事合同的区分标准》，载《行政法学研究》2004 年第 3 期。
杨兴林：《高校教师职务评聘环节存在问题及改进思考》，载《扬州大学学报》（高教研究版）2015 年第 1 期。
杨兴林：《学术评价的内涵、异化及本真回归》，载《高教发展与评估》2016 年第 6 期。

杨毅:《新中国高校教师聘任制度变迁研究》，博士学位论文，西南大学，2013 年。

姚荣:《大学人事自治范式演变的实践、争议与因应——基于大陆法系国家的经验考察》,《苏州大学学报》（教育科学版）2020 年第 2 期。

姚荣:《高等学校法律地位变革的功能导向与风险因应》，载《大学教育科学》2020 年第 3 期。

姚荣:《告别自治：合规时代的美国大学治理》，载《华东师范大学学报》（教育科学版）2021 年第 2 期。

姚荣:《公立高校教师聘用合同的法律性质重审——基于控权论的立场》，载《复旦教育论坛》2020 年第 5 期。

姚荣:《国家管制与市场调节之间：我国高校教师人事自主权行使的双重机制及其矫正》，载《湖南师范大学教育科学学报》2019 年第 2 期。

姚荣:《论我国公立高校教师职称评审权的公法规制》，载《高校教育管理》2017 年第 4 期。

姚荣:《自治与法治之间：高校教师人事自主权的法律规制研究》，载《教育学报》2019 年第 3 期。

叶必丰、周佑勇:《论教师职称授予行为的法律性质》，载《江西社会科学》1998 年第 12 期。

叶澜:《教师职业的本质》，载《教师之友》2020 年第 2 期。

尹艺霖:《上海市高校教师薪酬公平感对职业倦怠的影响研究》，硕士学位论文，华东政法大学，2019 年。

游中川:《居委会成员的人事关系认定》，载《人民司法（案例)》2020 年第 17 期。

于立深:《台湾地区行政契约理论之梳理》，载《中外法学》2018 年第 5 期。

于立深:《行政契约履行争议适用〈行政诉讼法〉第 97 条之探讨》，载《中国法学》2019 年第 4 期。

于胜刚:《权力 · 利益 · 规则——中国大学学术投票制度研究》，博士学位论文，东北师范大学，2010 年。

余清臣:《基于教师专业性哲学审视的〈教师法〉修订》，载《中国教育学刊》2020 年第 4 期。

余雅风、齐建立：《〈教师法〉修订对新时代教师队伍建设的应然回应》，载《中国教育学刊》2020 年第 4 期。

余雅风、王祈然：《教师的法律地位研究》，载《华东师范大学学报》（教育科学版）2021 年第 1 期。

鱼霞、毛涵颖：《〈教师法〉修订的核心问题：重新规定教师法律身份》，载《教师发展研究》2019 年第 4 期。

俞建伟、韦伟：《海峡两岸〈教师法〉的比较与启示》，载《教师教育研究》2008 年第 4 期。

俞吾金：《也谈学术规范、学术民主与学术自由》，载《学术界》2002 年第 3 期。

岳英：《美国大学的“非升即走”制度及其期限设置的合理性》，载《北京大学教育评论》2015 年第 2 期。

臧兴兵、李佳：《我国高校教师薪酬制度的变革之路》，载《昆明理工大学学报》（社会科学版）2013 年第 2 期。

曾婧婧、邱梦真：《当前我国高校教师职称评聘的特点》，载《现代教育管理》2016 年第 10 期。

曾瑞：《我国公立高校理事会制度研究》，硕士学位论文，陕西师范大学，2016 年。

湛中乐、黄宇骁：《再论学术自由：规范依据、消极权利与积极义务》，载《法制与社会发展》2017 年第 4 期。

湛中乐、靳澜涛：《教师申诉制度运行的法治困境及其出路》，载《湖南师范大学教育科学学报》2020 年第 4 期。

湛中乐、王春蕾：《大学治理中的学术委员会制度建设——兼评〈高等学校学术委员会规程〉》，载《北京大学学报》（哲学社会科学版）2016 年第 2 期。

张东海：《“非升即走”的逻辑及其引入我国高校的可能性》，载《比较教育研究》2013 年第 11 期

张冬梅：《基于聘用合同性质的聘用合同立法探讨》，载《中国劳动关系学院学报》2015 年第 3 期。

张冬梅：《浅谈劳动争议与人事争议的合理界分》，载《北京市工会干部学院学报》2013 年第 2 期。

张洪:《高校教师职称评审权下放的困境与反思》，载《内蒙古师范大学学报》(教育科学版) 2018 年第 6 期。

张奂奂、高益民:《美国高校教师职称评审的有限司法审查：利尔案和谢波德案的比较研究》，载《教师教育研究》2018 年第 3 期。

张军、刘梦婷:《教师法律身份的类型观及其界定依据——关于教师法律身份的《教师法》修订研究述评》，载《教师教育研究》2020 年第 4 期。

张丽等:《美国高校“非升即走”制的保障机制分析》，载《比较教育研究》2015 年第 7 期。

张朴田:《“非升即走”制度在高校聘用合同中的效力认定——以郭某诉江南大学人事争议案为例》，载《法律适用》2018 年第 10 期。

张双柱:《编制的法律意义》，载《政治与法律》1985 年第 2 期。

张维迎:《关于〈北京大学教师聘任和职务晋升制度改革方案〉(征求意见稿) 的十四点说明》，载《学术界》2003 年第 5 期。

张伟、张茂聪:《聘任制语境下高校青年教师学术职业困境与制度变革路径——新制度主义视角》，载《高校教育管理》2020 年第 4 期。

张翔:《大学章程、大学组织与基本权利保障》，载《浙江社会科学》2014 年第 12 期。

张翔:《我国国家权力配置原则的功能主义解释》，载《中外法学》2018 年第 2 期。

张翔:《学术自由的组织保障——德国的实践与理论》，载《环球法律评论》2012 年第 4 期。

张翔:《中国国家机构教义学的展开》，载《中国法律评论》2018 年第 1 期。

张应强、张浩正:《从类市场化治理到准市场化治理：我国高等教育治理变革的方向》，载《高等教育研究》2018 年第 6 期。

张雨:《行政契约、行政合同、行政协议用语的厘清》，载《现代交际》2019 年第 12 期。

章剑生:《反思与超越：中国行政主体理论批判》，载《当代法学》2008 年第 6 期。

章剑生:《作为介入和扩展私法自治领域的行政法》，载《当代法学》

2021 年第 3 期。
章志远:《论公立高校职称评审行为的司法审查》，载《福建江夏学院学报》2012 年第 5 期。
赵杰宏、严妍:《教师聘任合同之法律性质》，载《国家教育行政学院学报》2006 年第 4 期。
赵雪珍、刘红:《浙江大学岗位聘任制的实践探索》，载《中国高教研究》2001 年第 6 期。
赵毅:《高校教师职称制度改革对策研究》，载《高教研究》2019 年第 3 期。
赵映川:《浅析地方高校教师职称评审权下放》，载《中国高校科技》2019 年第 9 期。
郑贤君:《公立高校教师的学术自由：讲坛上的自由》，载《财经法学》2017 年第 4 其。
周光礼:《中国大学办学自主权（1952—2012）：政策变迁的制度解释》，载《中国地质大学学报》（社会科学版）2012 年第 3 期。
周光礼:《中国高等教育治理现代化：现状、问题与对策》，载《中国高教研究》2014 年第 9 期。
周光礼、彭静雯:《从身份授予到契约管理——我国公立高校教师劳动制度变迁的法律透视》，载《高等教育研究》2007 年第 10 期。
周慧蕾:《大学学术权力司法规制的国际比较及启示》，《法治研究》2014 年第 8 期。
周慧蕾:《大学自治：从保障到平衡——基于台湾地区“大法官”相关解释的分析》，载《高等教育研究》2013 年第 3 期。
周慧蕾:《试析台湾地区公立大学组织改造的趋势及启示》，载《台湾研究》2013 年第 2 期。
周慧蕾:《台湾地区公立大学教师司法救济权的实践演进》，《海峡法学》2019 年第 1 期。
周慧蕾:《再论大学自治权与学生权利的平衡》，载《法治研究》2018 年第 6 期。
周钟敏:《公立高校教师解聘纠纷的司法审查困境及其破解》，《安徽大学学报》（哲学社会科学版）2020 年第 4 期。

周祖成、万方亮:《党的政策与国家法律 70 年关系的发展历程》，载《现代法学》2019 年第 6 期。

朱兵强等:《高校聘任制下教师解聘法律问题探析——由湖南大学教授解聘事件引发的讨论》，载《高教探索》2017 年第 7 期。

朱家德:《大学章程实施比制定更重要》，载《中国高教研究》2016 年第 6 期。

三 其他（含报刊、网络文献）

陈东升:《建议对浙大新规作合法性审查》，载《法制日报》2017 年 9 月 21 日。

程春明:《高校学术自由与学术规范刍议》，载学术批评网网站，http://www.chinaelections.org/newsinfo.asp?newsid=139439，最后访问日期:2018 年 11 月 9 日。

甘阳:《大学改革的合法性与合理性》，载观察者网站，https://www.guancha.cn/GanYang/2016_01_10_347556_s.shtml，最后登录时间:2022 年 5 月 7 日。

何兵:《刘燕文诉北京大学博士学位行政诉讼案代理词》，载天涯论坛网站，http://www.tianya.cn/publicforum/content/no01/1/95478.shtml，最后访问日期:2018 年 9 月 17 日。

贺卫方:《复转军人进法院》，载《南方周末》1998 年 1 月 2 日。

靳澜涛:《以法治思维看待惩戒权入法呼声》，载《法制日报》2019 年 7 月 17 日。

闵元:《职称评审官司难过法律门槛》，载《中国商报》2003 年 8 月 5 日。

那日苏:《职称评审未通过，走上公堂讨说法》，载《法制日报》2003 年 6 月 19 日第 6 版。

施文荻等:《清华解聘教师引争议》，载《中国青年报》2014 年 7 月 28 日。

王健:《山东一高校三教师获博士学位后辞职遭拒，一人胜诉校方未执行》，载澎湃新闻网站，https://www.thepaper.cn/newsDetail_forward_9518468，2020-10-11，最后登录时间:2020-10-29。

吴蔚:《教师资格被取消，老师状告西北大学》，载《华商报》2003 年 3

月 13 日第 5 版。
熊丙奇:《淘汰“教学型”教师动摇高校之本》，载《新华每日电讯》2014 年 7 月 30 日。
杨建顺:《解聘教师应当说明理由》，载《检察日报》2016 年 9 月 7 日。
原春琳:《清华大学人事改革浮出水面，被解聘教师起诉学校》，载《中国青年报》2004 年 7 月 16 日。
张笛扬:《武大聘期制改革：三年到期后，九成老师没能踏进编制门槛》，载《南方周末》2019 年 1 月 27 日。
张志铭:《合规概念的新颖性何在》，法学学术前沿微信平台，2021 年 12 月 28 日。
赵婀娜:《从“青椒”掌掴院长说开去》，载《人民日报》2016 年 1 月 14 日。
邹建锋:《华中科大两教师不满职称评定，将教育部告上法庭》，载《中国经济时报》2003 年 11 月 5 日。

后　　记

在本书的写作中，我曾无数次地憧憬着后记时刻，每每激情澎湃，思绪万千。可当这一刻，终于蹒跚而来，我对着熟悉的屏幕，却半晌儿都没敲出一个字。出奇的迟钝、出奇的空白、出奇的平静，在恍惚之间，只听到窗外鸟儿欢快地鸣叫。也许，此刻应是无声胜有声。

当思绪重新涌现，在温暖、喜悦与感恩的心境下，我想我还是应该作些简单的交代。我的职业规划很普通，就是当一名纯粹的教师。2004 年从浙江师范大学法政学院本硕 7 年毕业后，我来到温州师范学院法政学院担任教师。何其幸运！未经磨难与社会洗礼，我便在象牙塔里由学生角色转变为教师身份。差不多一年后，温州师范学院与原温州大学两校合并。合并后的最初几年，除了教师队伍壮大，我觉得自己所在的法政学院似乎并没有太大的变化，氛围也依然温馨和谐。但之后，我就逐渐感觉到职业压力与危机了。

2008 年，新温州大学为了发展需要，开始进行内部人员调整。我的一些同事，从原来的专任教师岗位转到了行政事务岗位或图书馆管理员岗位，或是被分流到瓯江学院、城市学院。2009 年，法政学院教师一分为二。一部分教师继续留在法政学院，还有一部分教师（主要是承担“两课”教学）独立出来，成立了马克思主义学院。这次，我被调整到了马克思主义学院。我对马克思主义学院与“两课”教学没有任何成见。但因自己一直学的是法学，为了能重回法学专业教学，我准备考博。2010 年，我考上了浙江大学法学院法学理论专业博士研究生。全脱产读博三年毕业后，我又重新回到温大法政学院（2019 年更名为法学院），担任法学专业教师。

从2013年至今，工作又快十年了。这十年，我作为一名高校教师，时常感到焦虑、压力与迷茫。在各种考核指标要求下，感觉自己像个被不停抽打着的陀螺，转个不停。在不断推陈出新的各种人事政策下，感觉自己又如无根的浮萍，飘摇不定。这十年里，我经历过因编制紧张而导致职称评审竞争白热化的场景，更是听闻过很多高校教师职称评审纠纷、教师解聘纠纷、教师辞职违约金纠纷等事件或案件。似乎越来越淡薄的归属感与职业安全感，让我对高校教师人事制度改革产生了不少困惑，也由此萌发了对高校教师职务评聘问题的关注与思考。

在写《大学学术权力的法律界限研究》时，我对高校教师职务评聘问题就已有了初步的研究计划与构想。后来，我申报的《高校教师职务评聘权研究》课题获得2019年教育部社科规划基金项目立项。真的特别感谢那些不知名的评审专家。虽说，即使没有获得基金立项，我还是会按计划将这一主题研究下去。但是，有了教育部课题立项，这就满足了学校聘期考核的一项硬性指标。我也就不用为了达到考核要求而费尽心思地去填写各类课题申报书，也就能相对从容地开展这项研究。

对开展学术研究将面临时间紧张、精力有限等问题，我一直是有心理准备的。尽管如此，我在本书的研究与写作过程中还是遭遇了前所未有的意外。记忆中的2019—2020学年第一个学期，一如往常，忙忙碌碌。除了本科生课程教学、实践教学、论文指导、专业实习、班主任、研究生课程、硕士生导师等常规任务，又增加了留学生课程英文教学。不过还好，毕竟2020年年初的寒假如约而至。当在教务系统中提交了最后一份课程成绩后，我想我终于可以安安静静地写东西了。正当我打算全力以赴时，新冠肺炎疫情（以下简称“疫情”）暴发了。

在突如其来的灾难面前，沉浸在自我思维中的人类，大多数先是反应迟钝，然后又会抱着一种掩耳盗铃般的侥幸心态。当初，从大大小小各种信息途径获知武汉发生疫情时，我仍然觉得这灾难离温州还远着。后来从新闻报道得知，在武汉决定封城之前，有18万左右的商人从武汉返乡回温过年。转眼间，温州成了武汉之外的另一个疫情重灾区。那时收到不少来自外地朋友的关心与问候，特别温暖，铭记在心。

面对可能就在身边的病毒，我开始紧张了。当时，家里连口罩都没有准备好。预订的年夜饭取消了，走亲访友的拜年暂停了。为了防控疫情，温州市政府规定一户一人一周出去一次。2020 庚子新春后的一个半月里，除了我先生每周出去购买一批食材和生活必需品，我和孩子连家门口都没出去过，也不敢出去。当时，真的是觉得这病毒太可怕了。至今，我还会想起曾看到过的一个视频画面：在某医院走廊里排着长长的队伍中，一位留着短发、戴着眼镜的年轻女性，哭求着早点被收治，很惊恐、很绝望的样子。

好在温州疫情防控做得不错，生活物资也都有保障。经历了最初的恐慌之后，我开始认真对待疫情下的居家生活。除了一日三餐、衣物清洗、打扫卫生，身体锻炼和娱乐活动也要有。后来，在小小的客厅里打羽毛球，两两对打、三人轮流，决出胜负，成了一家人必不可少的开心时刻。多亏有了各种各样的网络直播软件，在新学期到来后，各类学校纷纷采取线上教学。于是，我在腾讯课堂里给学生上课，小丫头在钉钉里听老师上课。

一切似乎都在慢慢恢复中。2021 年夏季之后，疫情开始不断多地反复暴发。直至今日，我们仍未完全走出这场疫情阴霾。看来一时半会儿，很难恢复到疫情之前的生活常态了。不过，在“动态清零”与“静态管理”、“线上”与“线下”的时常切换中，我已能从容应对、自如生活。疫情的确改变了很多东西。尽管如此，我却不再如原初那般害怕与担忧。病毒毒性变弱了，我们有疫苗了，我们有教训了，我们更有经验了。“凡所有相皆是虚妄”，一切皆无常。既然如此，那就努力以平常之心对待这无常之常，“不惊不怖不畏”。

虽然，疫情下的生活情境与本书的主题没有直接关联性，但我还是想在此简单记录一下，不仅因为这段遭遇较为特殊，也算是对本书写作生活环境的一个基本交代。终于，本书也写完了。自认为还算用心，但无奈学识与能力有限，书中缺陷不足定然难免。“丑媳妇总得见公婆”，且当抛砖引玉，也恳请学界师友批评指正。

感谢恩师孙笑侠教授。当年考博竞争激烈，承蒙恩师厚爱，得以顺利上岸。我应该是孙老师在浙江大学招收的最后一批博士生。读博期间，孙老师已去复旦大学任职。于是，孙老师经常往返于杭沪两地，回到月轮山间，为同学们授课解惑。自有幸忝列门墙以来，即便毕业多年，一直深受恩师教诲。每年的师门之聚，既学术也生活，亦严肃又欢快。这两年却因疫情而暂停，甚是遗憾。好在还能经常读到孙老师的文章。在探讨高校与教师聘任关系的法律性质定位时，孙老师的文章《论大学制度中学术性关系的法理》给我很大的启示。

自然，本书得以成形，离不开学界前辈与师友的帮助与启发。疫情带来很多麻烦与不便，但我却惊喜地发现，丰富精彩的网络学术会议，随时随地可以上线聆听学习，更为方便高效。于我这种不喜社交、最怕出差的人而言，这真是一份意外的福利。但愿疫情结束后，还会有越来越多的学术会议保持网络同步进行。

我还要特别感谢中国社会科学出版社的张林编辑。这是我们第二次合作。我人生中的第一本书，就是在她的辛勤付出与帮助下顺利出版。可惜一直未曾谋面。印象中的张林女士，专业敬业、严谨细腻、知性优雅。此外，我要感谢宋英杰编辑对书稿进行细致入微的审读，修复了文本中诸种纰漏，提出了诸多启发性的建议。

最后，谢谢家人的陪伴与支持。正是有了他们，我才始终坚信风雨之后定有彩虹。我还想把本书献给我的父母，感谢他们给我灵动的生命、给我无限的爱。

周慧蕾

2022 年 6 月 6 日定稿于

鹿城上田·倍空斋